Preußenland

Preußenland

Jahrbuch
der Historischen Kommission
für ost- und westpreußische Landesforschung
und der Copernicus-Vereinigung
für Geschichte und Landeskunde Westpreußens

Mitteilungen aus dem
Geheimen Staatsarchiv Preußischer Kulturbesitz

5 (2014)

Das 2010 begründete Jahrbuch „Preußenland" ist die Fortsetzung von „Preußenland. Mitteilungen der Historischen Kommission für ost- und westpreußische Landesforschung und aus dem Geheimen Staatsarchiv Preußischer Kulturbesitz" (bisher Jg. 1–47. 1963–2009)
sowie „Beiträge zur Geschichte Westpreußens. Zeitschrift der Copernicus-Vereinigung für Geschichte und Landeskunde Westpreußens e.V." (bisher Nr. 1–20/21. 1967–2008).

Schriftleitung:
Dr. Dieter Heckmann, Geheimes Staatsarchiv Preußischer Kulturbesitz, Archivstraße 12–14, 14195 Berlin (dieter.heckmann@gsta.spk-berlin.de);
Astrid Kaim-Bartels, Schlesierring 2, 37085 Göttingen (astrid.kaim-bartels@t-online.de);
Prof. Dr. Sebastian Kinder, Universität Tübingen, FB Geographie, Rümelinstr. 19–23, 72070 Tübingen (sebastian.kinder@uni-tuebingen.de);
Prof. Dr. Klaus Neitmann, Brandenburgisches Landeshauptarchiv, Zum Windmühlenberg, 14469 Potsdam (klaus.neitmann@blha.brandenburg.de);
Dr. Sven Tode, Güntherstr. 51, 22087 Hamburg (tode@copernicus-online.eu).

Articles appearing in this journal are abstracted and indexed in HISTORICAL ABSTRACTS and AMERICA: HISTORY AND LIFE.

Gedruckt mit Unterstützung des Geheimen Staatsarchivs Preußischer Kulturbesitz

Umschlagabbildung: Ausschnitt aus der Karte von Heinrich Zell, Prussiae descriptio, in: Abraham Ortelius, Theatrum Orbis Terrarum, Antwerpen 1570 (Geheimes Staatsarchiv Preußischer Kulturbesitz, XX. HA Hist StA Königsberg, AK, G Nr. 10037)

Herstellung: Stahringer Satz GmbH, Kolpingstraße 9, 35305 Grünberg

ISSN 0032-7972

ISBN 978-3-944870-36-6

www.fibre-verlag.de

Printed in Germany 2015

Inhalt

*

Imperator ergo (...) contulit sibi iure pheodi marchiam Mysnensem et Lusaciam et terram Pruscie.
Die angebliche Belehnung des Landgrafen Ludwig IV. von Thüringen mit dem Preußenland durch Kaiser Friedrich II. im Jahr 1226

Von Sylvain Gouguenheim

Die Problemstellung

Obschon sich das Problem, von dem dieser Aufsatz handelt, recht einfach formulieren lässt, ist das Gegenteil der Fall, was seine Lösung betrifft[1]. Laut der Chronik von Reinhardsbrunn hat Kaiser Friedrich II. im Juni 1226 den Landgrafen von Thüringen Ludwig IV. mit dem Preußenland belehnt: *Vicesima secunda die mensis Junii cepit imperator cum omni exercitu (proficisci) versus Burc San Donnin, ubi optinuit Ludewicus lantgravius ab imperatore licentiam repatriandi. Imperator ergo, quia idem lantgravius bene ad placitum sue voluntatis obsequium sibi prestiterat, contulit sibi iure pheodi marchiam Mysnensem et Lusaciam et terram Pruscie quantum expugnare valeret et sue subicere potestati[2].*

Abkürzungen:
CR: Oswald Holder-Egger (Hg.), Cronica Reinhardsbrunnensis, MGH SS, XXX/I, S. 490–656.
Dob: Otto Dobenecker (Hg.), Regesta Diplomatica necnon epistolaria historiae Thuringiae, Bd. II, Jena, 1900.
HB: Jean Louis Alphonse Huillard-Bréholles (Hg.), Historia diplomatica Frederici secundi, Paris, 1852–1861.
Lampe: Karl Heinrich Lampe (Hg.), Urkundenbuch der Deutschordensballei Thüringen (Thüringische Geschichtsquellen N.F., Bd. 7), Jena 1936.
MGH SS: Monumenta Germaniae Historica, Scriptores.
MGH DD: Monumenta Germanie Historica, Diplomata Regum et Imperatorum Germaniae.

---

[1] Mit diesem Problem habe ich mich bereits im Jahr 2004 beschäftigt: Sylvain Gouguen-heim, L'Empereur, le grand maître et la Prusse. La Bulle de Rimini en question (1226/1235), in: Bibliothèque de l'Ecole des Chartes 162 (2004) S. 381–420. Hier möchte ich meine damaligen Ausführungen wieder aufgreifen, weiterführen und vertiefen.
[2] CR, S. 605. Die Abtei Reinhardsbrunn war das Familienkloster der Landgrafen und ihre dynastische Grabstätte. Vgl. den Titel, den Hartmann Schedel seiner Kompilation der thüringischen Quellen gab (1507): *Excerpta de libris historiarum in celeberrimo monasterio*

Eine Verbindung zwischen Preußen und Thüringen erscheint auf den ersten Blick nicht so unwahrscheinlich, wie sie vielleicht klingen mag. Hochmeister Hermann von Salza stammte aus einem thüringischen Ministerialengeschlecht, und der Deutsche Orden hatte enge Beziehungen zu den Landgrafen aufgebaut. Hermann I., Ludwigs Vater, war persönlich an der Gründung des Ordens im Heiligen Land beteiligt gewesen, und er hatte ihn früh mit Landgütern beschenkt; andere thüringische Adlige waren seinem Beispiel gefolgt. Im Jahr 1225 (mit großer Sicherheit vor Mai) gewährte Ludwig IV. dem Orden wichtige Privilegien, vor allem eine vollständige Zoll- und Abgabenbefreiung in seinen Stammlanden[3], „der erste Ausdruck der besonderen Gunst der Thüringischer Landgrafen gegenüber dem Deutschen Orden"[4]. Im weiteren Verlauf erwarb der Orden dank seiner guten Beziehungen zum örtlichen Adel viel Grundbesitz in Thüringen[5]. Landgraf Ludwig IV. und Hochmeister Hermann von Salza nahmen am Frankfurter Hoftag vom Mai 1224 teil, auf dem der kaiserliche Kreuzzug vorbereitet wurde, und sie haben sich dort wahrscheinlich persönlich getroffen[6]. Nachher begegneten in Thüringen die Boten Herzog Konrads von Masowien dem Deutschmeister Hermann Otter, und hier fanden die ersten

---

Thuringie Reinhartzborn, ubi olim illustrissimi lantgravii Thuringie sepulturas eorum elegerunt (Bayerische Staatsbibliothek, München, Lat. Nr. 593, fol. 164–202v; vgl. CR, S. 514). Über diese Chronik: Oswald HOLDER-EGGER, Studien zu Thüringischen Geschichtsquellen, I, II und III, in: Neues Archiv 20 (1895) S. 375–421, 571–637; 21 (1896) S. 237–297.

[3] LAMPE, Nr. 35 S. 36–37; DOB, Nr. 2261. Vgl. Robert GRAMSCH, Das Reich als Netzwerk der Fürsten. Politische Strukturen unter dem Doppelkönigtum Friedrichs II. und Heinrichs (VII.) 1225–1235 (Mittelalter-Forschungen. 40), Stuttgart 2013, S. 114.

[4] Dieter WOJTECKI, Studien zur Personengeschichte des Deutschen Ordens im 13. Jahrhundert (Quellen und Studien zur Geschichte des östlichen Europa. 3), Wiesbaden 1971, S. 93.

[5] Zur besitzpolitischen Aktivität des Ordens in Thüringen vgl. Klaus MILITZER, Die Entstehung der Deutschordensballeien im Deutschen Reich (Quellen und Studien zur Geschichte des Deutschen Ordens. 16), Marburg 1981, S. 71; Ders., Von Akkon zur Marienburg. Verfassung, Verwaltung und Sozialstruktur des Deutschen Ordens 1190–1309 (Quellen und Studien zur Geschichte des Deutschen Ordens. 56), Marburg, 1999, S. 213–216. An Literatur sei ferner genannt: Bernhard SOMMERLAD, Der Deutsche Orden in Thüringen. Geschichte der Deutschordensballei Thüringen von ihrer Gründung bis zum Ausgang des 15. Jahrhunderts (Forschungen zur Thüringisch-Sächsischen Geschichte. 10), Halle 1931, Ndr. 1951; Hartmut BOOCKMANN, Die Bedeutung Thüringens und Hessens für den Deutschen Orden, in: Zenon Hubert NOWAK (Hg.), Die Rolle der Ritterorden in der Christianisierung (Ordines militares Colloquia Torunensia Historica. 2), Torun 1983, S. 57–68; Lutz FENSKE, Thüringische Amsträger des Deutschen Ordens in der Frühzeit der Ordensgeschichte, in: Thüringische Forschungen. Festschrift für Hans Eberhardt, hg. v. Michael GOCKEL/Volker WAHL, Weimar 1993, S. 63–91.

[6] Bodo HECHELHAMMER, Kreuzzug und Herrschaft unter Friedrich II. Handlungsspielräume von Kreuzzugspolitik (1215–1230), Ostfildern 2004, S. 148 Anm. 118.

Gespräche über das herzogliche Angebot einer Übertragung des Kulmerlandes statt (1225). Endlich habe, laut der *Cronica Reinhardsbrunnensis*, durch Vermittlung des Hochmeisters der Landgraf den Kaiser auf dem Hoftag von Ravenna (April 1226) getroffen[7].

Trotzdem steht die kaiserliche Belehnung Ludwigs IV., wie die Forschung vor langer Zeit bemerkt hat, im gänzlichen Widerspruch zur vorhergehenden Rimini-Bulle von März 1226 mit ihrer Übertragung des Preußenlandes an den Deutschen Orden. Wie hätte der Kaiser Preußen zweimal in drei Monaten zwei verschiedenen Empfängern überlassen können? Konnte er wirklich den Deutschen Orden übergehen, zumal er freundschaftliche Beziehungen zu dessen Hochmeister unterhielt? All das sieht zusammenhanglos aus, auch wenn man die festen Verbindungen zwischen dem Orden und der thüringischen Dynastie bedenkt.

Folglich gibt es nur zwei Lösungen des Problems. Entweder hat der Deutsche Orden, wie T. Jasiński meint[8], das Preußenland erst nach dem Tod des Landgrafen, also nach dem 11. September 1227, bekommen, und in diesem Fall stammt die Rimini-Bulle nicht aus dem Jahr 1226, sondern aus einem jüngeren Jahr. Oder der Text der Chronik ist fehlerhaft: Es wäre nicht Preußen, sondern ein anderes Land – im vorliegenden Fall das Pleißenland, ein am Ober- und Mittellauf der Pleiße und Zwickauer Mulde zwischen Thüringen und Meißen gelegenes Reichsland[9] – gemeint, das dem Landgrafen gegeben worden wäre. Bevor wir diese Frage untersuchen, wollen wir zuerst die verschiedenen Meinungen der Historiker wiedergeben.

Die gegensätzlichen Thesen in der Forschung: Preußenland oder Pleißenland?

Laut der Mehrheit der Historiker erklären die Territorial- und Ostpolitik des thüringischen Landgrafen Ludwig IV. sowie seine freundschaftlichen Beziehungen zum Deutschen Orden seine Belehnung mit dem Preußenland, sie scheint im Einklang mit den politischen Umständen zu stehen. Bei allen diesen

---

[7] *Lantgravius Ludewicus (...) in quarto mense secunda die ipsius mensis venit in civitatem Ravennam, ubi se gloriosissimo imperatori presentavit. Quem mediante fratre Hermanno de domo Theutonica benigissime suscepit invitans eum ad ludum et canum, ut moris est nobilium ad complacenciam sibi faciendam.* CR, S. 603–604.

[8] Tomasz JASIŃSKI, The Golden Bull Allegedly Issued in 1226 by Friedrich II for the Teutonic Order, in: Questiones Medii Aevi Novae 3 (1998) S. 221–244; zuerst in polnischer Sprache: Zlota Bulla Fryderyka II dla zakonu krzyżackiego z roku rzekomo 1226, in: Roczniki Historyczne 60 (1994) S. 107–154.

[9] Vgl. Karlheinz BLASCHKE, Geschichte Sachsens im Mittelalter, München 1990, S. 140: Karte des Pleißenlandes.

Forschern findet sich dasselbe Begründungsmuster wieder: Die Verleihung gilt als Alternativlösung zum Hilferuf des masowischen Herzogs an den Deutschen Orden.

E. Winkelmann (1891) schreibt zum Beispiel: „Freilich scheint dem [einer Schenkung an den Landgrafen] entgegenzustehen, daß damals auch der Deutsche Orden die Eroberung Preußens ins Auge fasste und Hermann von Salza darüber schon eine Verbriefung des Kaisers hatte. Aber es wäre auch denkbar, daß der Orden selbst ein entsprechendes Vorgehen des Landgrafen an einer anderen Stelle Preußens für nützlich erachtet hätte."[10] Nach H. Patze (1962) stand die Übertragung des Preußenlandes an Ludwig IV. ganz im Einklang mit den zeitgenössischen politischen Perspektiven: „Wir wissen jetzt, dass der Kaiser die Eroberung Preußens durch den Deutschen Orden nur als eine Alternativlösung betrachtete. Bis zum Kreuzzug von 1229 rechnete er immer noch damit, dem Orden im Heiligen Land selbst eine ihm gemäße Aufgabe stellen zu können." Der Verfasser ruft die guten Beziehungen zwischen dem Orden und den Landgrafen in Erinnerung und schließt daraus, dass „die Belehnung Ludwigs mit einem Teile Preußens sich mit diesen Tatsachen recht gut vereinbart"[11]. Ebenso schlußfolgert H. Kluger (1987), der meint, dass der Ausdruck *terram Plissie* in *terram Prussie* emendiert werden müsse[12]. Dann fügt er hinzu: „Sicherlich ist kein hinreichendes Argument, die Belehnung Ludwigs mit Preußen allein aus dem Grunde abzulehnen, weil der Kaiser dieses Land in demselben Jahre dem Deutschen Orden übertragen hat."[13] Zwar ist die Übertragung an den Deutschen Orden unzureichend, um eine Schenkung an den Landgrafen abzulehnen, trotzdem braucht man für diese einen ausschlaggebenden Beweis. Die Abwesenheit einer Unmöglichkeit beweist nicht ein Vorhandensein.

T. Jasiński (1994) tritt ebenfalls für die These einer Überlassung Preußens an den Landgrafen ein[14]. Seiner Meinung nach ist eine solche Belehnung sogar ein Indiz für die Zurückdatierung der Rimini-Bulle (1226 statt 1235). Angenom-

---

[10] Eduard Winkelmann, Kaiser Friedrich II. (Jahrbücher der deutschen Geschichte), 1 (1889), S. 382 Anm. 2; s. auch Hans Patze / Walter Schlesinger, Geschichte Thüringens, Bd. 2/1, Köln 1974, S. 34.

[11] Vgl. Hans Patze, Die Entstehung der Landesherrschaft in Thüringen, Teil 1 (Mitteldeutsche Forschungen. 22), Köln 1962, S. 268.

[12] Helmuth Kluger, Hochmeister Hermann von Salza und Kaiser Friedrich II. Ein Beitrag zur Frühgeschichte des Deutschen Ordens (Quellen und Studien zur Geschichte des Deutschen Ordens. 37), Marburg 1987, S. 64 Anm. 150.

[13] Dies war das Argument von Erich Keyser, Untersuchungen zur Geschichte des Deutschen Ordens in Marburg, in: Hessisches Jahrbuch für Landesgeschichte 10 (1960) S. 17 Anm. 8.

[14] Jasiński (wie Anm. 8).

men, Friedrich II. habe zuerst am 22. Juni 1226 dem Landgrafen das Preußenland gegeben, dann ist es plausibel, dass der Deutsche Orden den Kaiser um eine Rückdatierung seines Privilegs gebeten habe; sie wäre dem Orden zugute gekommen, besonders um einer Beschwerde des Erben des Landgrafen auszuweichen. Die paläographischen und stilistischen Analysen von T. Jasiński sind voll und ganz überzeugend. Er hat gezeigt, dass die heutigen Handschriften der Rimini-Bulle aus dem Jahr 1235 stammen[15].

Nehmen wir also im Einklang mit T. Jasiński an, die Bulle datiere vom Jahr 1235. Allerdings muss man noch die Belehnung Ludwigs begründen. Nach T. Jasiński habe Hermann von Salza nicht unverzüglich auf das Angebot Herzog Konrads geantwortet. Bis April 1228 und bis zum Vertrag von Biecz[16] habe er gezögert, sich auf das preußische Abenteuer einzulassen. Die Übertragung zugunsten des Landgrafen sei eine Folge dieser Unschlüssigkeit. Unter diesen Umständen habe der Kaiser entschieden, das Preußenland dem Landgrafen zu schenken: „an offer which sounded grandiose but cost nothing."[17] Als Gegenleistung nahm Ludwig IV. am Kreuzzug teil. Nach seinem Tod habe Hermann von Salza Hermann II., dem Sohn des Landgrafen, Preußen entzogen[18]. So versteht man die Abwesenheit dieses Landes in der kaiserlichen Urkunde vom September 1227 zugunsten Hermanns II. Der Kaiser bewies dieselbe *munificencia* wie für Ludwig IV. Er schenkte also dem neuen Landgrafen die Markgrafschaft Meißen, falls Heinrich, der Sohn des verstorbenen Markgrafen Dietrich, minderjährig sterbe[19]. Von Preußen war zwar nicht die Rede, aber von der Lausitz auch nicht: So ist es nicht bewiesen, dass der Kaiser das Preußenland vom Erbe Hermanns II. abgezogen hätte. Ohne uns hier gründlich mit dem komplizierten Problem der Chronologie der Verhandlungen zwischen dem Orden und dem Herzog von Masowien zu befassen, bemerken wir, dass die Erklärung T. Jasińskis problematisch ist: Wie konnte der Kaiser im Jahre 1226 über Preußen verfügen,

---

[15] Die Hypothese einer Neuausfertigung kann dennnoch nicht ausgeschlossen werden. Dazu können weder das Jahr 1226 noch das Jahr 1235 einige unklare Stellen der Urkunden erklären. Es ist möglich – nicht ganz sicher! –, dass es Interpolationen gibt und der Text in zwei Etappen geschrieben worden ist; vgl. GOUGUENHEIM (wie Anm. 1).

[16] Preussisches Urkundenbuch, hg. v. Rudolf PHILIPPI / Carl Peter WOELKY, Königsberg 1882 (Neudr. Aalen 1961) (im Folgenden zitiert: PrUB), I/1, Nr. 64.

[17] JASIŃSKI (wie Anm. 8), S. 242.

[18] EBD., S. 243.

[19] HB, III, S. 21: *Concedimus ei, ut si Henricum filium quondam marchionis Missinensis, antequam ad legitimam aetatem perveniat, mori contigerit, marchiam Missinensem cum omnibus iustis tenimentis, rationibus et pertinentiis suis et omnibus aliis que quondam pater suus marchio Missinensis a nobis et imperio in feudo tenuit, quoad vixerit, ipse Hermannus filius lantgravii supradicti a nobis et imperio teneat et possideat in rectum feudum prout omnia ipsi lantgravio patri suo quondam nostra concesserat celsitudo …*

zu einem Zeitpunkt, als man über dessen Los in den Gesprächen zwischen Herzog Konrad und dem Deutschen Orden noch nicht diskutiert hatte? Preußen erscheint nämlich erst im Juni 1230 (Kruschwitzer Vertrag[20]). Diese Tatsache, die in T. Jasińskis Augen das Datum 1226 der Rimini-Bulle in Zweifel zieht, schließt ebenfalls eine etwaige Übertragung Preußens zugunsten des Landgrafen Ludwig IV. im selben Jahr aus.

M. Löwener (1998) stellt sich auf denselben Standpunkt wie T. Jasiński und meint, dass Preußen an Ludwig IV. verliehen wurde, weil seine Familie „in ähnlich enger und vielfältiger Beziehung zum Deutschen Orden stand wie das staufische Herrscherhaus"[21]. In einer Zeit, in der der Streit über das Burzenland noch nicht bereinigt war, „… scheint Hermann von Salza selbst – wohl wegen des noch schwebenden Konfliktes mit dem König von Ungarn – die preußische Variante an das Thüringische Landgrafenhaus delegiert zu haben"[22]. Nur Ludwigs IV. Tod habe danach die Lage verändert. Schließlich widerlegt er die Fassung „Pleißenland", da diese Gegend bereits christianisiert war: „Allerdings steht in der Handschrift *Plissie,* also Pleißenland, was, da dieses bereits christianisiert war, Unsinn und deshalb vom Herausgeber zu Preußenland emendiert worden sei."[23] Vor kurzem (2013) hat R. Gramsch in seiner aufschlußreichen Studie zu den Netzwerkstrukturen die Forschungsfrage wieder bejaht: Er erkennt das Zeugnis der Chronik an und lehnt die Einwendungen ohne nähere Diskussion ab[24]. Die Belehnung mit Preußen scheint ihm sogar ein Indiz einer preußischen Politik Ludwigs IV. zu sein.

Tatsächlich lehnen nur wenige Forscher diese Verleihung ab[25]. Gegen sie hatte 1924 E. Caspar Stellung genommen[26]. Die Schenkung des Preußenlandes sei unmöglich. Die Konjektur stehe auf „schwachen Füßen", weil allein Hartmann

---

[20] PrUB, I/1, Nr. 78.

[21] Marc LÖWENER, Itinerare Hilfsmittel zur chronologischen Einordnung des Quellenmaterials – dargestellt am Beispiel der Herrschaftsgründung des Deutschen Ordens in Preußen, in: Karl-Heinz SPIESS, Fremdheit und Reisen im Mittelalter, Stuttgart 1998, S. 165–176, hier S. 169.

[22] DERS., Die Einrichtung von Verwaltungsstrukturen in Preußen durch den Deutschen Orden bis zur Mitte des 13. Jahrhunderts, Wiesbaden 1998, S. 10.

[23] DERS. (wie Anm. 22), S. 9 Anm. 7; s. auch S. 204: „Zunächst war sie [die Rimini-Bulle], sicher im Einvernehmen aller Partner, d.h. auch der Ordensleistung, zugunsten der thüringischen Landgrafen entschieden worden."

[24] GRAMSCH (wie Anm. 3), S. 174–175; s. S. 174 Anm. 353: „Doch können diese Deutungen nicht überzeugen."

[25] In seiner Geschichte des Deutschen Ordens erwähnt H. Boockmann den Passus der Reinhardsbrunner Chronik nicht. Er betont bloß die freundschaftlichen Beziehungen zwischen dem Landgrafen und dem Staufer: Als Gegenleistung für seine Teilnahme am Kreuzzug habe Ludwig IV. eine beträchtliche Geldsumme und die Erbschaftsrechte über

Schedel (1440–1514) den in der Handschrift stehenden Ausdruck *terram Plissie* in seiner Kompilation der thüringischen Quellen zu *terram Prussie* emendiert habe. Dazu meinte Caspar, dass das Pleißenland nicht erobert zu werden brauchte: Das Wort „expugnare" (*et terram Prussie quantum expugnare valeret*) solle folglich nur eine „Inkorrektheit in der Ausdrucksweise des Chronisten" sein. (In diesem allerletzten Punkt bin ich anderer Meinung, was weiter unten diskutiert wird.) Ironisch schloss er: „In Verbindung mit Lausitz und Meißen erscheint mir das überlieferte *terram Plissie*, das Pleißnerland, doch im wahrsten Sinne des Worts *näherliegend* als die kühnen Konjekturen *Preußen* oder *Russland*." Unlängst (2005) akzeptierte Kl. Militzer die Hypothese des Pleißenlandes. Treffend bemerkt er: „Einmal abgesehen davon, dass in der genannten Chronik das Preußenland nicht eindeutig genannt ist, ist gar nicht einsehbar, warum der Kaiser den Landgrafen mit der Eroberung des Preußenlandes beauftragt haben sollte und wie der Landgraf diese Aufgabe hätte bewältigen sollen."[27]

Die große Mehrzahl der Forscher bevorzugt also die Hypothese einer Belehnung des thüringischen Landgrafen Ludwig IV. mit Preußen. Diese Auffassung stützt sich dennoch weniger auf eine klare Beweisführung als auf Vermutungen, die ziemlich grob skizziert sind. Weder die Quellenlage noch der historische Kontext werden gründlich untersucht. Diese zwei Elemente wollen wir daher in der Folge näher untersuchen.

Die komplizierte Quellenlage: Die *Cronica Reinhardsbrunnensis* und die *Vita Ludowici*

Keine einzige kaiserliche Urkunde spricht von einer etwaigen Schenkung des Preußenlandes zugunsten des Landgrafen. Dieses Faktum hat keine Spuren in den Schreiben der staufischen Kanzlei hinterlassen. Folglich gründet es sich allein auf die Aussagen der *Cronica Reinhardsbrunnensis*. (Die Episode kommt in der Thüringischen Landeschronik von Johannes Rothe nicht vor.) Die komplizierte Geschichte der Abfassung und Überlieferung der Reinhardsbrunner Chronik ist von O. Holder-Egger dargestellt worden. Die zwischen 1340 und

---

die Markgrafschaft Meißen bekommen. Vgl. Hartmut BOOCKMANN, Der deutsche Orden. Zwölf Kapitel aus seiner Geschichte, München 1982, S. 46.

[26] Erich CASPAR, Hermann von Salza und die Gründung des Deutschordenstaats in Preußen, Tübingen 1924, S. 69–70. Das war bereits die Meinung von Paul REH, Das Verhältnis des deutschen Ordens zu den preußischen Bischöfen im 13. Jahrhundert, in: Zeitschrift des Westpreußischen Geschichtsvereins 35 (1896) S. 35–147, vgl. S. 43.

[27] Klaus MILITZER, Die Geschichte des Deutschen Ordens, Stuttgart 2005, S. 63.

1349 verfasste Originalhandschrift ist verschwunden[28]. Es überlebte eine spätere Abschrift, „1", die zwischen 1458 und 1464 niedergeschrieben wurde[29]. Eine andere Abschrift („2") liegt in Hartmann Schedels *Excerpta* vor[30].

In „1" steht nun der Ausdruck *terram Plissie,* anders ausgedrückt, das Pleißenland. In „2" hat aber Hartmann Schedel diesen durch „terram Prussie" ersetzt. Überdies findet man *terram Briscie* in der Ausgabe einer ersten Fassung seines Werkes (*Excerpta Cronicae Reinhardsbrunnensis a. 1025–1253*), die von Johannes Pistor (1546–1608) im Jahre 1583 veröffentlicht wurde[31]. O. Holder-Egger berücksichtigte auch die deutsche Fassung der *Vita Ludowici,* die von der Verleihung des *Pruzen lande* spricht[32]. Folglich hat er sich mit drei Zeugnissen gegen eines für die Textvariante *terram Prussie* entschieden, und diese hat er in seiner Ausgabe gegen den Ausdruck *terram Plissie* ausgetauscht[33]. Es scheint allerdings, dass diese Emendation auf schwankenden Füßen steht. Das Verhältnis drei zu eins führt in die falsche Richtung. Sicher steht allein in der Fassung „1" der Ausdruck *terram Plissie,* aber chronologisch ist sie die erste und früheste, und das muss unser Ausgangspunkt sein. Der heutige Text der Chronik stammt aus mehreren miteinander verflochtenen Schichten. Zuerst muss festgestellt werden, dass sie erst zwischen 1340 und 1349 niedergeschrieben worden ist, das heißt mehr als ein Jahrhundert nach dem Ereignis von 1226. Außerdem kennt man ihren Text nur durch Abschriften des 15. und 16. Jahrhunderts. Die Quelle ist demnach weit entfernt vom Jahre 1226 abgefasst.

Abgesehen von der Chronik muß man einen zweiten Text in Betracht ziehen: die *Vita Ludowici,* deren Inhalt in der Reinhardsbrunner Chronik wiedergege-

---

[28] *Plerasque partes Cronicae Reinhardsbrunnensis, quae supersunt, unicus codex continet, quibus pauca addi potuerunt ex quibusdam libris, in quibus Cronica Reinhardsbrunnensis vel sola vel cum aliis chronicis excscripta est. Et in illo unico codice partes huius Cronicae alii libro insertae atque cum eius partibus coniunctae sunt. (…) Codicem illum, quo librarius collectionem suam historicam conscripserat, non habemus, sed exemplar eius superest servatum in biblioteca regia Hannoverana XIII 753 chart. fol.* Oswald Holder-Egger, Cronica Reinhardsbrunnensis, MGH, SS, XXX/I, S. 490–514, hier S. 504.

[29] Niedersächsische Landesbibliothek, Hannover, XIII.753, f° 280–415.

[30] Vgl. Holder-Egger (wie Anm. 28), MGH, SS, XXX/I, S. 510–511.

[31] Fassung „T": Johannes Pistor, Rerum Germanicarum veteres iam primum publicati scriptores …, Frankfurt, I, 1583, S. 957–960, unter dem Titel: Annales veterum landgraviorum Thuringie, vgl. MGH, SS, XXX/I, S. 509. Obwohl die Fassung sehr kurz ist, erlaubt sie es, die Abschrift „1" zu emendieren und zu ergänzen.

[32] *In Pruzen lande:* Heinrich Rückert (Hg.), Das Leben des Heiligen Ludwig, Landgrafen in Thüringen, nach der lateinischen Urschrift übers. v. Friedrich Köditz von Salfeld, Leipzig 1851, IV, S. 43.

[33] *De vera lectione nihil dubii restat, cum tria testimonia contra uno convenient:* MGH SS, XXX/I, S. 504, Anm. k.

ben wird, wie O. Holder-Egger gezeigt hat[34]. Die Episode der Schenkung von 1226 stammt tatsächlich aus dieser *Vita*. Folglich erlaubt uns ihre Durchsicht, unser Problem zu lösen. Leider ist aufs neue die Geschichte der Quelle nicht ganz stromlinienförmig. Eine erste Fassung des Lebens Ludwigs IV. (dem O. Holder-Egger den Titel *Gesta Ludowici IV lantgravii* gegeben hat und deren übernommene Passagen in der MGH-Edition durch die Randnotiz „Berth." bezeichnet werden) wurde ca. 1233 vom Kaplan des Landgrafen, Berthold, geschrieben[35]. Danach ist dieses Werk verschwunden. Dann wurde Bertholds *Vita* durch eine Reihe von nach dem Brand der Abtei (1292) geschehenen Wundern ergänzt. Da die Wunder weitergingen, wurde kurz nach 1308 eine lateinische *Vita Ludowici* geschrieben[36]. Leider ist auch diese verloren, und heute ist einzig und allein ihre Übersetzung ins Deutsche erhalten. Diese deutsche Fassung wurde wenig später, um 1315–1323 (oder unmittelbar nach 1331?), durch einen Mönch von Reinhardsbrunn, Friedrich Köditz, ausgeführt[37]. Darin findet man die Episode der Belehnung des thüringischen Landgrafen wieder, diesmal formuliert mit den Wörtern *Pruzen lande*[38].

Die Angabe des Preußenlandes gründet sich folglich auf die im ersten Drittel des 14. Jahrhunderts verfasste Übersetzung einer früheren, heutzutage verlorenen lateinischen *Vita Ludowici*. Während diese deutsche Fassung vom *Pruzen lande* spricht, erwähnt die älteste Abschrift der *Cronica Reinhardsbrunnensis*,

---

[34] … *demonstravi auctorem Cronicae Reinhardsbr. Vitam Ludowici Latine scriptam fere integram (…) in opus suum transsumpsisse …*: MGH, SS, XXX/I, S. 500.

[35] Vgl. EBD. MGH SS, XXX/I, S. 498–501 und Oswald HOLDER-EGGER, Studien zur den Thüringischen Geschichtsquellen II, in: Neues Archiv der Gesellschaft für ältere deutsche Geschichtskunde 20 (1895) S. 622–637. Berthold zitiert eine Reihe von Wundern, die zwischen 1228 und 1233 geschehen sind. Über Berthold vgl. Stefan TEBRUCK, Die Reinhardsbrunner Gechichtsschreibung im Hochmittelalter. Klösterliche Traditionsbildung zwischen Fürstenhof, Kirche und Reich (Jenaer Beiträge zur Geschichte. 4), Frankfurt a. M. 2001, S. 19.

[36] Karl WENCK, Die Entstehung der Reinhardsbrunner Geschichtsbücher, Halle 1878, bezweifelte das Vorhandensein dieser lateinischen *Vita*, aber Holder-Egger versichert, dass sie wohl existiert hat.

[37] RÜCKERT (wie Anm. 32). Vgl. Helmut LOMNITZER, Friedrich Köditz, in: Die deutsche Literatur des Mittelalters. Verfasser Lexicon, 2., neu bearb. Aufl. hg. v. Kurt RUH u. a. 12 Bde., Berlin/New York, 1978–2006, Bd. 5, 1985, Sp. 5–7.

[38] *an deme zwene unde zwenzigisten tage des brachmandin, daz ist an der zehen tusint rittere tage, erhub sich der keiser unde zoch met herkraft biz kein burg Sandouw, da bat der edele lantgrave Lodewig orloub zu dem keisere, dae her muste widder heim zihe zu lande, wanne her im wol zu willin gedint unde nach gezogin hatte. Daz bedachte der keiser unde leich om zu rechtim lehengute di marke in Missen unde Lusitzir lande, unde waz her betwinge unde gewinne mochte in Pruzen lande, daz solde her alliz von im habe zu lehene,* RÜCKERT (wie Anm. 32), Lib. IV, S. 43.

die den Text der *Vita Ludowici* enthält, das Pleißenland. Der Widerspruch ist frappierend. Entweder hat der Verfasser der *Chronik* die deutsche Lebensbeschreibung oder unmittelbar die lateinische *Vita* benutzt. Im ersten Fall hat er danach *Pruzen lande* in *terram Plissie* emendiert (aber aus welchem Grund?). Im zweiten Fall hat er den Ausdruck *terram Plissie* aus der lateinischen *Vita* geschöpft. Da er seine *Chronik* in Latein geschrieben hat, kann man diese Hypothese als die wahrscheinlichere betrachten (wenn es auch unmöglich scheint, eine absolute Sicherheit zu gewinnen). Unter diesen Umständen wäre die Erwähnung des Preußenlandes eine Erfindung oder ein Irrtum des Verfassers der deutsche *Vita*[39].

Zusammenfassende Tafel :

Quelle	Namen des Landes
Erste lateinische *Vita* von Berthold (ca. 1233, deperdita)	?
Vita Ludowici, lateinische Fassung (ca. 1308, deperdita)	*terram Plissie?*
Das Leben des Heiligen Ludwig (Vita Ludowici, deutsche Fassung, ca. 1331)	*Pruzen lande*
Cronica Reinhardsbrunnensis, Fassung „1" (1340–1349; wiedergegeben in einer Abschrift aus den Jahren 1458–1464)	*terram Plissie*
Fassung „2" (Hartmann Schedel, 1507)	*terram Prussie*
Fassung „T" (Johannes Pistor, 1583)	*terram Briscie*
Herausgabe O. Holder-Egger	*terram Prussie*

Der politische Kontext: die ‚Ostpolitik' Ludwigs IV.

Den thüringischen Kontext des Jahres 1226 wollen wir jetzt näher betrachten. Obschon kurz, ist der Passus der *Cronica* nicht ohne Aussagekraft. Zuerst

[39] Es scheint in den Jahren 1315–1331 keinen Grund für die Erfindung einer Belehnung des thüringischen Landgrafen zu geben: Seine Nachfolger, die Wettiner, hatten zwar freundliche Beziehungen zum Deutschen Orden, aber allem Anschein nach keine territorialen Bestrebungen in Richtung Preußen. Man kann nur die Reise des Landgrafen Albrecht des Entarteten in Erinnerung bringen: im Jahre 1266 ging er nach Preußen, wo er zum Ritter geschlagen wurde (Vgl. J. ROTHE, Thüringische Landeschronik und Eisenacher Chronik, hg. v. Sylvia Weigelt (Deutsche Texte des Mittelalters, Bd. 87), Berlin 2007, S. 69: *da czoch her keyn Prussen widder die heiden unde wart ritther.*).

spricht der Verfasser keinesfalls von den Heiden oder der Christianisierung: Folglich muss dieses Element, das einige Autoren zugunsten einer Belehnung Preußens erwähnen, beiseite gelassen werden. Der Landgraf sollte die Gegend *expugnare*: Im Gegensatz zu den Meinungen einiger Historiker handelt es sich um einen Angriff, nicht um die Vertreibung einer Bevölkerung. Es gibt ein letztes und wichtiges Element: Der Kaiser habe seine Schenkung *iure pheodi* getan. Folglich kann sie gar nicht für das Preußenland gelten, das nämlich kein Reichslehen war – im Gegensatz zum Pleißenland sowie Meißen und der Lausitz.

Die beiden Fürsten, der Kaiser und der Landgraf, waren miteinander befreundet: Schon vom Jahre 1224 an zeigte Ludwig IV. seine Bereitschaft zur Kreuznahme an der Seite Friedrichs II. Anwesend in Ravenna im Mai 1226, war er im November in seinem Land zurück[40]. Er hatte selbst den Kaiser um Erlaubnis gebeten heimzukehren, was vermuten lässt, dass er wichtige Angelegenheiten erledigen musste (*... optinuit Ludewicus lantgravius ab imperatore licentiam repatriandi*). Bei dieser Gelegenheit beauftragte ihn der Kaiser, eine Änderung an der Spitze der Reichsregierung durchzuführen, was ihre außergewöhnliche Vertrautheit beweist. Die bedeutendste Mission des Landgrafen war die Ernennung des bayerischen Herzogs Ludwig zum Reichsverweser für König Heinrich (VII.) trotz des Volljährigkeit[41]. Wie R. Gramsch schreibt, war der

---

[40] Anwesend bei der Hochzeit Henrichs (VII.) im Nürnberg (November 1225, HB, II, 2, S. 863) und auch am 1. Dezember, als Heinrich (VII.) den Bischof Albert von Riga in den Rang eines Reichsfürsten erhebt (HB, II, 2, S. 865–866), verlässt er seine Burg von Isserstedt (nw. Jena) am 22. April 1226 (CR, S. 603). Im Mai 1226 ist er in Ravenna angekommen (HB, II, 1, S. 565). Danach findet man ihn am kaiserlichen Hof in Parma, Imola, Borgo San Donnino usw. (HB, II, 1, S. 569 und 577; HB, II, 2, S. 604; HB, II, 2, S. 616, 620, 624, 628, 631, 651). Im November 1226 erscheint er in Augsburg unter den Zeugen einer königlichen Urkunde (HB, II, 2, S. 894).

[41] CR, S. 605: *Commisit etiam singulari privilegio dileccionis omnia negocia, que circa filium suum habere proposuerat, rogans, ut sui causa laboraret, quod avunculus suus dux Bavarie Ludewicus reciperet filium suum Heinricum Romanorum regem in curam suam curiamque suam regeret atque discrecione sapiencie sibi innate provide gubernaret. (...) Cepit autem coram eis tractare de negocio sibi commisso ab imperatore de filio suo Romanorum rege Heinrico, quem constituerat regem in partibus Alemanie, quanta fidelitate et confidencia dilectum unicum filium suum in procuracione committeret fidelissimo principi duci Bavarie supradicto.* Zu dieser problematischen Entscheidung mit einer eingehenden Analyse vgl. GRAMSCH (wie Anm. Nr. 3), besonders S. 177–183; auch Peter THORAU, König Heinrich (VII.), das Reich und die Territorien. Untersuchungen zur Phase der Minderjährigkeit und der „Regentschaften" Erzbischofs Engelberts I. von Köln und Herzog Ludwigs I. von Bayern, 1220–1228, (Jahrbücher der Deutschen Geschichte. Jahrbücher des Deutschen Reichs unter Heinrich [VII.], Teil 1), Berlin 1998, bes. S. 277 ff.; Helmut FLACHENECKER, Herzog Ludwig der Kehlheimer als Prokurator König Heinrichs (VII.), in: Zeitschrift für Bayerische Landesgeschichte 59 (1996), S. 835–848; s. auch Christian

Landgraf „ein zentraler Brückenakteur" dieses Zeitraums: „Durch seine vielfältigen dynastischen Bindungen nach allen Seiten besaß er im Frühjahr 1225 einen
großen Handlungsspielraum."[42] Überdies stand Ludwig IV. in Verbindung mit
den sich in Thüringen aufhaltenden Brüdern des Deutschen Ordens, worin R.
Gramsch eine „Involvierung in die preußischen Angelegenheiten" sieht[43].

Der Landgraf hatte noch eine zweite Aufgabe. Die *Chronik* weist auf eine
politische und militärische Mission hin: Der Ausdruck *quantum expugnare valeret et sue subicere potestati* gibt Anlass zu der Vermutung, dass die ihm anver-
trauten Länder in Unruhe waren und dass sogar die legitime – anders gesagt die
kaiserliche – Herrschaft hier umstritten war. Diese Hypothese wird durch die
folgenden Nachrichten der *Chronik* bestätigt. Sie weist nämlich darauf hin, dass
sich Ludwig IV. nach der Erfüllung seiner Mission beim Herzog von Bayern wie
gewöhnlich (*more solito*) in die *terram Orientalem* begeben habe, dort habe er
gegen die *inimici pacis* Frieden gestiftet. Auf seinem Durchzug zerstörte er mehrere Burgen: *Cepit ergo pius lantgravius Ludewicus more solito pro bono pacis
Orientalem terram visitare. Quod cum audissent incole ipsius terre, qui inimici
pacis fuerant, offerebant castrorum suorum municiones gracie lantgravii. Quibus
receptis humiliari eas fecit et funditus destrui. Duo autem ex illis vocabantur
Sulzi et Kalkenruth; et sic pacem in terra Orientali procurans ipsam perfectissime
gubernabat*[44]. Vielleicht ist die Burg „Sulzi" identisch mit der Burg „Bad Sulza",
die ungefähr 20 km im Norden von Jena liegt. Von 1180 an herrschten die Landgrafen auf dieser Burg, die ab 1182 durch ein Ministerialengeschlecht verwaltet
wurde. 1243 fiel sie in die Hände der Markgrafen von Meißen[45]. Die Zerstörung
der beiden Burgen ist aufschlussreich: Als Vormund seines Neffen handelte der
Landgraf in diesen Landen selbst als Markgraf, der ein freies Verfügungsrecht
über den Bau von Burgen besaß und die Anlage von Befestigungen innerhalb des
Markengebietes verbieten konnte.

HILLEN/Wolfgang STÜRNER/Peter THORAU, Der Staufer Heinrich (VII). Ein König im
Schatten seines kaiserlichen Vaters (Schriften zur staufischen Geschichte und Kunst. 20),
Göppingen 2001.

[42] GRAMSCH (wie Anm. 3), S. 102.

[43] EBD., S. 118.

[44] CR, S. 606. Vgl. ROTHE (wie Anm. 39), S. 59: *In dem selben jare da czoch landtgrave
Loddewig in das Osterland, uf das her da frede gemacht unde czubrach da czwey sloß
czu grunde. Das eyne hyß Sulcza unde das andere Kalkinrug.* Die Thüringische Landes-
chronik des Johannes Rothe (ca. 1360–1434) wurde ca. 1418/1419 verfasst. Das Leben
Ludwigs IV. kommt S. 51–63 vor. Johannes Rothe nutzt die Übersetzung des Friedrich
Köditz.

[45] *Kalkenruth* bleibt ein Rätsel: diese Burg zu identifizieren bin ich nicht in der Lage.

Dieses „gewöhnliche" Unternehmen darf nicht überraschen. Landgraf Ludwig IV. hatte von Anfang seiner Regierung an eine „Ostpolitik" entfaltet. Als 1221 sein Schwager Dietrich von Meißen starb, nahm er das Regiment über dessen Markgrafschaft in die Hand sowie seine Schwester Jutta und seinen Neffen Heinrich in seine Obhut[46]. Vielleicht sah er darin eine Möglichkeit, seine territoriale Macht zu erweitern[47]. Danach geriet er in Streit mit seiner Schwester, die den Graf Boppo VII. von Henneberg geheiratet hatte (Januar 1223). Nach einer bewaffneten Intervention in der Niederlausitz (Juli 1223) besaß er Tharandt (sw. von Dresden), Nuwenhof (= Naunhof), Groytz (= Groitzsch) und Rochelizesberg (Rochlitzer Berg über der Zwickauer Mulde)[48]. Schon am 6. Juni 1222 fand im Osterland ein *placitum provinciale* (Landding) unter seinem Vorsitz statt[49]. 1224 stellt er dort Frieden wieder her: *Sed et terram Orientalem postea tenens manu forti atque regens pacem in ipsa reformavit. Dansque corpori nichil otii, sepius terram ipsam pro iudicio pacis et quietudinis visitavit*[50].

Im Juli/August 1225 führte Ludwig IV. einen Feldzug gegen die polnische Burg Lebus weit im Osten seiner Lande. Nach der *Cronica Reinhardsbrunnensis* wurde er von 300 Rittern (*CCC milites*) begleitet; Johannes Rothe schreibt, dass ein Teil dieses Heeres *drytußent unde virhundert guter ritther unde knechte* enthielt[51]. Vielleicht wollte er das Land Lebus, das den Wettinern zur Zeit Konrads von Landsberg (1159–1210) kurze Zeit (1209–1210) gehört hatte, zugunsten

---

[46] CR, S. 596–597, *Annales Pegavienses*, MGH, SS, XVI, S. 270. S. auch Rothe (wie Anm. 39), S. 53: *Da landtgraven Loddewige die botschafft quam das sin swager todt were, da czoch her geczowlichen zu siner swester unde nam da das landt czu Missen in vormundeschaft in unde troste sine swester unde bleib da eine wile ...*

[47] Vgl. Patze (wie Anm. 11), S. 263: „Ludwig scheint von Anfang an entschlossen gewesen zu sein, aus seinen verwandschaftlichen Verpflichtungen politischen Gewinn zu ziehen, ja, es kann kein Zweifel sein, dass für ihn ein von der Lahn bis über die Elbe reichender Landesstaat der Ludowinger eine lebendige Vorstellung war."

[48] CR, S. 599; Rothe (wie Anm. 39), S. 55.

[49] Urkundenbuch des Hochstifts Meißen, hg. E. G. Gersdorf, in: Codex diplomaticus Saxoniae regiae, Haupttheil 2, Bd.1: 962–1356, Leipzig, 1864, Nr. 95, S. 88–89: *Notum sit ... quod cum loco et vice cari nepotis nostri Henrici filii domini Theoderici felicis memoriae Misnensis et orientalis marchionis Deliz in Orientali marchia provinciali placito praesideremus ...*

[50] CR, S. 600.

[51] *Dixit sibi in proposito esse intrare Poloniam ad occupandum nobile castrum Lubus*, CR, S. 601–602; Rothe (wie Anm. 39), S. 56 schreibt zum Feldzug: *... da sammenthe landtgrave Loddewig eynn großes mechtiges heer uß Hessen, Buche, Westfalen, Franken, Doringen, Osterlande unde Missen (...) unde nymandt wuste wue her hen solde.* S. 55); s. Patze (wie Anm. 11), S. 266: „Der Landgraf mochte erkennen, daß der Osten ein Raum politischer Betätigungsmöglichkeit war. Zu dieser Zeit war die Ostsiedlung im vollen Gang."

seines Mündels zurückerobern. Leider gibt die Chronik keinen Grund für seinen Vorstoß an, und obgleich R. Gramsch eine Verbindung mit der preußischen Lage vermutet, haben wir dafür keinen Beweis[52]. Vielleicht wollte er auch dem Erzbischof von Magdeburg helfen. Mit *castrum et civitas Lebus* belehnte nämlich Friedrich II. kurz danach, im Juli 1226, diesen Prälaten[53]. Bereits Philipp von Schwaben hatte den Erzbischof mit Burg und Stadt Lebus belehnt[54]. Man kann hierin ein Indiz für eine Kooperation zwischen dem Landgrafen und dem Erzbischof Albrecht von Magdeburg sehen, was auch R. Gramsch vermutet[55].

Das Pleißenland lag zwischen Thüringen und Meißen und umfasste die Städte Altenburg, Colditz, Leisnig, Frohburg, Werdau, Crimmitzschau, Zwickau und Chemnitz[56]. Sein Mittelpunkt lag in der Burggrafschaft Altenburg[57]. Seit dem 10. Jahrhundert war es ein Reichslehen, und besonders zur Zeit der Staufer siedelten sich hier mehrere Reichsministeriale an. H. Helbig stellt die Politik Friedrichs I. wie folgt dar: „Die *terra Plisnensis*, wie sie seitdem genant wird,

---

[52] GRAMSCH (wie Anm. 3), S. 119.

[53] HB, II, S. 601–604.

[54] HB, II, S. 602.

[55] „Der Erzbischof … tat sich hierbei mit dem Landgrafen zusammen": GRAMSCH (wie Anm. 3), S. 175. Nach GRAMSCH (ebd., S. 119) war dieser Feldzug ein Beweis für die Involvierung des Landgrafen in die preußischen Angelegenheiten und ein erster „Reflex auf das masowische Angebot": „Zwar geht die Forschung davon aus, Ludwig habe hier nur als Vormund seines Mündels, des meißnischen Markgrafen Heinrichs des Erlauchten, gehandelt (…) Die ungewöhnliche Stoßrichtung von Ludwigs Feldzug kann somit durchaus auf einen Zusammenhang mit sich abzeichnenden preußischen Plänen hindeuten". Es mag sein: Von diesem Angriff wurde nämlich Herzog Wladislaw III. von Posen, Konrads Vetter und Gegner, beunruhigt. Kurz nach Ludwigs Abzug besetzte er übrigens einen Teil des Landes Lebus. Die kaiserliche Urkunde wendet sich gegen diese Besetzung, zugunsten des Erzbischofs. aber auch des Reiches: *donamus et concedimus principi nostro dilecto Alberto venerabili Magdeburgensi archiepiscopo (…) castrum et civitatem Lebus (…) nec non cum ceteris pertinentiis suis occupatis pro tempore ac detentis quas ab occupatorum minibus eruere potuerit, qui eas non absque imperii preiudicio et injuria invaserunt …* Hier wurde – nicht namentlich – Herzog Waldislaw III. angeprangert (HB, II, S. 602–603).

[56] BLASCHKE (wie Anm. 9), S. 283.

[57] Vgl. André THIEME, Die Burggrafschaft Altenburg. Studien zu Amt und Herrschaft im Übergang vom hohen zum späten Mittelalter, Leipzig 2001, bes. S. 163–184. Die Schenkungen Heinrichs III. und seiner Frau Agnes nach dem Tod des Markgrafen von Meißen Ekkehard II. (1032 – 24. Januar 1046) schufen die Grundlagen der kaiserlichen Herrschaft (vgl. MGH DD, Heinrich III., Nr. 162, Schenkung Rochlitz, Juli 1046). Friedrich Barbarossa reorganisierte seine Herrschaft über das Pleißenland und das Egerland um Altenburg herum. Vgl. DOB, II, Nr. 168; s. PATZE (wie Anm. 11), S. 114, 227. In seinen Urkunden sprach er gelegentlich von *nostro pago Plisna* wie z. B. am 13. Februar 1160 in seiner Verfügung zugunsten der Abtei Hirsau, MGH DD, Friedrich Barbarossa, Nr. 299 S. 112.

und das Egerland gewannen als die am weitesten nach dem Osten vorgeschobenen Kronländereien seitdem erheblich an Bedeutung."[58] K. Bosl unterstreicht, dass dieses Land den „reinsten Typ der von Reichsdienstmannen verwalteten *terra imperii*" darstellte; „in diesem Raum, vor allem im ‚territorium Plisnense' um die Reichsfeste Altenburg, haben die Staufer intensive Städtepolitik betrieben, wie das Beispiel von Zwickau und Chemnitz zeigt."[59] 1214 ergänzte Friedrich II. mit der Einrichtung des Deutschordenshauses in Altenburg den Ausbau des Pleißenlandes[60]. Er demonstrierte seine Herrschaft mit den Hoftagen in Eger (1213 und 1215) und seinen Aufenthalten in Altenburg (1215, 1216 und 1217); dort erwiesen große Teile der pleißenländischen Reichsministerialität und auch die burggräflichen Geschlechter ihre Verbundenheit mit dem Königtum[61].

Die Verwaltung des Reichslandes Pleißen war einem *iudex provincialis* übertragen[62]. Bis 1222 war der Herr von Crimmitzschau Heinrich als dortiger Landrichter tätig, gemeinsam mit dem Naumburger Bischof Engelhard; dann ging das Amt in die Hände seines Sohnes Günther über[63]. Aber das Pleißenland stand auch unter der wachsender Einwirkung des Markgrafen von Meißen. Als 1243/1244 der Markgraf von Meißen Albrecht der Entartete mit Margaretha, der Tochter Friedrichs II., verheiratet wurde, wurde den Wettinern das Pleißenland als Mitgift verpfändet[64]. Damit wurde eine Abrundung des wettinischen Besitzes in Aussicht gestellt, und 1264 fiel dem Markgrafen die Altenburger Münze zu[65]. 1282 wurden nach einem Streit zwischen Albrecht und seinen Söhnen die *terra orientalis* und die *terra Plissenensis* dem ältesten, Dietrich, übergeben. Er trug den Titel *dominus terre Plisnensis*[66]. Im letzten Viertel des 13. Jahrhunderts und im 14. Jahrhundert waren das Osterland und das Pleißenland in einer

---

[58] Herbert HELBIG, Der wettinische Ständestaat, Münster/Köln 1955, S. 294.

[59] Karl BOSL, Staat, Gesellschaft, Wirtschaft im deutschen Mittelalter (Handbuch der deutschen Geschichte. 7), 3. Aufl., München 1976, S. 173, 175.

[60] MGH, DD, Friedrich II., XIV/2, Nr. 230 S. 129 (2. Juni 1214).

[61] THIEME (wie Anm. 57), S. 179.

[62] Julius LÖBE, Die pleissnischen Landrichter, in: Mitteilungen der Geschichts- und Altertumsforschenden Gesellschaft des Osterlandes 5 (1883) S. 279 ff. und 9 (1887) S. 326 ff.; s. auch Martin LUTHER, Die Entwicklung der landständischen Verfassung in den wettinischen Landen (ausgeschlossen Thüringen), Leipzig 1895; HELBIG (wie Anm. 58).

[63] DOB, II, Nr. 1968; Altenburger Urkundenbuch (976–1350), hg. v. Hans PATZE (Veröffentlichungen der Thüringischen Historischen Kommission, Bd. 5), Jena 1955, Nr. 103, 108; vgl. HELBIG (wie Anm. 58), S. 320.

[64] Nach THIEME (wie Anm. 57), S. 185–186, galt sofort mit der Verlobung die Verpfändung als bestätigt und nicht erst von 1254 an.

[65] DOB, III, Nr. 3156.

[66] LAMPE, Nr. 439 S. 375; s. auch *Orientalis et Lusacie marchionis dominique terre Plisnensis*, Nr. 459 S. 398, 1. Mai 1289.

einzigen Herrschaft vereinigt. Friedrich der Freidige (1307–1323) nannte sich *Thuringorum lantgravius, Misnensis et Orientalis marchio dominusque terre Plisnensis*[67]; ebenso war sein Nachfolger Friedrich II. der Ernsthafte (1323–1349) *Duringie lantgravius Misnensis et Orientalis marchio dominusque terre Plysnensis*[68]. Den Wettinern gelang es im 14. Jahrhundert, die pleißnischen Herrengeschlechter von sich abhängig zu machen.

An der nördlichen Grenze des Pleißenlandes erstreckte sich die *terra orientalis* (Osterland), die von der Saale bis zur Mulde reichte, zwischen Weißenfels (im Westen), Delitzsch (25 km im Norden Leipzig), Eilenburg im Nordosten, Borna im Südosten und Eisenberg im Südwesten (60 km entfernt von Altenburg). Am 20. Mai 1206, als Philipp von Schwaben alle Besitzungen des Deutschen Ordens unter seinen Schutz nahm, war ein *Conradus marchio orientalis* unter den Zeugen[69]; am 25. Juli 1219 trug Markgraf Dietrich von Meißen in einer königlicher Urkunde den Titel *marchio Misnensis et orientalis* ebenso wie im März 1245 Heinrich der Erlauchte[70]. Zwischen den Jahren 1221 und 1223 scheint der Bischof von Naumburg Engelhard als Landrichter (*iudex generalis*) im Osterland tätig gewesen zu sein. Im Laufe des 13. Jahrhunderts wurde die *terra orientalis* oft durch den Burgrafen von Altenburg (mitten im Pleißenland) verwaltet[71].

Das Osterland und das Pleißenland lagen an der östlichen Grenze Thüringens, zwischen dieser Landgrafschaft und den zwei anderen Landen, die Friedrich II. 1226 Ludwig IV. gegeben hatte. Es wäre mithin nicht unlogisch, das Pleißenland der Belehnung mit Meißen und der Lausitz hinzufügen. 1221 hatten der Tod Dietrichs und die Minderjährigkeit seines Sohnes eine politische Instabilität des Landes herbeigeführt, ungeachtet der Vormundschaft des thüringischen Landgrafen. Ein Grund der Belehnung könnten diese zeitgenössischen Unruhen gewesen sein. Im Osterland gab es wie im Pleißenland mehrere *nobiles* (Edelfreie) und *ministeriales* (Reichsministeriale und Dienstmannen), die als

---

[67] LAMPE, Nr. 640 S. 539.

[68] Hans PATZE (Hg.), UB Altenburg, Nr. 523 S. 419. Friedrich der Ernsthafte verheiratete sich 1329 mit Mechtild, der Tochter Kaiser Ludwigs IV. Seit dieser Zeit war das Pleißenland nicht nur ein Lehen, sondern ein Teil des Erbguts der Wettiner. Vgl. BLASCHKE (wie Anm. 9), S. 272.

[69] Johann Heinrich HENNES (Hg.), Urkundenbuch des Deutschen Ordens, Mainz, 1861, Nr. 7; Otto POSSE (Hg.),Urkunden der Markgrafen von Meißen und Landgrafen von Thüringen, Leipzig 1898, Nr. 97.

[70] HB, I, 2, S. 654; HB VI, 1, S. 264. Vgl. auch LAMPE, Nr. 128 vom 25. März 1253 und Nr. 177 vom 1263. Heinrich der Erlauchte trug den Titel Markgraf von Meißen, Lausitz und Osterland. Vgl. LAMPE, Nr. 296i S. 236 vom 24. Dezember 1247; er war auch *Misnensis et Orientalis marchio, Thuringie lantgravius et Saxonie comes* in einer Urkunde vom Dezember 1250, LAMPE, Nr. 110 S. 87.

[71] HELBIG (wie Anm. 58), S. 226–228.

Träger der Herrschaftsbefugnisse auf Burgwarde ernannt worden waren. Unter diesen finden sich zweifellos die in der *Cronica Reinhardsbrunnensis* erwähnten *inimici pacis*. Von 1221 an, nach ihrer Verbundenheit mit Friedrich II. in den Jahren 1215–1217, haben sie die Unmündigkeiten Markgraf Heinrichs und König Heinrichs (VII.) ausgenutzt, um ihre schon bestehende eigene Macht weiter auszubauen, trotz eines Aufenthaltes Heinrichs (VII.) im Jahre 1223[72]. D. Rübsamen hat die zwischen 1220 und 1226 eingetretene dramatische Verschlechterung der Lage hervorgehoben[73]. Aus diesen Umständen erklärt sich die Mission des Landgrafen, der gegen diese eigenständigen Herren kämpfen sollte.

Fassen wir also unsere Indizien zusammen.

1. Nichts erlaubt, die in der ältesten Abschrift der *Cronica Reinhardsbrunnensis* überlieferte Fassung *terram Plissie* zu emendieren.
2. Im Jahre 1226 verhandelte der Herzog von Masowien mit dem Deutschen Orden nur über das Kulmerland: Damals war das Schicksal des Preußenlandes noch kein Gesprächsgegenstand.
3. Eine Übertragung *iure pheodi* konnte nicht Preußen betreffen; dagegen war sie eine berechtigte Entscheidung über das Pleißenland, das ein Reichslehen war.
4. Der Verlauf der Ereignisse (der Wille des Landgrafs heimzukehren und dann die Unterwerfung der „Friedensfeinde" im Osterland), die geographische Lage des Osterlandes und des Pleißenlandes, durch die Thüringen und Meißen in Verbindung standen, die hohe Bedeutung des Pleißenlandes als Reichslehen, die engen Beziehungen zwischen Friedrich II. und Ludwig IV., die wachsende Macht der Edelfreien und der Ministerialen im Pleißenland und Osterland und die darauf folgenden Unruhen im ersten Viertel des 13. Jahrhunderts, all das bewegt uns zur Annahme, dass der Gegenstand der kaiserlichen Schenkung nicht das Preußenland, sondern das mit Meißen und der Lausitz vereinigte Pleißenland war. Der Landgraf sollte hier im Interesse des Reiches Ordnung und Frieden stiften.

---

[72] Vgl. Thorau (wie Anm. 41), S. 207.
[73] Vgl. Dieter Rübsamen, Kleine Herrschaftsträger im Pleißenland. Studien zur Geschichte des mitteldeutschen Adels im 13. Jahrhundert (Mitteldeutsche Forschungen. 95), Köln/ Wien, 1987 S. 8: „Hielt die königliche Einflussnahme auf das Pleißenland in den ersten beiden Jahrzehnten des 13. Jahrhunderts noch unvermindert stark an, so zeigten sich bereits unter Heinrich (VII.) erste Auflösungserscheinungen. Die Markgrafen von Meißen dehnten gezielt ihren Herrschaftsbereich aus, einige führende Ministeriale begannen sich zu selbständigen Herrschaftsträgern zu entwickeln". Um Altenburg, Naumburg, Weida und Plauen war das Pleißenland mit Burgen gefüllt, die durch Ministeriale verwaltet wurden. Vgl. Westermanns großer Atlas zur Weltgeschichte, Karte 62/II.

Die – rechtlich unmögliche – Belehnung Preußens wäre mithin eine spätere Erfindung oder ein Irrtum des Verfassers des deutschen Lebens Ludwigs IV. Auch wenn dies sich nicht auf „mathematische Weise" beweisen lässt, ist doch meines Erachtens die Konjektur „Pleißenland" wahrscheinlicher als diejenige „Preußenland"[74].

---

[74] Diese Hypothese schließt die These Jasińskis nicht aus: Wäre das Pleißenland dem thüringischen Landgraf gegeben worden, bliebe dennoch eine Rückdatierung der Rimini-Bulle möglich.

Die Westseite des Domes in Kulmsee/Chełmża: die Gestaltung des Zwischenbaues

Von Fritz Wochnik

1215 ernannte Papst Innozenz III. den ersten Bischof für Preußen[1]. Dieser Bischof, der Zisterzienser Christian, hatte schon seit Jahren unter den Prußen missioniert. Die Bemühungen der Zisterzienser erlitten 1216 einen schweren Rückschlag[2]. 1225/26 rief Herzog Konrad von Masowien und Kujawien den Deutschen Orden zur Verteidigung seines Gebietes vor den eindringenden Prußen und zur Christianisierung dieses Volkes ins Land[3]. 1226 genehmigte Kaiser Friedrich II. das Eroberungsunternehmen durch den Deutschen Orden[4]. Nach der Unterwerfung wurden die Gebiete der eingenommenen Landesteile mit kirchlichen Strukturen überzogen. Vier Bistümer richtete Wilhelm von Modena 1243 ein[5]. Ihre Zentren mit den jeweiligen Domkapiteln wurden Kulmsee/

---

[1] Chronicon Montis Sereni, in: Monumenta Germaniae Historica, Reihe: Scriptores, Bd. 23, hg. v. Georg Heinrich PERTZ, Hannover 1874, Nachdruck Stuttgart 1963, S 138–226, hier: S. 186; s. a. Chronica Alberici monachi Trium Fontium a monacho novi monasterio Hoiensis interpolata, in: Monumenta Germaniae Historica (wie vor), S. 674–950, hier: S. 867.

[2] Peter von DUSBURG, Chronik des Preußenlandes, übers. u. erläutert v. Klaus SCHOLZ/ Dieter WOJTECKI (Ausgewählte Quellen zur deutschen Geschichte des Mittelalters, Freiherr vom Stein Gedächtnisausgabe. 25), Darmstadt 1984, S. 54/55; Johannes VOIGT, Geschichte Preußens von den ältesten Zeiten bis zum Untergange der Herrschaft des deutschen Ordens, 9 Bde., Königsberg 1827–1839, Bd. 1, S. 428–472, hier: S. 442; Ambrosius SCHNEIDER/Adam WIELAND/Wolfgang BICKEL/Ernst COESTER (Hg.), Die Cistercienser. Geschichte, Geist, Kunst, 2. Auflage, Köln 1977, S. 88–96, hier: S. 89.

[3] Preussisches Urkundenbuch. Politische Abteilung, Bd. 1.1, hg. v. Rudolph PHILIPPI/ Carl Peter WOELKY, Königsberg 1882, Nachdruck Aalen 1961, S. 41–43, Nr. 56, hier: S. 42; VOIGT (wie Anm. 2), hier: Bd. 2, S. 158–284, hier: S. 162; Hartmut BOOCKMANN, Ostpreußen und Westpreußen (Deutsche Geschichte im Osten Europas), Berlin 1992, S. 94; Marian BISKUP/Gerard LABUDA, Die Geschichte des Deutschen Ordens in Preußen. Wirtschaft, Gesellschaft, Staat, Ideologie (Klio in Polen. 6), Osnabrück 2000, S. 138–153, hier: S. 138.

[4] Preussisches Urkundenbuch (wie Anm. 3), S. 41–43, Nr. 56; VOIGT (wie Anm. 2), hier: Bd. 2, S. 162; BOOCKMANN (wie Anm. 3), S. 76; BISKUP/LABUDA (wie Anm. 3), S. 138–139.

[5] Urkundenbuch des Bisthums Culm, bearb. v. Carl Peter WOELKY, Theil 1: Das Bisthum Culm unter dem deutschen Orden 1243–1466 (Neues Preussisches Urkundenbuch, Westpreussischer Theil, Abth. 2: Urkunden der Bisthümer, Kirchen und Klöster. 1), Danzig 1885, Nr. 8–11, S. 3–5; Preussisches Urkundenbuch (wie Anm. 3), Nr. 142–144,

Abb. 1. Kulm, Marienkirche, Westseite, Ausschnitt (Aufnahme: F. Wochnik, 1992)

Chełmża für das Bistum Kulm, Frauenburg/Frombork für das Ermland, Marien-werder/Kwidzyn für Pomesanien und Königsberg i. Pr./Kaliningrad für das Samland. Es scheint, dass Bischof Christian als Mittelpunkt seiner Diözese Kulm/Chełmno vorgesehen hatte, und aufgrund der ursprünglichen Ausstattung sah Johannes Heise in der Marienkirche die designierte Kathedrale[6].

Die Hauptkirche des Kulmer Landes, der wir uns zuwenden wollen, der Dom in Kulmsee, war zunächst als Basilika geplant. Noch vor Fertigstellung wurde das Konzept geändert, ohne dass man alle Einzelheiten aufgegeben hätte. Darunter zählt die Westfront mit dem im Mittelbau eingesetzten Rundfenster. Dass die Westseite in der Folgezeit nicht zum Abschluss gebracht worden ist, ist ein Schicksal, das vielen Kirchen widerfahren ist.

Im Ordensland entstanden nur wenige Gotteshäuser, die auf ihren Westseiten zwei Türme erhalten sollten. Man begann die Bauarbeiten, doch Fassaden blie-

---

S. 107–110; Dusburg (wie Anm. 2), S. 134/135–136/137; Voigt (wie Anm. 2), hier: Bd. 2, S. 465–472; Boockmann (wie Anm. 3), S. 111; Biskup/Labuda (wie Anm. 3), S. 189.

[6] Preussisches Urkundenbuch (wie Anm. 3), Nr. 41, S. 27–32, hier: S. 30; Die Bau- und Kunstdenkmäler des Kreises Kulm, bearb. v. Johannes Heise (Die Bau- und Kunstdenkmäler der Provinz Westpreußen, Bd. 2: Kulmerland und Löbau, Heft 5 [1], Danzig 1887), S. 27.

Abb. 2. Königsberg/Preußen, Dom, Westseite (Aufnahme: F. Wochnik, 2001)

ben, aus welchem Grund auch immer, unvollendet. Der Südturm der Marienkirche in Kulm erhielt ein Notdach (Abb. 1). Die Türme des Domes in Königsberg i. Pr. waren wohl zum Abschluss gebracht gewesen. Ein Brand im 16. Jahrhundert (1544) vernichtete sie. Der Südturm erhielt in der Folge einen im
Grundriss zwölfeckigen Aufsatz, der Nordturm ein Satteldach (Abb. 2). Der
Nordturm der Katharinenkirche in Strasburg i. Kulmerland/Brodnica (Abb. 3)
wurde bald nach Beginn nicht weiter verfolgt. Auch der Südturm der Matthäi-
kirche in Neuteich/Nowy Staw (Abb. 4) wurde nicht zum Abschluss gebracht.
Der Nordturm erhielt ein verbrettertes Glockengeschoss – wohl auch nur eine
Notlösung. Die wichtigen Kirchen in Thorn/Toruń haben nur einen Turm auf

**Abb. 3. Strasburg/Kulmerland, St. Katharinen, Westseite im Stadtbild
(Aufnahme: F. Wochnik, 1991)**

ihrer jeweiligen Westseite. Auch die Gotteshäuser in Danzig/Gdańsk kennen keine Doppelturmfassade. Dann gibt es einen Fall, bei dem eine Einturmfront ausgeführt worden war, aus statischen Gründen eine Stabilisierung erforderlich wurde und der Turm nachträglich Flankentürme erhielt. So entstand in Elbing/Elbląg an St. Nikolaus eine Dreiturmgruppe[7]. Am Dom in Frauenburg wurde keine Doppelturmfront ausgebildet, auch nicht in Marienwerder. Eine vielfälti-

---

[7] Karl HAUKE / Horst STOBBE, Die Baugeschichte und die Baudenkmäler der Stadt Elbing (Bau- und Kunstdenkmäler des deutschen Ostens, Reihe B. 6), Stuttgart 1964, S. 211 u. S. 212 – Abb. 191: Darstellung der Bauzustände.

Abb. 4. Neuteich, St. Matthäus, Westseite (Aufnahme: F. Wochnik, 1992)

ge Doppelturmlandschaft hat sich im Ordensland nicht entwickelt. So bleiben nur vier Bauten, die in eine nähere Beziehung zu Kulmsee gestellt werden können, doch nur aufgrund der mehr oder weniger entwickelten Doppelturmansichten auf ihren Westseiten. Die Doppelturmanlage mit einem gestalteten Zwischenbau ergibt eine Doppelturmfassade.

Die Westseite des Domes in Kulmsee (Abb. 5) kommt der Vorstellung am nächsten, für ihn sei eine kathedrale Schauseite geplant gewesen. Ihre drei sich zum Langhaus hin öffnenden Turmhallen treffen wir in Königsberg i. Pr., in Kulm und in Neuteich an, ohne dass ihr jeweiliges Westportal von Seitenportalen flankiert worden wäre wie es in der Kathedralarchitektur üblich ist. In Stras-

Abb. 5. Kulmsee, Dom, Westseite (Aufnahme: F. Wochnik, 2010)

burg i. Kulmerland steht die mittlere und die nördliche Turmhalle mit dem Langhaus in direkter Verbindung. Unter dem südlichen Turm ist eine nach Süden gerichtete Kapelle eingerichtet. Die Gestaltung der Wandfläche über der Portalzone war nicht unüblich. Zumindest eine große Fensteröffnung reduzierte wie in Kulm, Strasburg i. Kulmerland und Neuteich die Mauermasse. In Königsberg i. Pr. erinnert der Überbau mehr an einen breit gelagerten, mit Blenden überzogenen Westriegel. Das zentrale Motiv des Kulmseeer Rundfensters in einer Rahmung aus Terrakottaplatten wurde nicht übernommen. Dieses Motiv muss ein Baukünstler oder ein Auftraggeber an einem bestehenden oder in Ausführung befindlichen Kirchenbau gesehen haben. Da er nicht nach unserem heutigen Verständnis kopierte, haben wir die Aufgabe, die Inspirationsquelle ausfindig zu machen.

1980 hatte sich Teresa Mroczko im Rahmen ihrer Arbeit über die Architektur auf dem Gebiete des Kulmer Landes kurz mit dem Okulus in der Westseite des Domes in Kulmsee beschäftigt[8]. Sie fand im italienischen Sakralbau Motive, wie die viereckige Rahmung aus Nischenfolgen zur Aufnahme von kleinen Skulpturen, aber auch Rahmungen in Form von Bändern, an die man nicht vorbeikommt. Christofer Herrmann erwähnt zwar das Detail, doch ging er 2007 nicht weiter darauf ein[9]. Da nicht alle Bauten erfasst worden sind, ist das Ziel dieser Untersuchung, Bauten aufzuspüren, deren Einzelheiten der Kulmseeer Ausführung gleichen bzw. noch näher stehen. Aufgrund der spät einsetzenden architektonischen Entwicklung im Ordensland müssen wir uns westlichen und südlichen Kulturlandschaften zuwenden.

Baugeschichte und Beschreibung des Kulmseeer Doms

Im Jahre 1251 stiftete der aus dem Predigerorden stammende Bischof Heidenreich von Kulm in Kulmsee eine Kathedrale und das dazugehörige Kapitel[10]. Die Kathedrale St. Trinitatis entstand nahe der Stadtmauer. Das Domstift lebte zunächst nach der Regel des hl. Augustinus, dann ab 1264 nach der Regel des Deutschen Ordens[11]. In diesem Zusammenhang musste ein Kirchengebäude errichtet werden, das den Ansprüchen Genüge tat.

Nachrichten zur Bauausführung fließen spärlich. Der Stadtbrand von 1286 vernichtete den begonnenen Bau[12]. 1359 gab Bischof Jakob einen Geldbetrag für

---

[8] Teresa MROCZKO, Architektura gotycka na ziemi chełmińskiej [Gotische Architektur im Kulmerland], Warszawa 1980, S. 125–126.

[9] Christofer HERRMANN, Mittelalterliche Architektur im Preußenland. Untersuchungen zur Frage der Kunstlandschaft und -geographie (Studien zur internationalen Architektur- und Kulturgeschichte. 56), Petersberg 2007, S. 260.

[10] Urkundenbuch des Bisthums Culm (wie Anm. 5), Nr. 29, S. 16–18; Die Bau- und Kunstdenkmäler des Kreises Thorn mit Ausschluss der Stadt Thorn, bearb. v. Johannes HEISE (Die Bau- und Kunstdenkmäler der Provinz Westpreußen, Bd. 2: Kulmerland und Löbau, Heft 6 [2]), Danzig 1889, S. 136.

[11] Urkundenbuch des Bisthums Culm (wie Anm. 5), Nr. 29, S. 17 u. Nr. 71, S. 48–49; Bau- und Kunstdenkmäler des Kreises Thorn (wie Anm. 10), S. 137.

[12] Annalista Thorunensis, in: Scriptores rerum Prussicarum. Die Geschichtsquellen der preussischen Vorzeit bis zum Untergang der Ordensherrschaft, hg. v. Theodor HIRSCH / Max TÖPPEN / Ernst STREHLKE, 5 Bde., Leipzig 1861–1874, Nachdruck Frankfurt/Main 1965, Bd. 3, S. 57–346, hier: S. 62 und Chronica Terrae Prussiae, in: Scriptores rerum Prussicarum (wie vor), S. 468–471, hier: S. 469; Bau- und Kunstdenkmäler des Kreises

eine Kapelle unter dem südlichen Turm der wiederhergestellten Kirche.[13] Im
Jahre 1374 wurde im nördlichen Turm eine Kapelle eingerichtet, für die Bischof
Wikbold Mittel zur Verfügung gestellt hatte[14]. 1396 bedachte er die Kirchen-
fabrik in seinem Testament[15]. Im Zuge der kriegerischen Auseinandersetzungen
des Jahres 1422 erlitt der Dom Schäden[16], die in der Folgezeit beseitigt werden
mussten. Wegen der *armen, vorterbten kirche vnd gotis hawsze* bat das Domkapitel in Kulmsee im Jahre 1484 den Danziger Rat, den vom König angewie-
senen Betrag zum Reparaturbau voll und richtig auszuzahlen[17]. Anfang des
16. Jahrhunderts (1503) scheinen noch Arbeiten am Gotteshaus vorgenommen
worden zu sein, da Bischof Nikolaus Crapitz für die Baukasse einen jährlichen
Geldbetrag anwies[18]. Wohl unter Bischof Andreas II. Olszowski (1662–1674)
kam der im Grundriss polygonale Aufbau des nördlichen Fassadenturmes hinzu[19]. Unter Bischof Johannes Kasimir von Bnin Opaliński erhielt er 1692 eine

Thorn (wie Anm. 10), S. 150; Dehio-Handbuch der Kunstdenkmäler West- und Ostpreußen. Die ehemaligen Provinzen West- und Ostpreußen (Deutschordensland Preußen) mit Bütow und Lauenburger Land, bearb. v. Michael ANTONI, München 1993,
S. 339.

[13] Urkundenbuch des Bisthums Culm (wie Anm. 5), Nr. 302, S. 229–230, hier: S. 229 – *ad
capellam sub turri a sinsistris versus austrum in nostra ecclesia kathedrali instaurandam*;
Bau- und Kunstdenkmäler des Kreises Thorn (wie Anm. 10), S. 151; Dehio-Handbuch
(wie Anm. 12), S. 339 – Die Fertigstellung zog sich bis 1359 hin.

[14] Urkundenbuch des Bisthums Culm (wie Anm. 5), Nr. 336, S. 257–258, hier: S. 258 – *in
capella beatissime virginis Marie dei genitricis de anunciacione, quam prefatus pater et
dominus noster Wicboldus sub turri ecclesie nostre versus aquilonem, auxiliante domino,
edificare et consecrare disposuit*; Bau- und Kunstdenkmäler des Kreises Thorn (wie
Anm. 10), S. 151.

[15] Urkundenbuch des Bisthums Culm (wie Anm. 5), Nr. 412, S. 318–320, hier: S. 320 – *ad
fabricam Culmensis ecclesie*; Die Bau- und Kunstdenkmäler des Kreises Thorn (wie
Anm. 10), S. 151; Dehio-Handbuch (wie Anm. 12), S. 340 – Nordturm aufgeführt.

[16] Conrad BITSCHIN, Fortsetzung zu Peter von Dusburgs Chronik, in: Scriptores rerum
Prussicarum (wie Anm. 12), S. 478–506, hier: S. 488; Bau- und Kunstdenkmäler des
Kreises Thorn (wie Anm. 10), S. 138 und 151.

[17] Urkundenbuch des Bisthums Culm, bearb. v. Carl Peter WOELKY, Theil 2: Das Bisthum
Culm unter Polen 1466–1774 (Neues Preussisches Urkundenbuch. Westpreußischer
Theil, Abth. 2: Urkunden der Bisthümer, Kirchen und Klöster, 2), Danzig 1887, Nr. 704,
S. 573: *armen vorterbten Kirche vnd gotis Hauwsze* und Nr. 706, S. 574; Bau- und Kunst-
denkmäler des Kreises Thorn (wie Anm. 10), S. 152.

[18] Urkundenbuch des Bisthums Culm, Theil 2 (wie Anm. 17), Nr. 760, S. 615–617; HERR-
MANN (wie Anm. 9), S. 535.

[19] Katalog zabytków sztuki w Polsce [Katalog der Kunstdenkmäler in Polen], Bd. XI:
Województwo bydgoskie, Heft 16: Powiat toruński, bearb. v. Tadeusz CHRZANOWSKI/
Marian KORNECKI, Warszawa 1972, S. 5–21, hier: S. 6; Marian DORAWA, Katedra św.
Trójcy w Chełmży. Dzieje budowy, architektura, wyposażenie [Die Kathedrale St. Tri-

Haube, bestehend aus zwei übereinander sitzenden Laternen[20]. 1906 entstand eine Vorhalle[21].

Der zunächst als dreischiffige Kreuzbasilika begonnene Dom in Kulmsee wurde noch während des Baufortganges zur Halle umkonzipiert. Auf der Ostseite öffnet sich ein längsrechteckiger Kastenchor einem Querschiff. An seinen östlichen Außenecken lehnt jeweils ein schlanker Turm. Im Westen des Langhauses erhebt sich eine unvollendete Zweiturmanlage (Abb. 5). Für diesen Kirchenbau hatte man nicht nur auf einen kreuzförmigen Grundriss zurückgegriffen, sondern auch auf das Motiv der vieltürmigen Kathedrale zuzüglich eines Dachreiters.

Die Westseite

Der Anweisung aus dem Jahre 1333 die Glockentürme auf der Westseite der Kulmer Kirche (= Kathedrale des Bistums Kulm/Kulmer Land!) für den Königsberger Dom als Vorbild zu nehmen[22] muss mindestens eine fertige Planung

nitatis in Kulmsee. Baugeschichte, Architektur, Ausstattung] (Towarzystwo naukowe w Toruniu. Prace popularnonaukowe. 29) (Zabytki Polski północnej. 1), Warszawa 1975, S. 16 u. 43; Dzieje sztuki polskiej [Die Kunstgeschichte Polens], Bd. 2: Architektura gotycka w Polsce, hrsg. v. Teresa MROCZKO/Marian ARSZYŃSKI, Teil 2: Katalog, bearb. v. Andrzej WŁODARKA, Warszawa 1995, S. 44; HERRMANN (wie Anm. 9), S. 534.

[20] Bau- und Kunstdenkmäler des Kreises Thorn (wie Anm. 10), S. 152; Katalog zabytków … (wie Anm. 19), S. 6; DORAWA (wie Anm. 19), S. 16; Dzieje sztuki polskiej (wie Anm. 19), S. 44; HERRMANN (wie Anm. 9), S. 534.

[21] HERRMANN (wie Anm. 9), S. 534.

[22] Urkundenbuch des Bisthums Samland, hg. v. Carl Peter WOELKY/Hans MENDTHAL (Neues Preussisches Urkundenbuch, Ostpreussischer Theil, Abth. 2: Urkunde der Bistümer, Kirchen und Klöster. 2), Leipzig 1905, Nr. 279A, S. 205–208, hier: S. 206 – *campanilia vero dicte ecclesie nostre secundum formam et disposicionem Culmensis ecclesie construemus* u. S. 208 – unter den Zeugen *dominus Iohannes, plebanus in Culmine* sowie Nr. 279B, 206 – *campanilia quoque dicte ecclesie sue faciant secundum disposicionem et formam ecclesie Culmensis*; Ernst August HAGEN / August Rudolph GEBSER, Der Dom in Königsberg in Preußen, 2 Bde., Königsberg 1833–1835, hier: 1. Abth.: August Rudolph GEBSER, Geschichte der Domkirche zu Königsberg und des Bisthums Samland mit einer ausführlichen Darstellung, Königsberg 1835, S. 108–113, [a]: S. 109 – *Campanilia vero dicte ecclesie nostre secundum formam et disposicionem Culmensis ecclesie construemus* u. S. 110 – *Dominus Johannes Culmenses Ecclesie plebanus*, [b]: S. 111 – *vnd dy gloktorme der egenanten Kirchin sulle wir buwen noch der forme vnd der geleginheit der Kirchin czu Kolmense*, [c]: S. 112 – *Aber die glochußer der gesprochen vnser Kirchen noch der forme vnd gestalt der Culmischen Kirchen sullen buwen*, S. 113 – *Herr Johannes Pfarrer czum Culmen*, [d]: S. 114 – *Campanila quoque dicte ecclesie sue faciant secundum disposicionem et formam ecclesie Culmensis*; Bau- und Kunstdenkmäler des Kreises Kulm

zugrunde gelegen haben. Die Zuordnung wird unterschiedlich vorgenommen. Für die einen ist die Kulmer Kirche die Marienkirche in Kulm, für die anderen ist es die Dreifaltigkeitskirche in Kulmsee[23]. Die Anweisung bezog sich sicherlich auf die konstruktiven Belange. Wie dem auch sei, Wechselbeziehungen liegen kaum vor. Zwischen St. Marien in Kulm und dem Dom in Kulmsee sind es Maßwerkfriese, die hervorgehoben werden können. Johannes Heise sah wegen der Ähnlichkeit der Kulmseeer Blenden ein Verhältnis zu der Turmanlage von St. Jakob in Thorn[24].

Die uns interessierende Westseite des Kulmseeer Domes besaß im Erdgeschoss ein um Figuren bereichertes Portal, das in der Folgezeit verändert wurde[25]. Die Untergeschosse der Türme flankieren die Eingangszone. Über dem Portal, im zweiten Geschoss, öffnet ein scheinbar traditionell gestalteter Okulus den hinter ihm liegenden Raum nach außen. Der zwischen den beiden Türmen liegende und etwas zurückgesetzte Zwischenbau schließt mit einem Pultdach ab. Hinter ihm, vor dem Westgiebel des Mittelschiffes, läuft ein in späterer Zeit hinzugefügter Arkadengang entlang.

Der ursprüngliche, obere Abschluss des Zwischenbaues ist unbekannt. Die Pultdachabdeckung ist eine „Notmaßnahme"[26]. Das vorhandene, in Verbindung mit dem Pultdach hergestellte Gesims zeigt Unregelmäßigkeiten. Das Abschlussprofil über der Außenwand des Zwischenbaues endet außerdem kurz vor dem Südturm. Er hat zur Nordseite hin Strebepfeiler, die das ungleiche Bild verursachen.

Der nördliche Turm zeigt Blenden mit Rundstab auf den Ecken. Über dem zweiten Geschoss zieht sich ein Plattenfries dahin. Das dritte Geschoss besitzt

---

(wie Anm. 5), S. 49: – *Campanile vero dicte ecclesie nostre secundum formam et dispositionem Culmensis ecclesie construemus*, Zeuge: *dom. Johannes Culmensis ecclesie plebanus*; Richard DETHLEFSEN, Die Domkirche in Königsberg i. Pr. nach der jüngsten Wiederherstellung, Berlin 1912, S. 3–6 (drei Fassungen).

[23] HERRMANN (wie Anm. 9), S. 535 – Kulmsee; Dehio-Handbuch (wie Anm. 12), S. 310 – Kulm oder Kulmsee; Die Bau und Kunstdenkmäler des Kreises Kulm (wie Anm. 5), s. S. 49 – Kulm; HAGEN/GEBSER (wie Anm. 22), 2. Abth.: Beschreibung der Domkirche zu Königsberg und der in ihr enthaltenen Kunstwerke, Königsberg 1833, S. 84 – „Die Glockenthürme unserer Kirche werden wir nach der Gestalt und Anordnung der Kirche in Kulm bauen".

[24] Die Bau- und Kunstdenkmäler des Kreises Thorn (wie Anm. 10), S. 151.

[25] Ebd., S. 148.

[26] Johannes Heise äußerte: „An der Westfront erhob sich über dem figurengeschmückten Portale zwischen den Thürmen ein kleiner Giebel, der das zwischen den Thürmen hindurchreichende Dach abschloss, von den Thürmen war nur der nördliche hochgeführt, der südliche dagegen wie in Kulm ungefähr in seiner jetzigen Höhe liegen geblieben" – Ebd., S. 151.

wie das unter ihm liegende Geschoss wieder Blenden, die seitlich angeordnet wurden. Sie nehmen gekuppelte Öffnungen zwischen sich. Das vierte Turmgeschoss setzt über einem hohen Fries zwischen vortretenden Schichten an. Die Etage darüber bildet eine Plattform, auf der zurückgesetzt ein jüngerer nachmittelalterlicher oktogonaler Aufbau gesetzt worden ist, welcher die welsche Haube trägt.

Der südliche Turm ist im Erdgeschoss ungegliedert. Das zweite und das dritte Geschoss weisen unterschiedlich ausgebildete Blenden auf. Der Südturm blieb unvollendet. Ein weiteres Geschoss schließt mit einem Notdach in Form eines Satteldaches ab (Abb. 5).

Die im Mittelalter entworfene Westfassade wurde also nie vollendet. Die Planungen waren bereits in damaliger Zeit modifiziert worden, wie die unterschiedlichen Ausführungen belegen. Zu späterer Zeit waren dem unvollendeten Bauwerk weitere, einem neuen Zeitgeist verpflichtete Bauteile hinzugefügt worden, ein Schicksal, welches das Gotteshaus mit vielen anderen Kirchengebäuden teilt, aber nicht ohne Reiz ist. Bedauerlich ist es, dass keine mittelalterlichen Pläne erhalten geblieben sind. Wir wollen uns im Folgenden auf eine Einzelheit konzentrieren, zu der wir Vergleichsbeispiele suchen werden. Die Vorstellung der vergleichbaren Ausbildungen wird exemplarisch erfolgen.

Das Rundfensterfeld

Das Obergeschoss des Zwischenbaues weist das schon erwähnte Rundfenster auf. Eine Rollschicht und ein Überleitungsprofil fassen die abgeschrägte Laibung ein. Weiter außen folgt eine Flachschicht aus Läufern. Ein tiefer liegender Putzstreifen umzieht die Konstruktion. Eine weitere Läuferschicht bildet den äußeren Abschluss. Dies dürfte die ursprüngliche Situation gewesen sein, ein aus der Wandmasse ausgespartes Rundfenster mit Putzfries.

Aufgrund der abweichenden Materialfarbe vermutet man die spätere Hinzufügung des rahmenden Plattenfrieses[27]. Mit Abstand zum Okulus verläuft auf drei Seiten ein Rosettenband. Es besteht unten aus ganzen Rosetten mit eingeschriebenem Vierpass und einer halben Rosette mit halbem Vierpass. Seitlich ist es jeweils eine Rosettenfolge mit stehendem Vierpass, begleitet von zwei halben Rosetten, darin halbe Vierpässe. In den Zwickeln sitzen spitzbogige Vierpässe, während die Hauptpässe der rundbogigen Form folgen. Über dem Okulus fehlt dieser Plattenstreifen. Die seitliche Rahmung endet unvermittelt. Ein axial sit-

---

[27] Bau- und Kunstdenkmäler des Kreises Thorn (wie Anm. 10), S. 148.

Abb. 6. Kulmsee, Dom, Westseite, Mittelteil (Aufnahme: F. Wochnik, 1991)

zendes und vertieft angelegtes Wappenfeld[28] unterbricht die untere Rosettenfolge (Abb. 6, 7).

Die stehende Rosette als Plattenfries kommt auch in Kulm vor, hier jedoch nicht als Rahmung eines Feldes um ein Rundfenster, sondern als waagerechter Fries.

Vergleichsbeispiele: Okuli ohne Rahmung

Der Zwischenbau auf der Westseite von St. Blasius in Braunschweig hat über einem portallosen Unterbau ein Radfenster unter einer etwas vortretenden Blendarkade. Die Seitenpartien des Westbaues grenzen sich vom Mittelbau nur durch ein Lisenenband ab. Eine wenig repräsentative Ansicht. Da geht St. Katharinen in Braunschweig schon weiter. Der Bau zwischen den Türmen an der Prämonstratenserkirche in Jerichow tritt etwas hervor. Ziemlich weit oben befindet sich eine Kreisblende. Friese trennen den Westbau in drei Geschosse. Die-

---

[28] Die 1991 angefertigte Aufnahme zeigt noch ein Wappen, das in der Folgezeit weiß überstrichen wurde. Es ist auch heute (2010) noch unkenntlich belassen.

Abb. 7. Kulmsee, Dom, Westseite, Mittelteil, Einzelheit: Maßwerkfries
(Aufnahme, F. Wochnik, 2010)

ser Bau erinnert zu sehr an frühere Architektur. Im Mittelteil der Westseite des Lübecker Domes saß über einer Dreifenstergruppe ein großes Rundfenster[29]. Der ursprüngliche obere Abschluss des Zwischenbaues ist unbekannt. Der Dom in Riga, eine „Tochter" des Lübecker Domes, hatte einst über dem Westzugang ein großes Rundfenster mit einem aus Haustein hergestellten Ringwulst. Eine

---

[29] Wolfgang Joachim VENZMER, Der Lübecker Dom als Zeugnis bürgerlicher Kolonisationskunst, in: Zeitschrift des Vereins für Lübeckische Geschichte und Altertumskunde, 39 (1959) (Lübeckisches Mittelalter. Festgabe zum 800jährigen Bestehen Lübecks seit der Neugründung unter Heinrich dem Löwen 1159–1959), S. 49–66, hier: S. 52–53.

Doppelturmfassade war ursprünglich vorgesehen gewesen. Während der Ausführung gab man sie auf. Stattdessen führte man nur eine Einturmfront aus[30].

St. Gotthardt in der Altstadt Brandenburgs, ursprünglich Sitz eines Prä-
monstratenserstifts, präsentiert in dem aus Feldstein errichteten Westbau einen
zurückgestuften Okulus. Die Fläche zwischen den beiden geplanten Türmen ist
etwas zurückgesetzt. Eine weitergehende Gestaltung ließ das Baumaterial nicht
zu bzw. es ist schwer, aus ihm eine kleindetaillierte Gliederung herauszuschä-
len. Vergleichbar sind die Rundfenster auf den Westseiten der Prenzlauer Kirchen St. Marien und St. Nikolaus, aber auch von St. Jakobus.

Der südliche Querhausarm des Brandenburger Domes, wie der Lübecker ein
Backsteinbau, besitzt einen Okulus, dessen Laibung eine Profilierung aufweist.
Der Querschiffarm stürzte 1562 ein und war im Anschluss wieder aufgebaut
worden. Diese Front ist jedoch keine Fassade. Eine Doppelturmfront mit Zwischenbau war auf der Westseite vorgesehen und begonnen, aber dann nicht weiter realisiert worden. Wie er aussehen sollte, wissen wir nicht. Pläne gibt es nicht
mehr.

Ähnlich verhält es sich mit der nördlichen Querhauswand der Zisterzienser-
kirche in Lehnin. Auch hier steckt ein Okulus in der Wand. Der Okulus im
südlichen Querarm der Klosterkirche in Chorin wies in den Dachraum des benachbarten Dormitoriums. Doch kommen wir noch einmal auf den Lübecker
Dom zurück. In seiner Westseite, unter dem südlichen Turm, steckt über dem
Portal ein nachträglich eingefügter Okulus[31]. Außen ist die Laibung der Öffnung abgeschrägt. Auch auf der Westseite des Nordturmes befand sich einst ein
Portal[32]. Ein Rundfenster darüber ist nicht bekannt. Wie in Lehnin und Chorin
haben die Rundfenster in Wien und in Schwäbisch Gmünd, in Straßburg,
Worms, Neuweiler oder in Kulm (St. Marien), Neubrandenburg und in Prenz-
lau (St. Marien, Ostseite) keine aufwertende Aufgabe. Die Seitenokuli erreichen
nicht den Stellenwert wie das Rundfenster in zentraler Lage der Hauptfassade.

---

[30] Reste der Fensterrose hatte man 1902 gefunden – Wilhelm NEUMANN, Der Dom zu
      St. Marien in Riga. Baugeschichte und Baubeschreibung, Riga 1912, Nachdruck Hanno-
      ver 1975, S. 71; Juri WASSILJEW, Architektonisches Ensemble der Dom-Kathedrale in
      Riga, Leningrad 1980, S. 16.

[31] Er ist auf einfache Weise in das Mauerwerk eingearbeitet. Auf der Innenseite wurde die
      Konstruktion mit Hilfe von Farbe gestaltet und damit aufgewertet. Eine Vorkehrung,
      um den Einbau eines Fensterverschlusses zu ermöglichen, war nicht vorbereitet worden.
      Bis ins 20. Jahrhundert wurde der Okulus mittels einer Verbretterung geschlossen. – Die
      Bau- und Kunstdenkmäler der Freien und Hansestadt Lübeck, Bd. 3: Die Kirche zu Alt-
      Lübeck, der Dom, Jakobikirche, Ägidienkirche, bearb. v. Johannes BALTZER / Friedrich
      BRUNS, Lübeck 1920, S. 31–32.

[32] Der Dom zu Lübeck. XX Blatt nach Aufnahmen des Architekten F. MÜNZENBURGER
      und des Photographen Johs. NÖRUNG, Text von Theodor HACH, Lübeck [1885], S. 11.

Das Rundfenster im Westen soll zu einem bestimmten Zeitpunkt die Abend-
sonne durch die Kirche in den Chor scheinen lassen.

Vergleichsbeispiele: Okuli und Rosen in quadratischen Feldern

In den Blick des Interesses der Öffentlichkeit, auch der ordensländischen, gelangten die großen Kathedralbauten. In Italien stehen etliche Kirchen, welche
eine Rose mit Umfeld in massiver Bauweise vorweisen. Die Gotik bricht die
Zwickelfelder auf. Die französischen Baumeister bildeten an ihren Großbauten
gläserne Rosen aus, die wie in Reims, Tours oder Amiens in eine große Fensteröffnung über dem Portal eingebunden oder wie in Laon, Rodez oder Lyon ohne
Separierung in die Wand über dem Portal eingesetzt worden sind. Neben der
einfach in die Wand eingelassenen Rose, wo sie unter einem Spitzbogen zwischen den Türmen gesetzt wurde (Toul, Westrose) konnte die Rose eine quadratische Rahmung erhalten (Poitiers). Die Einfassung konnte eine einfach gearbeitete Steinleiste sein. Eine aufwendigere Maßnahme ersetzt die Steinleiste durch
kleinteilige Gebilde gleich Nischenfolgen (Orvieto [Abb. 8], Siena u. a.). Dazwi-
schen liegen weitere Möglichkeiten der Gestaltung.
Der Dom S. Pietro in Tuscania weist ein Rundfenster in Form einer Rose auf,
die in einem quadratisch angelegten Rahmen sitzt. Unter und über ihr ist ein
Zierband angebracht. In den Zwickeln sitzen die vier Evangelisten in Form ihrer
Symbole. Die Rose kreist oberhalb einer Zwerggalerie. Die Abteikirche San Felice bei Sant'Anatolia di Narco zeigt ein Umrahmungsband, das die Rose nur
auf drei Seiten umzieht; rechts und oben mit zwei voneinander abweichenden
Blattrosetten, links ein anderes Muster (Abb. 9). Unten ist es ein querrechtecki-
ges Relieffeld mit Szenen aus dem Leben des hl. Felix. San Pietro in Spoleto sowie der Dom Santa Maria Assunta in der Stadt und Santa Maria Assunta in
Lugnano in Teverini zeigen in der Rahmung ein Zierband und in den Zwickeln
die Evangelistensymbole. Die Westrosen der Dome in Orvieto (Abb. 8) und in
Siena sowie in Monza liefern folgende Lösungen. Der Baumeister in Siena setzte
um die Rose einen viereckigen Rahmen. Ihn begleiten hochrechteckige und mit
Zierwimpergen überdeckte Nischen, in denen Heiligenbüsten stecken. In Orvieto ist um das Feld der Rose eine Folge von kleinen quadratischen Nischen
gesetzt. Hier flankieren in drei Etagen angelegte Nischen für Heiligenfiguren
unser Detail. Büsten nehmen den Raum in den eingeschriebenen stehenden
Vierpässen ein. In Monza verhält es sich ähnlich. Hier sind es neben Büsten andere Strukturen. Auf der Westseite der Dominikanerkirche S. Caterina in Pisa
umfasst ein Rahmen die Rose auf drei Seiten. In den vertieften quadratischen
Feldern der um 1330 datierten Rose stecken Büsten. Diese Gestaltungsweise ist

Abb. 8. Orvieto, Dom, Westseite, Mittelteil (Aufnahme: F. Wochnik)

austauschbar. Der nächste Baukünstler kann das Grundmuster übernehmen und einzelne Gestaltungselemente nach seinen oder seines Auftraggebers Vorstellungen auswechseln.

Als eine Gestaltungsvariante ist anzusehen, das Rundfenster mit einer kreisförmig umfahrenden und gestalteten Plattenfolge einzufassen. Dazu kann dann noch die quadratische Rahmung kommen. Die Westrose des Domes in Orvieto wäre hier zu nennen. Als ein späteres Beispiel zeigt S. Francesco in Cascia eine Einzelheit mit einer plastischen Blattfolge. Um das Rosenfenster ist noch innerhalb der vortretenden kreisrunden Einfassung die Blattfolge angeordnet. Die Kathedrale in Todi und weitere Bauten lassen sich anführen, denen hier im Einzelnen nicht nachgegangen werden muss.

Einige Beispiele aus der französischen Kathedralarchitektur seien angeführt. Die Rose in der nördlichen Querhausfront der Kathedrale Notre-Dame in Paris sitzt über einem durchlichteten Triforium. In Poitiers erscheint das Triforium

Abteikirche-Feld markings: Ev.-Symb. Joh., Ev.-Symb. Matth., Mark. Ev.-Symb., Luk. Ev.-Symb., Relieffeld

Abb. 9. Castel San Felice, Abteikirche, Rosenfeld (Zeichnung: F. Wochnik)

als Blendenfolge. In den Zwickeln beider Beispiele sitzen Maßwerkformen, unten durchlichtet, oben als Blenden. Die Südrose in Chartres sitzt in einer hochrechteckigen gerahmten Fläche; unter ihr ein durchlichtetes Triforium, die Westrose, zwischen den Türmen, sitzt dagegen über einer gestaffelten Dreifenstergruppe. In Straßburg sind die Zwickel zweischalig. Zum Kircheninneren sind sie zugemauert, nach außen hin sind die üblicherweise als Blend- oder als durchlichte Rosetten vor die Rückwand gesetzt, wie auch das unter dem Rosenfeld angelegte Triforium diaphan ausgebildet worden ist. In Ebrach steckt die Rose wie in Poitiers in einem zurückgesetzten Mauerwerksfeld, in allen Zwickeln, wo italienische Bauten die Evangelisten bzw. ihre Symbole zeigen, Blendmaßwerk.

In der norddeutschen Backsteinarchitektur zieren Blendrosetten Dreieckgiebel. Auch für sie können die Vorbilder aus der Kathedralarchitektur belegt werden. Quadratische Rahmenfelder haben sie nicht. Im Rahmen der Umschau haben wir als eine einfache quadratische Plattenrahmung um ein einfaches

Rundfenster oder um eine Rose oder als kreisförmige Konstruktion[33] die Abteikirche in Castel San Felice bei Sant'Anatolia di Narco[34] und S. Francesco in Cascia genannt. Wir schauen uns dennoch weiter um. Uns bleibt noch die Projektierung.

Nicht ausgeführte Planungen

Für die Ausführung der Regensburger Domwestseite blieb ein Riss (Doppelturmriss[35]) erhalten, der im Zwischenbau oberhalb des Mittelportals eine Maßwerkrose aufweist. Die Rose sitzt in einem kompakt ausgebildeten Mauerwerk. Von ihr geht ein vor das Mauerwerk gelegter Strahlenkranz aus Maßwerk aus. Für den Dom in Köln wurde kein Riss mit einer Rose in einem quadratischen Feld gezeichnet. In Köln geht das Mittelschiff bis zur Westseite durch und öffnet sich mittels eines großen Fensters nach außen. Auch aus Straßburg ist nichts anderes bekannt, als die vorhandene Rose. Der Riss für das Baptisterium S. Giovanni Battista in Siena liefert uns eine Darstellung, die der Ausführung am Dom in der gleichnamigen Stadt vereinfacht wiedergibt: Die Rose sitzt in einem viereckigen Feld, ohne dass flankierende Figurennischen angelegt worden wären[36]. Für den Dom in Orvieto blieb ein Riss (Riss I) erhalten, der die Westseite darstellt[37]. Der Riss betont das höher aufragende Mittelschiff. Ausgleichende Nebengiebel sind nicht dargestellt. Die untere Fassadenzone schließt mit einer durchlaufenden Galerie ab, nur von den aufsteigenden Pfeilern unterbrochen.

[33] Teresa Mroczko nennt im Zusammengang mit dem Rundfenster im Quadrat die Kathedrale S. Pietro in Tuscanica, S. Maria Assunta in Lugnano in Treverina, S. Pietro in Spoleto, die Kathedrale und Santa Maria in Strata in Monza sowie S. Marco in Mailand – MROCZKO (wie Anm. 8), S. 125–126.

[34] Mario PISANI, Rosoni in Umbria. Elementi architettonici nelle chiese dal XII al XX secolo, Foligno 2002, S. 106–109, hier: S. 107 – Abb.; Heinrich DECKER, Italia Romanica. Die hohe Kunst der romanischen Epoche in Italien, München 1958, Abb. 92.

[35] Fritz WOCHNIK: Die Regensburger Turmrisse. Doppelturm- oder Einturmfassade?, in: Jahrbuch des Vereins für christliche Kunst in München, 18 (1990), S. 77–108, hier: S. 82 – Doppelturmriss; Hans ROSEMANN, Die 2 Entwürfe im Regensburger Domschatz, in: Münchner Jahrbuch für bildende Kunst, N.F., 1 (1924), S. 244–261.

[36] Mario LORENZO / Monica BUTZEK, La facciata del Duomo di Siena. Iconografia, stile, indagini storiche e scientifiche, Milano 2007, S. 44 – Abb. 32.

[37] Jürgen WIENER, Lorenzo Maitani und der Dom von Orvieto. Eine Beschreibung (Studien zur internationalen Architektur- und Kunstgeschichte. 68), Petersberg 2009, S. 234 – Abb. 431; Renato BONELLI, Il Duomo di Orvieto e l'architettura italiana del duecento trecento (Collezione dell'opera del duomo di Orvieto. 2), Orvieto 2003, S. 158; Antje MIDDELDORF KOSEGARTEN: Die Domfassade in Orvieto (Kunstwissenschaftliche Studien. 66), München 1996, S. 19 – Abb. 3, S. 41 – Abb. 21.

Abb. 10. Orvieto, Dom Riss I, Rose (Umzeichnung: F. Wochnik)

Das Feld über dem Mittelportal dominiert. In einem rechteckigen Feld sitzt eine relativ kleine Rose, um die ein quadratisch angelegter Rahmen in Form eines Bandes angelegt worden ist. In ihm sitzen hintereinander gereiht größere Vierpässe. Eine etwaige Ausnischung der Rosetten ist dem Plan nicht zu entnehmen (Abb. 10). In einem anderen Fassadenriss (Riss II), der zur Ausführung gekommen ist, sind die aufgereihten Vierpassrosetten zu kleineren quadratischen Nischen von etwa halber Rosettenhöhe geworden[38].

Schluss

Die angeführten Beispiele geben einen Einblick in die Gestaltungsmöglichkeiten. Sucht man breit gefächert, findet man auch Vergleichbeispiele, die mehr oder weniger weit weg oder näher an der Kulmseer Lösung stehen. So manches Beispiel mag heute wieder verloren sein. Vergleichsbeispiele haben wir in der italienischen Architektur gefunden. Betrachten wir die ausgehöhlten Vierpässe

[38] Bonelli (wie Anm. 37), S. 159.

mit Büsteneinsatz nicht räumlich, sondern flächig, ergibt diese Betrachtungsweise noch mehr Möglichkeiten. Die Nischenvierpässe sind allerdings eine Weiterentwicklung der flächigen Vierpässe. Ein Parallelbeispiel haben wir in Castel San Felice gefunden. In Castel San Felice war es eine Rosette mit sechs schlanken, um einen Mittelpunkt angeordneten Blättern. In Orvieto war zunächst eine stehende Vierpassrosette vorgesehen. Anderorts kommen quadratische Nischenfelder mit eingesetzten Büsten vor. Zu einer Übernahme 1 zu 1 ist es in Kulmsee nicht gekommen[39]. Man hat sich nur an eine Grundstruktur gehalten. Die Leistung besteht in der Umwandlung eines linienförmigen Rahmens in eine flächenförmige Bandrahmung um ein Rundfenster in einer Mauerfläche, eine einfache aber wirkungsvolle Lösung, die sich durch unterschiedliche Farbwahl noch steigern lässt. In Castel San Felice treten die Rahmungen ohne Farbfassung kaum hervor, dagegen kann man sie in Kulmsee nicht übersehen. In Kulmsee hebt sich noch die Farbe der Tonplatten von den Backsteinen ab, obwohl auch hier die farblichen Fassungen nicht mehr vorhanden sind.

---

[39] Von Norden kommend liegt Orvieto wie auch Siena, Spoleto und Monza oder Mailand sowie die kleineren Orte an Wegen, die nach Rom führen. So mancher Romreisende, sei es ein Geistlicher oder ein Weltlicher, machte hier sicherlich halt. Interessiert am Baugeschehen, wird er sich eingehender informiert haben.

Ein Thorner Schuldbrief von 1392
aus dem Deutschordenszentralarchiv Wien

Von Klaus Militzer

Im Wiener Deutschordenszentralarchiv liegt eine Urkunde, die bisher wenig beachtet worden ist und doch etwas über die Bürgerschaft der Altstadt Thorn aussagen kann[1]. Ein Regest ist schon seit der Ausgabe des Grafen von Pettenegg aus dem Ende des 19. Jahrhunderts bekannt[2], aber bislang kaum ausgedeutet worden. Danach hat Udo Arnold das Regest wieder veröffentlicht[3], ohne allerdings wesentliche Punkte hinzuzufügen.

Die Urkunde ist in mehrfacher Weise bemerkenswert. Zunächst lohnt es sich, den Inhalt genauer zu erfassen. Am 7. März 1392 stellten die Ratsmänner der Altstadt Thorn an der Weichsel ihrem Mitbürger Johann vom Loo ein Transsumpt oder eine Abschrift eines Schuldbriefes aus. Der Schuldbrief selbst war ein Chirograph auf Papier und von Wilhelm von Herne besiegelt. Er beinhaltete, dass Heinrich von der Kemenade und Heinrich von Herne dem Johann Vlechtener 2 714 Mark preußisch, einem Donas 462 und einem Thusewalt oder Dusewalt 6 717 derselben Währung geliehen oder an Waren für diesen Wert gegen Kredit gegeben hatten. Die Gesamtsumme belief sich auf 9 893 Mark preußisch. Davon entfielen auf Heinrich von der Kemenade 4 649 und auf Wilhelm 5 244 Mark. Alle bis auf Dusewalt oder Thusewalt hatten ihre Schuld beglichen. Thusewalt oder Dusewalt schuldete aber Heinrich 582 und Wilhelm noch 1 630 Mark. Das ergab zusammen 2 212 Mark. Einschließlich der schon gezahlten 7 697 Mark machten beide Summen zusammen 9 909 Mark aus. Zwischen der Summe von 9 893 und 9 909 klafft aber eine Lücke von immerhin 16 Mark. Ob nur ein Rechenfehler vorliegt oder ein verdeckter Zins aufgeschlagen worden ist, ist nicht restlos zu klären. Gegen die Annahme eines Rechenfehlers spricht immerhin die offizielle Ausstellung durch den Rat der Altstadt Thorn. Am 24. August 1390 ist jedenfalls in dem schon genannten Chirograph festge-

---

[1] Siehe nun vor allem Janusz Tandecki, in: Historia Torunia, Bd. 1, Toruń 1999, S. 189 ff., und die dort angegebene Literatur.

[2] Die Urkunden des Deutsch-Ordens-Centralarchives zu Wien, hg. v. Ed. Gaston Grafen von Pettenegg, Prag/Leipzig 1887, Nr. 1553.

[3] Die Urkunden des Deutschordens-Zentralarchivs in Wien. Regesten, Bd. 2, hg. v. Udo Arnold (Quellen und Studien zur Geschichte des Deutschen Ordens. 60 – Veröffentlichungen der Internationalen Historischen Kommission zur Erforschung des Deutschen Ordens. 11), Marburg 2007, Nr. 2559.

halten worden, dass Heinrich noch 582 und Wilhelm 1 630 Mark zu fordern hätten.

Ein Chirograph bestand darin, dass eine Urkunde zweimal geschrieben wurde. In der Mitte, in der beide Urkunden zusammentrafen, wurden Buchstaben oder andere Zeichen geschrieben und anschließend durchschnitten oder auch nur im Wellenschnitt ohne Buchstaben oder dergleichen getrennt. Hielt man beide Teile zusammen und stimmten sie überein, ergab sich die Richtigkeit der Forderung. Zu allem Überfluss sind beide Chirographe, sowohl der für Heinrich von der Kemenade als auch der für Wilhelm von Herne, jeweils von dem anderen besiegelt worden. Beide erhielten jedenfalls ein Chirograph mit dem Siegel des jeweils anderen[4].

Der weitere Fortgang ist nicht genau festgehalten. Es scheint so gewesen zu sein, dass Johann vom Loo entweder die Schuld aufgekauft hat oder von den beiden Gläubigern beauftragt worden ist, sie einzutreiben. Ob Johann vom Loo erfolgreich war, ist ebenfalls nicht überliefert.

Wer waren diese Männer? Johann vom Loo ist wahrscheinlich identisch mit dem zweiten Mann des Namens, und zwar dem Jüngeren, der 1381–1382 Schöffe der Altstadt Thorn war, 1383 in den Rat gelangte, 1392 Richter wurde und 1400 gestorben ist, wie Arthur Semrau festgestellt hat[5]. Heinrich von der Kemnate war ebenfalls 1384–1388 Schöffe, gelangte 1389 in den Rat und soll schon 1390 auf einer Wallfahrt nach Rom gestorben sein[6]. Dieser Heinrich ist auch als Gesandter Thorns und als Kaufmann 1383–1384 nachzuweisen[7]. Wenn tatsächlich jener Heinrich von der Kemnate gemeint gewesen sein sollte, hätte er jedenfalls noch im August 1390 in Thorn weilen müssen. Wilhelm von Herne, der in Thorn auch von Horne genannt worden zu sein scheint, war ein einfacher Bürger der Altstadt Thorns und zeitweilig dessen Gesandter in Helsingborg im heutigen Schweden an der Küste des Öresunds. An dieser Gesandtschaft hatte er auch ein eigenes Interesse, da er Güter in dem 1377 gestrandeten Schiff Christian Rudigers hatte[8]. Die Namen der drei Gläubiger habe ich nicht finden können. Sie waren jedenfalls keine prominenten Vertreter der Thorner Bürgerschaft,

---

[4] Vgl. Winfried TRUSEN, in: Lexikon des Mittelalters, Bd. 2, München und Zürich 1983, Sp. 1844f.

[5] Arthur SEMRAU, Katalog der Geschlechter der Schöffenbank und des Ratsstuhls in der Altstadt Thorn 1233–1602, in: Mitteilungen des Coppernicus-Vereins für Wissenschaft und Kunst zu Thorn 46 (1938), S. 60.

[6] SEMRAU (wie Anm. 5), S. 54.

[7] Die Recesse und andere Akten der Hansetage 1256–1430, Bd. 2, bearb. v. Karl KOPPMANN, Leipzig 1872, S. 311 Nr. 257.7, S. 337f. Nr. 278, 279.

[8] Die Recesse (wie Anm. 7), Bd. 4, bearb. v. Karl KOPPMANN, Leipzig 1877, S. 157 Nr. 185.6; Hansisches Urkundenbuch, Bd. 4, bearb. v. Karl KUNZE, Halle 1896, Nr. 607, 621.

falls sie überhaupt in der Altstadt Thorn oder in der Nähe gewohnt haben. Denn Johann vom Loo ließ sich die Bestätigung vom Altstädter Rat Thorns ausdrücklich deshalb ausstellen, weil er die Straßenverhältnisse für zu gefährlich hielt, als dass er eine Originalurkunde hätte mitnehmen können. Daher ist wohl anzunehmen, dass die Schuldner nicht in Thorn gewohnt haben.

Insgesamt handelt es sich um eine Urkunde vom 27. März 1392, laut der Johann vom Loo offenbar von Thusewalt noch die Summe von 2212 Mark preußisch zu fordern hatte. Die beiden anderen Schuldner hatten ihre Geldbeträge schon abbezahlt, wie das Chirograph und die Beglaubigung durch den Rat belegt haben. Laut dem Chirograph hatten Wilhelm von der Kemnate 1630 und Heinrich von Herne 582 Mark preußisch noch von Thusewalt zu fordern. Diese Forderung ist offenbar an Johann vom Loo übergegangen.

Es folgt eine Edition der Urkunde vom 7. März 1392.

1392 März 7

Die Ratmannen von Thorn bekennen, dass sie auf Bitten Johanns von Loo eine beglaubigte Abschrift einer Schuldverschreibung Johann Vlechtener, Donas' und Thusewalts ausgefertigt haben.

Ausf., Perg. dt. – 29,1–29,7 cm breit, 20,9–21,4 cm hoch. – Rückvermerk: eyn vidimus van dem rait Thorn van etliger scholt. *– aufgedrücktes Siegel auf der Rückseite*
Deutschordenszentralarchiv Wien, Urkunden. – Regest: Die Urkunden des Deutsch-Ordens-Centralarchives (wie Anm. 2), Nr. 1553; Die Urkunden des Deutschordens-Zentralarchivs (wie Anm. 3), Nr. 2559.

Wir .. ratmanne der statt czu Thorin in Prüssen thun kuntt unde offinbar allen luten, czu den dyser unsir briff kumpt unde kentlich gemachet wirt, das vor uns komen ist der erbare Johannes vom Loo, unsir mitburger, unde hat uns gewizet eynen usgesneten briff, uff papir geschrebin, der offen was unde mit Wilhelms von Herne jngesegil, unden angedrukt, besegilt, unde bat uns des brives eyne usschrifft under unserm jngesegil czu gebin, der von worte czu worte gancz und unvorseret so lutet:

Wir Hinrich von der Kemenaten unde Wilhelm von Herne bekennen offinlich in dysem brive, das Johannes Vlechtener uns schuldig was XXVII^C und XIIII^or mark Pruschs, jtem Donas IIII^orC et LVII mark, jtem Thusewalt VI^M VII^C et XVII mark. Dy summe obir al ist IX^M VIII^C et XCIII mark, do von gebort mir, Hinrich, XLVI^C et XLIX mark unde mir, Wilhelme, LII^C et XLIIII mark. Da von ist uns beczalet VII^M VI^C et XCVII mark, des habe ich, Hinrich, empfangin IIII^M et LXXXIII mark unde ich, Wilhelm, XXXVI^C et XIIII^{or} mark. Also blibet uns noch Thusewalt schuldig XXII^C et XII mark Prus[schs]. Davon gebort mir, Hinrich, V^C et LXXXII mark unde mir, Wilhelm, XVI^C et XXX mark. Vortmer von deme selbin gelde, das uns Dusewalt noch schuldig blibet, unde ouch von der ganczin summen vorgeschrebin wir beyde gestanden habin dy ebyntüre unde noch sten dy ebintüre von der beczalunge uff gute rechenunge noch markczal uff wynunge und uff vorlust ane alle argelist. Des czu eyme guten gedechtnus so habe wir den eynen briff us deme andern gesne [gesneden?], unde des czu eyner warheit so hat unser eyn deme andern syn jngesegil an synen briff gedruket. Datum anno domini M^o CCC^{mo} XC^o in die sancti Bartholomej in Thorun[9].

Hirumme dorch bete wille des vorgenantin Johannis vom Loo habe wir ym dise usschrifft gegebin, went her den principal briff dorch unsicherheyt der wege nicht obirlant ebintuyern torste. Geschrebin am dunrstage noch Invocavit under unserm secr[et] rukelichin dysem brive angedrucket, noch Gotis gebort dritzenhundirt jar dornoch in deme czwey und nunczigisten jare.

---

   [9] Thorn, 1390 August 24, falsches Datum in: Die Urkunden, Bd. 2 (wie Anm. 3), Nr. 2559.

Herzog Albrecht in Preußen und Erzbischof Wilhelm von Riga in ihren Bemühungen um die Evangelisierung der Landbevölkerung Livlands

Von Ulrich Müller

Schon oft ist bedauert worden, wie wenig uns über das religiöse Leben der Bevölkerung im ländlichen Livland des Reformationszeitalters bekannt ist. Die dürftige Quellenlage ist der Hauptgrund. Wittram fasst zusammen: „Über die Wandlung in der kirchlichen Einstellung des zahlenmäßig starken landischen deutschen Mittelstandes ist so gut wie nichts bekannt. [...] In die estnische und lettische Bauernbevölkerung ist der alt-neue Glaube nur sehr langsam eingedrungen."[1] Da hier Volkes Stimme fast nicht überliefert ist, soll an fürstlichen

---

[1] Reinhard WITTRAM, Die Reformation in Livland, in: Baltische Kirchengeschichte. Beitrag zur Missionierung und der Reformation, der evangelisch-lutherischen Landeskir-

Missionsbemühungen abgelesen werden, wie es um die religiösen und kirchlichen Verhältnisse im zweiten Drittel des 16. Jahrhunderts stand[2]. Insbesondere für Erzbischof Wilhelm von Riga, Herzog Albrecht in Preußen und ihre Hofbeamten soll untersucht werden, wie sie durch Ordnungen und Verwaltungshandeln die religiösen Gegebenheiten gestalten und verbessern wollten. Die Reformationsgeschichte ist vornehmlich als Ringen zwischen der katholischen und der evangelischen Seite erforscht. Hier soll dagegen untersucht werden, ob die Stoßrichtung der lutherischen Fürsten für Livland nicht zumindest genauso der Schaffung christlicher Grundlagen wie der Verdrängung des Katholizismus galt. Als Normgeber in dieser Zeit und Region haben lutherische Fürsten oft „katholisch" mit äußerlichem Ritualvollzug und „evangelisch" mit innerlicher Frömmigkeit gleichgesetzt. Die erhaltenen Quellen geben meist lutherisches Gedankengut wieder, während katholische Stimmen rar sind, aber auch besorgt um die Volksfrömmigkeit auf dem Land, wie Landtagsrezesse zeigen. Ethnisch betrachtet lebten in Erzbischof Wilhelms und Herzog Albrechts Herrschaftsgebieten in Livland vor allem Letten und Kuren, nordöstlich von ihnen vornehmlich Esten. Die mit ihnen lebenden kleineren Bevölkerungsgruppen[3] sind bei der Nennung jener immer auch gemeint. Wie Sven Ekdahl erklärt hat, geht es „nicht um moralisierende Wertungen – vor allem nicht um anachronistische"[4]. Zum Verständnis sollte man sich in die Denkweise des 16. Jahrhunderts hinein versetzen und sich nicht von ihr innerlich oder äußerlich distanzieren[5].

chen und des Volkskirchentums in den baltischen Landen, hg. v. DEMS., Göttingen 1956, S. 35–56, S. 52.

[2] Für Ermunterung, Hilfe und Kritik danke ich vor allem Klaus Neitmann, Volker Honemann, Bernhart Jähnig, Sven Ekdahl, Dietrich Kurze, Dieter Heckmann, Jobst Schöne, Rudolf Spring und Reinhard Müller.

[3] W. P. SCHMID, Baltische Sprachen und Völker, in: Reallexikon der Germanischen Altertumskunde, 2. Aufl. Zweiter Band (Bake – Billigkeit), Berlin 1976, S. 14–20.

[4] Sven EKDAHL, Christianisierung – Siedlung – Litauerreise. Die Christianisierung Litauens als Dilemma des Deutschen Ordens, in: Die Christianisierung Litauens im mitteleuropäischen Kontext. Sammlung von Vorträgen. Materialien zur internationalen Konferenz, gewidmet dem 750. Jubiläumsjahr der Taufe Mindaugas, König von Litauen, zusammengestellt v. Vydas Dolinskas, Vilnius 2001, S. 189–205, S. 198. Für das Wort „Undeutsch" folge ich der Klarstellung, dass „eine nationale Unterscheidung ohne jede herabsetzende Bedeutung" gemeint ist: Paul JOHANSEN / Heinz VON ZUR MÜHLEN, Deutsch und Undeutsch im mittelalterlichen und frühneuzeitlichen Reval (Ostmitteleuropa in Vergangenheit und Gegenwart. 15), Köln/Wien 1973, S. XXI.

[5] Die damaligen Termini werden ohne Anführungszeichen verwendet. Das gilt etwa für das Wort Kirchenväter, das hier nicht altchristliche Kirchenschriftsteller bezeichnet, sondern Kirchenvorsteher, aber auch für die Worte Heiden, heidnisch oder Hexen; vgl. auch: Jacek WIJACZKA, Herzog Albrecht und die Hexen. Hexenprozesse im Herzogtum Preußen im Reformationszeitalter, in: Preußen und Livland im Zeichen der Reformation,

1. Die Literatur

Nachfolgend wird nicht der Versuch unternommen, einen Literaturüberblick zu geben. Nur wenige Arbeiten sollen genannt werden, da ich mich vor allem auf die Quellen stütze.

Die Reformation Preußens ist besser erforscht als die in Livland, für das aber Leonid Arbusow d. J. durch sein großes Standardwerk über die Einführung der Reformation vor knapp einem Jahrhundert einen gewichtigen Ausgleich geschaffen hat[6]. Im Vordergrund stehen die von Deutschen dominierten Städte und das Zurückweichen des katholischen Bekenntnisses. Aber Arbusow behandelt auch die Konfessionsfrage bei den Undeutschen in Stadt und Land und macht die Größe der Aufgabe klar: „Ein Arbeitsfeld von unabsehbarer Ausdehnung mit einer Fülle von Aufgaben stellte der entstehenden evangelischen Kirche Livlands die undeutsche Bevölkerung. Die ungeheuren Schwierigkeiten ihrer geistlichen Versorgung, geschweige ihrer Evangelisierung, treten schon bei einem flüchtigen Rückblick auf die Zustände bei den landischen Letten und Esten und auf die bisherige Wirksamkeit der römischen Kirche in diesem Missionsgebiet hervor. Die bäuerliche Volksklasse darstellend, besiedelten sie, überwiegend in Einzelhöfen (Gesinden), nicht in Dörfern, auch auf den Gütern lebend, nur dünn das weite Land. Sie fanden sich in gedrängteren Gemeinden nur innerhalb der verhältnismäßig spärlich gesäten Städte und Flecken. Die bestehenden Mängel ihrer religiösen und sittlichen Leitung durch die alte Kirche sind schon gezeigt worden: die meist ungünstigen sozialen Verhältnisse, der ganze Habitus der noch vielfach mit heidnischen Angewohnheiten behafteten, in übermässig grossen Landgemeinden zusammengefassten Bauern hatten den Klerus, der fremdsprachig, viel zu wenig zahlreich und auch qualitativ oft unzureichend war, vor fast unlösbare Aufgaben gestellt."[7] Arbusows Werk endet mit den 1530er Jahren. Hier soll das zweite Drittel des Jahrhunderts beleuchtet werden.

Otto Pohrt schöpft in seiner Reformationsgeschichte Livlands[8] aus der Reformationsordnung Erzbischof Wilhelms von 1546 und behandelt auch „Die Re-

---

hg. im Auftrag der Historischen Kommission für Ost- und Westpreußische Landesforschung und der Baltischen Historischen Kommission v. Arno Mentzel-Reuters und Klaus Neitmann (Tagungsberichte der Historischen Kommission für Ost- und Westpreußische Landesforschung. 28), Osnabrück 2014, S. 77–92.

[6] Leonid Arbusow d. J., Die Einführung der Reformation in Liv-, Est- und Kurland (Quellen und Studien zur Reformationsgeschichte. III), Leipzig 1921.

[7] Ebd., S. 721.

[8] Otto Pohrt, Reformationsgeschichte Livlands. Ein Überblick. Schriften des Vereins für Reformationsgeschichte, Jahrgang 46, Heft 2 (Nr. 145), Leipzig 1928.

formation bei den Letten und Esten"[9]. Auch Pohrt betont die Größe der Aufgabe, schließt aber zuversichtlich: „Damit aber eröffnete sich für die entstehende
evangelische Kirche in Livland eine ungeheuer schwierige Aufgabe: die Übertragung der Predigt, der Bibel, des Gesangbuches, des Katechismus, der Agende
ins Lettische und Estnische. Es bleibt nun für die Kirchengeschichte unseres
Landes immer denkwürdig und ist ein Beweis für die Kraft und Siegessicherheit
der Reformation, daß man sich sofort ans große Werk rüstig heranmachte. Die
Spärlichkeit der Quellen ist hier besonders bedauerlich …"[10] Pohrts Schluss lautet: „Das Land war eben bis 1561 für das Lutherthum wesentlich gewonnen."
Damit ist er ein Hauptvertreter der Richtung, die die Mission vor dem Untergang Livlands als erfolgreich abgeschlossen vermeldet. Paul Karges Verdienst
liegt in der mit einer Einleitung versehenen Veröffentlichung des Entwurfs der
Reformation und Gottesdienstordnung von 1546 des erzstiftischen Kanzlers
Christoff Sturtz[11].

Schon vor Arbusow und Pohrt hat Oskar Stavenhagen die Vogtei Grobin in
Kurland ab 1560 bis ins 17. Jahrhundert hinein mit größter Detailkenntnis
untersucht[12]. Dieses an Preußen verpfändete ehemalige Gebiet des Deutschen
Ordens steht nachfolgend im Zentrum der Sorge Herzog Albrechts um die liv-
ländische Landbevölkerung. Den vom preußischen Hofrat Funck verfassten
Visitationsbericht von 1560 und den Erlass Herzog Albrechts von 1561 stellt
Stavenhagen in den Mittelpunkt und ediert beide Texte[13].

---

[9] EBD., S. 100–105.
[10] EBD., S. 102.
[11] Paul KARGE, Die Reformation und Gottesdienstordnung des Markgrafen-Erzbischofs
      Wilhelm von Riga vom März 1546, in: Mitteilungen aus der livländischen Geschichte 22,
      H. 2 (1924), S. 120–161. In der Einführung belegt Karge allerdings nicht immer, woher
      seine Erkenntnisse stammen. Der Beitrag Paul KARGE, Die religiösen, politischen, wirt-
      schaftlichen und sozialen Strömungen in Riga 1530–1535, in: Mitteilungen aus der livlän-
      dischen Geschichte 23 (1924), S. 296–371, ist hier nachrangig.
[12] Oskar STAVENHAGEN, Materialien zur kurländischen Genealogie aus den ältesten Kir-
      chenvisitations-Rezessen und Kirchen(rechnungs-)Büchern von Grobin, in: Jahrbuch
      für Genealogie, Heraldik und Sphragistik 1904, Mitau 1906, S. 134–150.
[13] DERS., Vortrag über die Kirchenvisitation …, in: Sitzungsberichte der kurländischen
      Gesellschaft für Literatur und Kunst und Jahresbericht des kurländischen Provinzial-
      museums aus dem Jahre 1905, Mitau 1906, Vortrag S. 2–5; DERS.: Protokoll der Kirchen-
      visitation, die der herzoglich preußische geheime Rat und Pfarrherr der Altstadt Königs-
      berg Johannes Funcke im preußischen Pfandgebiet Grobin auf Befehl des Herzogs
      Albrecht in Preußen 1560 Juli 19 bis 26, in: ebd., S. 39–60 sowie DERS.: Erlaß des Herzogs
      Albrecht in Preußen an den herzoglichen Vogt des preußischen Pfandgebiets Grobin.
      Königsberg 1561 Dezember 7, in: ebd., S. 61–66. Da die Universität Tartu die Sitzungs-
      berichte in das Internet eingestellt hat, sind sie jetzt leichter zugänglich als früher. Gibt
      man in das Suchsystem „Sitzungsberichte kurländische Gesellschaft" ein, kann man die

Stets sind die Gegebenheiten in Preußen zum Vergleich heranzuziehen. Für das dortige Gebiet des Deutschen Ordens und der Bischöfe hat Klaus Neitmann die Missionsbemühungen um Deutsche und Prußen nach der Eroberungszeit – vornehmlich für das 14. und 15. Jahrhundert – beleuchtet[14]. Die in dieser Zeit aufgetretenen Herausforderungen weisen erstaunlich viele Parallelen mit denen in Livland Mitte des 16. Jahrhunderts auf. Das liegt nicht etwa an einer Rückständigkeit Livlands, sondern an dem in beiden Gebieten so langwierigen Prozess der Verinnerlichung des Christentums bei der Bevölkerung. In Preußen etwa zieht sich die durch Dolmetscher zu überwindende Sprachbarriere von der Zeit der frühesten Diözesanstatuten bis in die Zeit des protestantischen Herzogtums[15]. Hierin dürfte kein Unterschied zu Livland bestanden haben. Zuvor hatte bereits Andreas Zieger in seiner an den Kirchenordnungen Preußens und Kurlands orientierten Arbeit das dortige religiöse Leben im 16. Jahrhundert untersucht[16]. Preußen steht im Zentrum und Kurland eher am Rande, wobei Herzog Gotthards Kirchenordnung von 1570 sehr ausführlich behandelt wird.

Einen enorm fleissigen Beitrag hat Christina von Torklus mit ihrer dreibändigen Dissertation über die Formierung der mittelalterlichen Kirche Livlands geleistet[17]. Entsprechend dem Titel befasst sich die Autorin mit dem Mittelalter. Der Ausblick auf das 16. Jahrhundert fällt – dem Klammerzusatz entsprechend – kurz aus. Eine weitere Doktorarbeit hat kürzlich Michael Brauer über das Heidentum in Preußen vorgelegt[18]. Seine Herangehensweise ist neuartig und kommt zu dem Ergebnis, dass die preußischen Eliten Heidentum entdeckten und anprangerten, wo in Wirklichkeit volkstümliches Brauchtum vorgelegen habe, und dadurch Identität untereinander stifteten und mißbilligte Traditionen ausgrenzten. So wird die Bocksheiligung in ein bloßes Schlachtfest umgedeutet. Bereits bei der Frage, ob ein Mensch getauft war oder nicht, lag aber eine klare Grenzziehung vor. Für das Livland des 16. Jahrhunderts jedenfalls ist keine Nei-

---

Bände leicht aufrufen und über die Eingabe von Stichworten, Autorennamen, Jahreszahlen usw. das Gesuchte finden.

[14] Klaus NEITMANN, Christliche Unterweisung von Deutschen und Prußen im Ordensland Preußen, in: Westpreußen-Jahrbuch 46 (1996), S. 57–71.

[15] EBD., S. 64 f.

[16] Andreas ZIEGER, Das religiöse und kirchliche Leben in Preußen und Kurland im Spiegel der evangelischen Kirchenordnungen des 16. Jahrhunderts (Forschungen und Quellen zur Kirchen- und Kulturgeschichte Ostdeutschlands. 15), Köln/Graz 1967.

[17] Christina von TORKLUS, Die Formierung der mittelalterlichen Kirche Livlands. Strukturen, Träger und Inhalte der kirchlichen Nacharbeit (13.–16. Jahrhundert), Bonn 2012, Band 1: Text, Band 2: Text, Band 3: Anhang.

[18] Michael BRAUER, Die Entdeckung des „Heidentums" in Preußen. Die Prußen in den Reformdiskursen des Spätmittelalters und der Reformation (Europa im Mittelalter – Abhandlungen und Beiträge zur historischen Komparatistik. 17), Berlin 2011.

gung erkennbar, sich an propagandistisch aufgebauschten religiösen Problemen abzuarbeiten, da man auf diesem Gebiet genug reale Schwierigkeiten hatte. Brauers Ansatz hat weder mich noch zuvor Klaus Neitmann überzeugt[19].

Aleksander Loit hat kürzlich einen Beitrag zur Reformation und Konfessionalisierung in den ländlichen Gebieten des Baltikums vorgelegt, vor allem für das von Schweden eroberte Gebiet[20]. Der Betrachtungsschwerpunkt liegt räumlich mehr im Nordosten und zeitlich vom Untergang Livlands 1558 bis 1721. Überschneidungen sind also begrenzt. Die vorliegenden Forschungsergebnisse sieht Loit so: „Die zahlreichen wissenschaftlichen Veröffentlichungen zur Reformationsgeschichte Livlands, Estlands, Ösels, Ingermanlands, Kurlands und Lettgallens behandeln in erster Linie die städtische Reformation. Einführung und Verankerung der reformatorischen Lehre unter der einheimischen estnischen und lettischen Bauernbevölkerung sind in einem sehr viel geringeren Grad erforscht."[21] Während Pohrt im „Untergang" Livlands den erfolgreichen Abschluss der Reformation Livlands sieht, verortet Loit dort frühestens den Ausgangspunkt. Er räumt aber eine sparsame Berücksichtigung der Quellen ein[22]. Er sieht sich hier als Gegenpol zu früheren Forschern: „Für die baltischen Ostseelande haben sich hauptsächlich deutschbaltische Wissenschaftler und Historiographen mit der Reformation und dem Übergang zum Luthertum beschäftigt. Diese standen in einer kulturprotestantischen Tradition. Von daher erklärt es sich, dass die vorherrschende Betrachtungsweise in der deutschbaltischen Historiographie die evangelisch-lutherische Reformation als eine zielgerichtete, eindeutig positive Entwicklung wertet." Teile der genannten Geschichtssschreibung mögen Quellenpassagen über fortbestehendes Heidentum und Glaubensarmut der Landbevölkerung untergewichtet haben. Loit dagegen vernachlässigt die obrigkeitlichen Bemühungen um Verbesserung der religiösen Zustände in der vorschwedischen Zeit und kommt trotz Detailreichtum zu gewagten Schlüssen.

---

[19] Klaus NEITMANN, Dialektik von Christianisierung und Entdeckung des „Heidentums" oder kirchliche Nacharbeit im Deutschordensland Preußen?, in: Jahrbuch für die Geschichte Mittel- und Ostdeutschlands. Zeitschrift für vergleichende und preußische Landesgeschichte 59 (2013), S. 147–155.

[20] Aleksander LOIT, Reformation und Konfessionalisierung in den livländischen Gebieten der baltischen Lande von ca. 1500 bis zum Ende der schwedischen Herrschaft, in: Die baltischen Lande im Zeitalter der Reformation und Konfessionalisierung. Livland Estland, Ösel, Ingermanland, Kurland und Lettgallen. Stadt, Land und Konfession 1500–1721. Teil 1. Matthias ASCHE/Werner BUCHOLZ/Anton SCHINDLING (Hgg.), Münster 2009, S. 49–215.

[21] EBD., S. 51.

[22] EBD.: „Quellen und Archivalien wurden nur in begrenztem Maße herangezogen."

Des weiteren liegen speziell auf Heidentum, Zauberei und Hexerei konzentrierte Beiträge vor, doch für andere Gebiete oder andere Zeiten, als sie hier berücksichtigt werden sollen. Wieder wird Preußen mehr beachtet als Livland. Ketzerei, also Widerspruch gegen die Kirchenlehre, ist nur in geringem Maße bezeugt[23]. Eine Schilderung der Bedingungen in Estland um 1700 hat Juhun Kahk geliefert[24]. Das Fortleben von Magie in Preußen hat Bernhart Jähnig anhand der wenigen aktenkundigen Einzelfälle in Preußen untersucht[25]. Er zeigt, dass die Einordnung schwierig ist, dass aber unchristliche Magie fortlebte. Die drakonische Todesstrafe wurde damit begründet, dass eine Sünde gegen Gott vorliege. In dem kürzlich erschienenen Sammelband „Preußen und Livland im Zeichen der Reformation"[26] hat Jacek Wijaczka dies besonders um den Aspekt der Einstellung Herzog Albrechts ergänzt[27]. Demselben Sammelband entstammen auch die folgenden Beiträge. Den Glaubenskampf der Mächtigen Livlands in der Reformationszeit hat Juhan Kreem durch Untersuchung der Ständeversammlungen erhellt[28]. Inna Pöltsam-Jürjo hat für Neu-Pernau den Konfessionswandel beschrieben[29]. Dieser hat viel mehr Ähnlichkeit mit den Verhältnissen in der Metropole Riga als mit den ländlichen Gegebenheiten. Unbestimmt ist, ob dieses Ergebnis verallgemeinerungsfähig ist oder ob andere kleine Städte mehr Parallelen zur langsameren Gangart der Reformation auf dem flachen Land aufweisen.

Zu dem Sammelband habe ich eine Charakterisierung des religiösen Verhaltens Erzbischof Wilhelms von Riga beigetragen, die auch die Vorgänge auf der hohen politischen Ebene berührt[30]. Auf diesen Beitrag verweise ich zur Vermeidung von Wiederholungen. Hier geht es um Bemühungen beider Fürsten, eine Verinnerlichung des christlichen Glaubens in der Landbevölkerung zu erreichen.

---

[23] Heinz von zur Mühlen, Livland von der Christianisierung bis zum Ende seiner Selbständigkeit (etwa 1180–1561), in: Baltische Länder (Deutsche Geschichte im Osten Europas), hg. v. Gert von Pistohlkors, Berlin 1994, S. 26–172, S. 135.

[24] Juhun Kahk, Heidnische Glaubensvorstellungen, Zauberei und religiöser Eifer in Estland um 1700, in: Zeitschrift für Ostforschung 34 (1985), S. 522–535.

[25] Bernhart Jähnig, Magie im alten Ordensland. Zum Nachleben vorchristlicher Vorstellungen im Herzogtum Preußen, in: Religion und Magie in Ostmitteleuropa, hg. v. Thomas Wünsch (Religions- und Kulturgeschichte in Ostmittel- und Südosteuropa. 8), Berlin/Münster 2006, S. 159–174.

[26] Preußen und Livland im Zeichen der Reformation (wie Anm. 5).

[27] Wijaczka, Hexen (wie Anm. 5).

[28] Juhan Kreem, Die Religionsfrage in den livländischen Ständeversammlungen 1522–1558, in: Preußen und Livland im Zeichen der Reformation (wie Anm. 5), S. 183–197.

[29] Inna Poltsam-Jürjo, Über die Reformation in der livländischen Kleinstadt Neu-Pernau, in: Preußen und Livland im Zeichen der Reformation (wie Anm. 5), S. 199–209.

[30] Ulrich Müller, Erzbischof Wilhelm von Riga und die Reformation in Livland 1535–1563, in: Preußen und Livland im Zeichen der Reformation (wie Anm. 5), S. 241–343.

2. Die Quellen[31]

Mehrere Forschergenerationen haben bereits die Quellenarmut beklagt, die Erkenntnisse über die Reformation für Livlands ländliche Gebiete fast nicht zulassen. Pohrt hebt die Spärlichkeit des Materials über die Letten und mehr noch über die Esten hervor[32]. Die Quellenlage und dadurch bedingt die Erforschung der evangelischen Durchdringung der baltischen Städte ist ungleich besser als die für die ländlichen Gegebenheiten[33]. Wittram ergänzt: „Die Überlieferung ist so spärlich, daß über die Art, wie das reine Wort von der Bauernbevölkerung aufgenommen wurde, gar nichts gesagt werden kann."[34] Von Anhängern heidnischer Riten sind mir keine Schriftzeugnisse begegnet, wohl aber von der Obrigkeit. Gerichtsakten fehlen weitestgehend.

Arbusow betont, dass Livland schon seit dem späteren Mittelalter keine Hexenverbrennungen kannte[35]. Die in den vierziger Jahren des 16. Jahrhunderts auch in Livland einsetzende Hexen- und Zaubererverfolgung sieht er als Tribut an den Zeitgeist, aber es sei in Livland weder das z. B. in Norddeutschland übliche Ausmaß noch der dort anzutreffende Religionsfanatismus erreicht worden. Vielmehr habe es sich anfangs um Giftmordprozesse gehandelt. In den nachfolgend angegebenen Aktenbeständen habe ich keine Angaben zu Hexenprozessen gefunden. Das Handeln der Verwaltung fand seinen Niederschlag in erster Linie in Berichten über Visitationen und den daraufhin verfügten Erlassen. Die Legislative tritt durch ihre Kirchen-, Visitations-, Landes- und Polizeiordnungen hervor. Heutige Gesetze sind abstrakter formuliert als damalige, die zum Glück bisweilen genaue Schilderungen enthalten, welche Missbräuche wo und wann besonders verbreitet waren. Kirchen- und Visitationsordnungen haben als Quellen hohen Wert, enthalten sie doch die Summe der Erfahrungen aus vielen Einzelfällen.

Die größte Quellenansammlung über Livland wird im Geheimen Staatsarchiv Preußischer Kulturbesitz in Berlin, XX. Hauptabteilung (Historisches Staatsarchiv Königsberg) in der Livland-Abteilung des Briefarchivs der Herzöge in Preußen (HBA D) verwahrt, die nunmehr durch Vollregesten erschlossen ist[36].

---

[31] Bei gedruckten Quellen wird die Schreibweise der Edition beibehalten. Ungedruckte Quellen werden gemäßigt normalisiert wiedergegeben.

[32] POHRT, Reformationsgeschichte (wie Anm. 8), S. 100–102.

[33] LOIT, Reformation (wie Anm. 20), S. 68.

[34] WITTRAM, Reformation (wie Anm. 1), S. 53.

[35] ARBUSOW, Einführung (wie Anm. 6), S. 821.

[36] Herzog Albrecht von Preußen und Livland (1525–1534), bearb. v. Ulrich MÜLLER (Veröffentlichungen aus den Archiven Preußischer Kulturbesitz 41), Köln u. a. 1996; Herzog Albrecht von Preußen und Livland (1534–1540), bearb. v. Stefan HARTMANN, Köln u. a.

Unter den Tausenden von Briefen behandeln äußerst wenige die religiösen Verhältnisse speziell der Landbevölkerung in Livland. Es ist kein in Livland gewachsener Bestand, sondern der in Preußen verwahrte Briefwechsel. Die Natur des Bestandes führt dazu, dass meist nur zur Stellungnahme übersandte Pläne erhalten sind. Dass uns anschließend meist Berichte über die Verwirklichung fehlen, besagt also nicht, dass die Vorhaben nicht doch umgesetzt worden sind. Hervorgehoben seien hier vier Texte, nämlich der Entwurf einer Kirchenordnung für das Erzstift Riga von 1546[37], die Visitationsordnung für das Erzstift Riga von 1547[38] sowie zwei Berichte preußischer Visitatoren von 1560 über die Vogtei Grobin, erstellt kurz nach deren Verpfändung durch den Deutschen Orden in Livland an das Herzogtum Preußen[39]. Den Reformationsentwurf von 1546 hat Karge veröffentlicht[40]. Evangelische Kirchenordnungen der Reformationszeit findet man vor allem in Sehlings vielbändigem Werk, von dem Band 4 für Preußen und Band 5 für Livland von Bedeutung sind[41]. Nicht abgedruckt sind dort der Entwurf der erzstiftischen Kirchenordnung von 1546, die dortige Visitationsordnung von 1547 sowie die preußische Kirchenordnung von 1558, die Hubatsch ediert hat[42].

1999; Herzog Albrecht von Preußen und Livland (1540–1551), bearb. v. DEMS., Veröffentlichungen [wie eben] 54), Köln u. a. 2002; Herzog Albrecht von Preußen und Livland (1551–1557), bearb. v. DEMS. (Veröffentlichungen aus den Archiven Preußischer Kulturbesitz. 57), Köln u. a. 2005; Herzog Albrecht von Preußen und Livland (1557–1560), bearb. v. DEMS. (Veröffentlichungen aus den Archiven Preußischer Kulturbesitz. 60), Köln u. a. 2006; Herzog Albrecht von Preußen und Livland (1560–1564), bearb. v. DEMS. (Veröffentlichungen aus den Archiven Preußischer Kulturbesitz. 61), Köln u. a. 2008; Herzog Albrecht von Preußen und Livland (1565–1570), bearb. v. DEMS. (Veröffentlichungen aus den Archiven Preußischer Kulturbesitz. 63), Köln u. a. 2008. Vor allem Hartmann hat durch diese Regesten der Erforschung der Geschichte Livlands einen großen Dienst erwiesen.

[37] HBA D Nr. 1329/2. [vor 1546 März 10], Entwurf einer Kirchenordnung für das Erzstift Riga durch den Kanzler Christoph Sturtz (Beilage zu 1546 März 10). Druck: KARGE, Reformation (wie Anm. 11), S. 120–161.

[38] HBA D Nr. 1386. [1547 Juni, o. O.], Visitationsordnung des Erzstifts Riga.

[39] HBA D Nr. 2656. 1560 Mai, Bereisungs- und Visitationsprotokoll der preußischen Gesandten bezüglich der Pfandschaft Grobin, sowie: HBA D Nr. 2697. 1560 Juli 26, Kirchenvisitation und Ordination in der Vogtei Grobin durch den Magister Johann Funck.

[40] KARGE, Reformation (wie Anm. 11), S. 133–161.

[41] Emil SEHLING (Hg.), Die evangelischen Kirchenordnungen des XVI. Jahrhunderts, Band 4, Leipzig 1911, Band 5, Leipzig 1913. Sehling nimmt das Inkrafttreten als Auswahlkriterium, das er irrtümlich für die preußische Kirchenordnung von 1558 und zu Recht bei der erzstiftische Visitationsordnung vom 1547 verneint.

[42] Walther HUBATSCH, Geschichte der evangelischen Kirche Ostpreussens, Band I–III, Göttingen 1968, hier: Band III (Dokumente), S. 34–143.

Aus dem ersten preußischen Visitationsbericht vom Mai 1560[43] wird unten
der erste Eindruck von der Religiosität der Landbevölkerung in Grobin wiedergegeben. Den zweiten Bericht hat Oskar Stavenhagen veröffentlicht[44]. Diese
Visitation betraf speziell die kirchlichen Zustände. Der Bericht umfasst zwei
Hauptteile. Der umfangreichere erste Teil enthält die Feststellungen auf Grund
der Bereisung. Bei Sehling ist dieser Teil nicht abgedruckt, sondern nur der Vi-
sitations-Abschied für Grobin vom 26. Juli 1560[45]. Während die Visitationsordnungen thematisch nach Gottesdienstablauf, Sakramentsverwaltung, christlichem Lebenswandel usw. eingeteilt sind, weisen die Visitationsberichte eine
örtliche Gliederung nach dem Reiseverlauf der Visitatoren von einem Kirchspiel
zum anderen auf.

Eingaben an die Obrigkeit mit der Schilderung kirchlicher Missstände und Bitten um bessere geistliche Versorgung sind selten. In manchen livländischen Land-
tagsabschieden finden sich allgemeine Klagen über religiöse Defizite und Aufrufe
zu deren Abstellung, aber seltener ganz konkrete Schritte. Die XX. Hauptabteilung des Geheimen Staatsarchivs enthält in ihrem umfangreichen Bestand Etatsministerium wenig über Livland. Abteilung 24 (Kurländische Sachen), e) (Eccle-
siastica) beginnt erst 1590. Die Abteilungen 37–43 (Geistliche Sachen) enthalten
in Abt. 37 a Nr. 5 Kirchenvisitationen von 1526 bis 1586, aber nichts über die
beiden Grobiner Visitationen 1560. Auch die anderen Geistlichen Sachen betreffen Preußen, nicht aber Livland. Allerdings enthält Abt. 37 a Nr. 33 unter den
Generalia undatierte, aber dem 16. Jahrhundert zugeordnete „Fragepunkte für
Pfarrer und Gemeinden". Diese sind wohl für Preußen verfasst, gewähren aber
einen seltenen Einblick in den Ablauf einer Visitation. Die Livland und vor allem Riga betreffende Abt. 90/124 enthält unter Nr. 18 einen Bittbrief des Pfarrers Georgius Ursinus an Herzog Albrecht[46]. Für XX. HA., Rep. 67 (Konsistorium in Königsberg) gibt es ein Findbuch von drei Seiten mit dem Vermerk:
„Die hier überlieferten Akten sind Zugänge nach 1945. Der Altbestand der Re-
positur 67 ist seit 1945 verschollen (vgl. hierzu: Forstreuter, Kurt, Das Preußi-

---

[43] HBA D Nr. 2656 (wie Anm. 39).

[44] Stavenhagen, Protokoll (wie Anm. 13), S. 39–60.

[45] Sehling, Kirchenordnungen, 5. Band (wie Anm. 41), Nr. 20, S. 115–117 und Staven-
       hagen, Protokoll (wie Anm. 13), Erlaß, S. 61–66.

[46] GStA PK, XX. HA., Etatsministerium, Abt. 90/124 enthält unter Nrn. 2 und 14 Bittbrie-
       fe des Königsberger Hofpredigers Johann Funck wegen Geldforderungen. Nr. 9 betrifft
       Johann Lohmüller. Diese Stücke hätte ich schon früher sehen sollen für: Ulrich Müller,
       Johann Lohmüller und seine livländische Chronik „Warhaftig Histori". Biographie des
       Autors, Interpretation und Edition des Werkes (Schriften der Baltischen Historischen
       Kommission. 10), Lüneburg 2001.

sche Staatsarchiv zu Königsberg, Göttingen 1955).“[47] Ein Quellenanhang ist hier aus Platzgründen unterblieben, soll aber im nächsten Band dieser Zeitschrift nachgeholt werden.

3. Die Verhältnisse in der Anfangszeit der Reformation

Zwischen den oft rauhen Methoden der Christianisierung im Mittelalter und der Mission im Livland des 16. Jahrhunderts lagen Welten. „An der Wende vom 15. zum 16. Jahrhundert hatte sich die Leibeigenschaft in Altlivland vollständig durchgesetzt.“[48] Das bedeutete auch die Bevormundung der Gutsuntertanen in Religionsdingen, aber vor allem die hohe Obrigkeit sah nunmehr die Heiden als Mitgeschöpfe, deren Seele gerettet werden musste. Dazu benötigte man Pfarrer, die aber nicht fest besoldet wurden. Im ausgehenden Mittelalter hatte sich das Pfründenwesen von der Spitze der Kirche her kommend auch in Livland durchgesetzt, wobei es einträgliche Kirchspielpfarren und sehr arme Pfarren gab[49]. Die Lage vor der Reformation beschreibt Wittram: „Ein Übelstand, unter dem besonders die Kirche in Livland litt, war die Scheu der Priester vor dem schweren Dienst an der anderssprachigen Landbevölkerung und ihr Zug zur Stadt, wo sich das geistliche Proletariat der ‚Mietpfaffen‘ zusammendrängte.“[50] Für die Lage in der Mitte des 16. Jahrhunderts ist er nur teilweise optimistischer: „Die Reformation hatte sich mehr oder weniger vollständig durchgesetzt, auch auf dem Lande, wo die Gutsherren damit begonnen hatten (im Erzstift in Ausübung des 1524 erworbenen Präsentationsrechts), neugläubige Pastoren zu berufen, womit zunächst nur eine ganz äusserliche Evangelisierung erreicht war. Im Orden herrschte gegenüber den Glaubensdingen vielfach vollständige Gleichgültigkeit, bei manchen auch Hinneigung zur evangelischen Lehre, ohne daß politische Folgerungen daraus gezogen wurden.“[51]

Sowohl in Preußen als auch in Livland gehörten vor der Reformation große Landesteile dem Deutschen Orden. Zwischen diesen lagen Bistümer. Die religiöse Umgestaltung ab den zwanziger Jahren des 16. Jahrhunderts wich in beiden Gebieten stark von einander ab. Während in Preußen das Jahr 1525 und die Person Markgraf Albrechts von Brandenburg-Ansbach, der das Hochmeisteramt gegen den Herzogstitel tauschte und die Bischöfe entmachtete, für einen fast plötzlichen und erfolgreichen Konfessionswechsel stehen, ist der Wandel in Liv-

---

[47] Findbuch 374: Vermerk 2008 Februar 11, Eckhardt.
[48] LOIT, Reformation (wie Anm. 20), S. 63.
[49] VON ZUR MÜHLEN, Livland (wie Anm. 23), S. 135.
[50] WITTRAM, Reformation (wie Anm. 1), S. 35.
[51] EBD., S. 65.

land nicht so klar an einem Datum und einer Person festzumachen. Die Gründe für den Unterschied nennt Loit: „Verlauf und Bedeutung der Reformation im alten Livland wurden in einem hohen Maße von lokalen Voraussetzungen und Bedingungen geprägt: Erstens gab es in der Region keine zentrale Staatsgewalt, die über die Autorität verfügt hätte, über die kirchlichen Verhältnisse alleine zu entscheiden und ihre Entscheidung auch durchzusetzen. Hinzu kam, zweitens, dass sich die schon von vornherein nur lose zusammengehaltene ‚Livländische Konföderation' in einem schleichenden Prozess der Auflösung befand."[52] Sicher hatte eine zentrale Staatsgewalt mehr Möglichkeiten, dies konnte aber auch Risiken für eine werdende Landeskirche bergen, wie sich an Herzog Albrechts Festhalten an Andeas Osianders Lehre später zeigte.

Dezentrale Strukturen haben in Livland rasche Reformationserfolge bei den Städten und Teilen der Stände ermöglicht, wie der Ständetag in Reval im Juli 1524 zeigt, auch wenn bald danach die Ritterschaften wieder den Ausgleich mit ihren geistlichen Landesherren suchten[53]. Kahk bezieht eine Gegenposition zu Loit und geht davon aus, dass die straffen schwedischen Strukturen eine negative Wirkung hatten: „In der Geschichte des estnischen Volkes trat die geistige Krise, die zugleich eine geistliche war, auf breiter Front erst im 17. Jahrhundert ein. Der schwedische Staat hatte in den dreißiger Jahren die Eroberung des estnischen Siedlungsgebietes beendet und begann nun auch mit der administrativen und kirchlichen Eingliederung. Die schwedische Kirche bildete damals eines der wesentlichen Bollwerke des kämpferischen Luthertums in Europa und betrieb nun auch auf estnischem Gebiet energisch eine Politik der ‚Seelenrettung'."[54]

Die Entwicklung beim Adel Livlands ist am genauesten bei Arbusow nachzulesen.[55] Charakteristisch ist „eine kühle Toleranz", „ein eigentümlich friedfertiges Neben- und Zusammenleben von Lutherischen und Katholiken innerhalb des Vasallenstandes aller Territorien" (Arbusow). Nicht abzuweisen ist, dass auch ein materielles Interesse – die Anwartschaft auf Domkapitelstellen – die Bindung von Adelsfamilien an die alte Kirche begünstigte. „Der Umschwung im Vasallenadel ist erst in den vierziger und fünfziger Jahren allgemein geworden."[56]

Die livländischen Stände unter Führung von Erzbischof Thomas Schöning, Koadjutor Wilhelm, der Bischöfe Johannes von Dorpat, Reinhold von Ösel, Hermann von Kurland und Arnold von Reval, Meister Hermann von Brüggenei,

---

[52] Loit, Reformation (wie Anm. 20), S. 68.
[53] Reinhard Wittram, Baltische Geschichte. Die Ostseelande Livland, Estland und Kurland 1180–1918, München 1954, S. 60.
[54] Kahk, Glaubensvorstellungen (wie Anm. 24), S. 523.
[55] Arbusow, Einführung (wie Anm. 6), S. 637f., 722f., 736f., 817.
[56] Wittram, Reformation (wie Anm. 1), S. 52.

genannt Hasenkamp, und Landmarschall Heinrich von Galen beschlossen in Wolmar Ende September 1537, dass alle Obrigkeit in ihren Herrschaften für Kirchen und Pfarrer Sorge zu tragen habe[57]. Die Liste der Unterzeichner war lang, nur die Städtevertreter fehlten. Behandelt wurden die Kirchenfragen: [...] *haben wyr vns vorann eintrechticklich entschlossen, das eine jdere Obrikeit in seinen Landen, herlickkeiten vnnd gepietenn mith ernsten vleisse sol dar ahn sein, das bauenn alle dinge die ehere vnnd dinst des Almechtigenn, heill vnnd Trost der selen gesucht vnnd vorgestalt, darbenefen die kirchen, kirchove vnnd wedemen inn zimlicher gebawe werden vnderhaltenn, zu dem mith duchtigenn presternn vnnd predigern, die denn gemeynen man – vnnd sonderlichen den armen simpelln pawren – den waren vnnd rechten weg der seligkeit vnnd denn rechten glawben, sonderlichen in irenn dodes nöden, wo sie begert, one forderung, gifft vnnd gabe vorkundigen, leren vnnd vnderrichten mogen, vorsorget werden. Des sollen die Obericeit, kirchen vormunder vnnd Amptleute widderumb darauff sehenn, das einer jder kirche, der sulfften preisternn, vicarien, ire Renthe, zinse und gerechtigkeith gereicht, ausgericht vnnd bezalt werde. Wedderumb sollenn die preistern vnnd pastorn den kerspels leuten, Teutzsche vnd Vnteutzsche, wes inen nun vor oldinges vnd rechts wegenn geburt, doen vnd leisten. Es soll vnd will auch en Jder von vns mith vleisse nochtrachten vnnd vortschaffen, das gotts lesterung, vnehere vnnd dureyden, zw sampt aller zwbarey, aberglawbe vnd wickerey ernstlichen vorbaden; Nach rechts geber vnd mogenheit gestraffet vnnd affgeschaffet werden moge.* Alle Obrigkeit Livlands wurde also dazu angehalten, dass Kirchen, Kirchhöfe und Pfarrhäuser gebaut, unterhalten und mit geeigneten Priestern und Predigern auszustatten seien. Dadurch sollte dem gemeinen Mann und vor allem den armen, einfachen Bauern der wahre Weg zur Seligkeit und zum rechten Glauben, insbesondere in Todesnöten, gewiesen werden. Öfter jedoch ging es in den Ordnungen um die Taufe. Am Anfang wie am Ende des Lebens ging es um die Errettung der Seele. Der Missions- und Taufbefehl Christi[58] war von je her eine zentrale Bibelstelle und musste unbedingt befolgt werden. Zudem erfolgte rechtlich und für alle sichtbar durch die Taufe erst die Aufnahme des Täuflings in die Gemeinde und damit in die Heilsgemeinschaft. Loit weist auf „den Brauch des Abwaschens der zwangs-

---

57 HBA D Nr. 949. 1537 September 29, Vereinigung der livländischen Stände in Wolmar. Druck: Monumenta Livoniae Antiquae. Sammlung der Chroniken, Berichte, Urkunden und anderen schriftlichen Denkmalen und Aufsätzen, welche zur Erläuterung der Geschichte Liv-, Ehst- und Kurland dienen, hg. v. Karl Eduard Napiersky, Band 5, Riga/Leipzig 1847, Nr. 161, S. 480–483, hier: S. 480.

58 Markus 16,15 und 16: „Und er sprach zu ihnen: Gehet hin in alle Welt und prediget das Evangelium aller Kreatur. Wer da glaubet und getauft wird, der wird selig werden, wer aber nicht glaubet, der wird verdammt werden."

weise erteilten Taufe"[59] hin. Derartiges konnte in den Quellen für den Untersuchungszeitraum nicht festgestellt werden und gehört vielleicht einer früheren Zeit an. Dem Sterbenden wiederum sollten kurz vor seinem Tod durch die Absolution die Sünden vergeben werden[60]. Dagegen kam der Beerdigung eine wesentlich geringere Bedeutung zu[61]. Deshalb wird sich in den nachfolgenden Berichten der Visitatoren zeigen, dass den Taufen höchste Priorität gegeben wird, Beerdigungen dagegen kaum behandelt werden.

Der Landtag von 1537 regelte weiterhin: Kirchenvormünder und Amtleute müssten aufpassen, dass Kirchen, Priester und Vikare ihre Einnahmen erhielten. Priester und Pastoren hätten im Kirchspiel ihre Pflichten gegenüber Deutschen und Undeutschen nach alter Gewohnheit zu erfüllen. Jede Obrigkeit müsse Gotteslästerung, Zauberei, Aberglauben und Hexerei verbieten und mit Strafe bedrohen. Von zur Mühlen hebt die Landtage als Mahner zu mehr christlicher Bildung hervor, doch es fehlte an Taten: „Auf dem Lande lag das Kirchen- und Schulwesen besonders im Argen. Wohl wurden in den vierziger und fünfziger Jahren, als die lutherische Lehre sich auch beim Adel weitgehend durchgesetzt hatte, die Bildungsaufgaben auf den Landtagen zur Landessache gemacht, aber alle Pläne, zuletzt der einer höheren Schule zur Heranbildung undeutscher Kinder zum Pfarramt […] wurden durch den Kriegsausbruch zunichte gemacht."[62] In Livland gab es keine Ausbildungsstätten für angehende Prediger. Auswärtige kamen wegen des rauhen Klimas selten und zogen dann die Städte mit ihren Annehmlichkeiten und der besseren Besoldung vor. Fand der Gutsherr einen Kandidaten für sein Kirchspiel, war er gut beraten herauszufinden, ob ein Idealist, ein Irrlehrer, ein von seinem letzten Dienstherrn im Unfrieden Geschiedener oder ein Sozialrevolutionär vor ihm stand. Über solche Schwärmer urteilt Arbusow: „Denn gewisse der von auswärts geflüchteten Prädikanten pflegten grundsätzlich keine Autoritäten anzuerkennen und gegen jede obrigkeitliche und kirchliche Kontrolle das innere Wirken des Geistes auszuspielen."[63]

Der Reformator Andreas Knopken hatte 1522 in Riga mit Vertretern der alten Kirche über 24 von ihm aufgestellte Thesen disputiert. Die gemeinsame Grundlage war die Bibel, und es konnte noch Hoffnung auf eine Einigung in der Heils- oder Abendmahlslehre geben. Das aber war zwischen Christentum und Heidentum unmöglich. Die Götterwelt des alten Livland war mit der Bibel un-

---

[59] Loit, Reformation (wie Anm. 20), S. 64f.

[60] Jakobus 5,15: „Und das Gebet des Glaubens wird dem Kranken helfen, und der Herr wird ihn aufrichten; und so er hat Sünden getan, werden sie ihm vergeben sein."

[61] Vgl. Matthäus 8,22: „Aber Jesus sprach zu ihm: Folge du mir und laß die Toten ihre Toten begraben." – ebenso Lukas 9,60.

[62] Von zur Mühlen, Livland (wie Anm. 23), S. 144.

[63] Arbusow, Einführung (wie Anm. 6), S. 804.

vereinbar[64]. Eine Disputation wäre sinnlos gewesen. Das Trennende der Muttersprache als zusätzliche Komplikation fiel da schon gar nicht mehr entscheidend
ins Gewicht. Beide Seiten konnten sich nur mit Sprach- und Ratlosigkeit begegnen. Die religiösen Beziehungen zwischen Stadt und Land zeigen ein Voranschreiten der großen Kommunen in der neuen Lehre. In Livland hatten zuerst
die drei großen Städte Riga, Reval und Dorpat die lutherische Lehre angenommen. Für die dreißiger Jahre des 16. Jahrhunderts berichtet Arbusow: „Hatte
sich die Reformation in Livland inzwischen auch auf dem flachen Lande ausge-
breitet, so war doch die allgemeine Lehrauffassung, die zur Herrschaft bestimmt
sein sollte, von der Stellungnahme der drei großen Städte abhängig.“[65] Auf dem
Landtag von Wolmar Ende Januar 1533 übernahmen auch die Städte Dorpat und
Reval die Rigaer Kirchenordnung von 1530 als verbindlich für sich[66]. Dieses Beispiel der Städte sollte den über Livland verstreuten Evangelischen Zuversicht
geben.[67] Wittram fasst zusammen: „Allgemein darf angenommen werden, dass
die evangelische Predigt die Bauern erst langsam und gebietsweise erreicht hat,
in weiterer Entfernung von den Städten erst durch den Übertritt der Gutsherr-
schaften und die Einsetzung evangelischer Pastoren. Wo die Gutsherren, wie im
Erzstift, das Patronatsrecht erwarben, kam die Reformation gleichen Schrittes
mit der religiösen Wandlung des Vasallenadels ins Land – soweit nicht der an-
haltende Mangel an sprachkundigen Seelsorgern empfindliche Verzögerungen
bewirkte. Unter den von den Gutsherren vozierten Landpredigern sind im Reformationszeitalter sicher auch Letten, vermutlich auch Esten gewesen.“[68]

Die drei bedeutendsten livländischen Reformatoren, Andreas Knopken, Sylvester Tegetmeyer und Johannes Briesmann wirkten im städtischen Raum und
bei den deutschsprachigen Einwohnern. Dieses Verhalten kritisiert Loit in Bezug auf den Wittenberger Reformator: „Luthers Botschaft wandte sich exklusiv
an die deutschen Bürger in den Städten sowie an die dünne Oberschicht der
deutschen Gutsherren auf dem Lande. Die lettischen und estnischen Bauern fanden in Luthers Briefen keine Erwähnung und ebensowenig eine etwaige Refor-

---

[64] Vgl. hierzu: P. U. DINI, Lettische, litauische und altpreußische Religion, in: Reallexikon
     der Germanischen Altertumskunde, 2. Aufl., Band 18 (Landschaftsrecht – Loxstedt),
     Berlin/New York 2001, S. 281–288.

[65] ARBUSOW, Einführung (wie Anm. 6), S. 803.

[66] SEHLING, Kirchenordnungen (wie Anm. 41), 5. Band, S. 6–8, sowie: Akten und Rezesse
     der livländischen Ständetage, hg. v. der Gesellschaft für Geschichte und Altertumskunde
     der Ostseeprovinzen Russlands, Band 3, bearb. v. Leonid ARBUSOW d. Ä., Riga 1910,
     S. 825 ff.

[67] SEHLING, Kirchenordnungen (wie Anm. 41), 5. Band, S. 6.

[68] WITTRAM, Reformation (wie Anm. 1), S. 53.

mationsarbeit auf dem platten Lande."[69] Es ist unnötig, Luther gegen Loit in Schutz zu nehmen. Eine Ausgrenzung, hier der estnischen und lettischen Landbevölkerung, von der Evangelisierung würde dem gesamten Streben Luthers ebenso widersprechen wie eine bewußte Vernachlässigung[70]. Zudem wäre es „strategisch" richtig gewesen, die Deutschen in Stadträten und Landadel als Multiplikatoren anzusprechen, da sie die Pfarrer – auch für die Undeutschen – einsetzten. Johansen und von zur Mühlen, die gleich für das estnische Gebiet zu Wort kommen sollen, setzen Luthers Wirksamkeit höher an als Loit: „… erst Martin Luthers Lehre und seine Hervorhebung des Evangeliums als des Gotteswortes in der reinen Gestalt entfachte wirkliches Interesse für die Volkssprachen."[71] Wittram äußert sinngemäß, dass die neue Lehre, die in Livland anfangs noch nicht allein auf Martin Luther und Philipp Melanchthon festgelegt war, zuerst vor allem bei den mittleren und unteren Schichten der Städte Anhänger fand, aber auch undeutsche Gemeinden mit muttersprachlicher Predigt entstanden und die Reformation Esten und Letten die Anfänge ihrer Schriftsprache brachte[72].

Soviel steht fest: „In die estnische und lettische Bauernbevölkerung ist der alt-neue Glaube nur sehr langsam eingedrungen. Es gibt freilich frühe Nachrichten darüber, daß in Estland städtische Prediger Unruhe aufs Land getragen haben, schon zu Anfang des Jahres 1524, verstärkt 1525."[73] In diesem Jahr etwa bedrohten Adelige aus Harrien und Wierland auf dem Landtag in Wolmar den Prediger Sylvester Tegetmeier in der Pfarrkirche und bezichtigten ihn, er wolle sie um Land und Leute bringen: „Aber diese Befürchtungen erwiesen sich bald als völlig unbegründet: die undeutsche Bauernschaft blieb unbewegt, im Gegenteil, sie hielt an ihren katholischen Bräuchen auch noch später eigensinnig fest."[74] Zwei Jahre später beklagte sich derselbe Adel erneut: „Die harrisch-wierische Ritterschaft führte 1527 beim Ordensmeister Beschwerde darüber, daß den Bauern, die in die Stadt kämen, der ‚neue Glaube' gelehrt werde, sie brauchten ihren Herrn nicht gehorsam zu sein, weil sie nicht schlechter sein als diese (*sze woll szo gud szin als ere heren*). Der Revaler Rat vertrat dem Ordensmeister gegenüber 1532 die Ansicht, daß die Knechtschaft der Bauern (*knechtsche egenschop) nicht van naturen herkumpt* und weder im göttlichen, noch im geschrie-

---

[69] Loit, Reformation (wie Anm. 20), S. 71.
[70] Immerhin hatte Luther 1530 den „Sendbrief vom Dolmetschen" verfasst, um Grenzen zu überwinden.
[71] Johansen / von zur Mühlen, Deutsch und Undeutsch (wie Anm. 4), S. 343.
[72] Wittram, Geschichte (wie Anm. 53), S. 62.
[73] Wittram, Reformation (wie Anm. 1), S. 52.
[74] Johansen / von zur Mühlen, Deutsch und Undeutsch (wie Anm. 4), S. 344.

benen Recht eine Grundlage habe."[75] Johansen und von zur Mühlen sehen für Reval einen regen Austausch zwischen Stadt und Land: „Nach dem Bildersturm und der Vertreibung der Dominikanermönche 1525 wurde die Klosterkirche zu St. Katharinen der undeutschen Gemeinde zugewiesen. Hier setzte man bestimmt die besten undeutschen Prediger ein, um auch den Hinzuströmenden vom Umbruch der kirchlichen Anschauungen Kunde zu geben. In der altgewohnten Predigerbrüderkirche hörten die Bauern vom Lande nun mit Staunen ganz andere Töne, Worte, die sie mit Unruhe und Hoffnungen erfüllen mußten."[76] Wittram ergänzt: „Daß es als Folge der neuen Predigt in Estland Bauernunruhen gegeben hat, dürfte kaum einem Zweifel unterliegen. Zu einem Bauernaufstand ist es nicht gekommen."[77] Mangelnder Kontakt zwischen Stadt und Land bestand also nicht und fällt somit als Grund für die unterschiedliche Reformationsgeschwindigkeit weg.

Der erste – vielleicht im Auftrag des Rates von Reval – 1533 fertiggestellte und 1535 gedruckte estnische Katechismus fand nicht den Beifall des Reformators Johannes Bugenhagen: „er hätte *den buren in Lyflandt woll bether Katecismes* gegönnt."[78] Das Urteil zeigt, dass das Werk auch für die Landbevölkerung gedacht war. Hinzu kam, dass Pfarrer nicht nur in die Städte, sondern bisweilen ganz aus Livland ziehen wollten. So schrieb Koadjutor Wilhelm Ende 1538 seinem Bruder, ein Prediger wolle sich zum Herzog begeben, wünsche sich aber eine Pfarrstelle in der Stadt und nicht in einem Dorf, da er mit Frau und Kindern stets in Städten gelebt habe[79]. Die angehenden Geistlichen hatten spätestens während ihrer Ausbildung das Stadtleben kennen und schätzen gelernt und wollten es nicht mehr missen.

Da die werbende Kraft der neuen Lehre sich zwar innerhalb der Städte entfaltete, aber zwischen Stadt und Land offenbar weniger wirkte, wird der Einfluss des Landadels höher zu veranschlagen sein, obwohl dieser anfangs wenig eingriff. Arbusow resümert: „An dem den Prälaten abgerungenen kirchlichen Patronatsrecht scheinen die Stiftsritterschaften freilich noch kein besonders starkes religiöses Interesse gehabt und praktisch den Dingen schliesslich ihren Lauf gelassen zu haben, obwohl die Notwendigkeit einer Reform in der gottesdienstlichen Versorgung der Bauern durchaus eine feststehende Forderung dieser Kreise blieb. Der Grossgrundbesitz erhoffte offenbar in dieser Richtung von der Verkündigung des reinen Gotteswortes durch legitime evangelische Pfarrer grö-

---

[75] WITTRAM, Reformation (wie Anm. 1), S. 52 m.w.N.

[76] JOHANSEN / VON ZUR MÜHLEN, Deutsch und Undeutsch (wie Anm. 4), S. 345.

[77] WITTRAM, Reformation (wie Anm. 1), S. 53.

[78] JOHANSEN / VON ZUR MÜHLEN, Deutsch und Undeutsch (wie Anm. 4), S. 348.

[79] HBA D Nr. 999. 1538 Dezember 13, Markgraf Wilhelm an Herzog Albrecht (Postskript).

ßere und bessere Resultate, als von der bisherigen Seelsorge nach alter Art, die, trotz wiederholter Anläufe der Landesherrn und Stände, ihre Korrektionszwecke doch nirgends erreicht hatte."[80] Bald fing die Obrigkeit an, die Berufungsverfahren zu regeln. Der rechte Glaube des Kandidaten war vor der Anstellung zu prüfen.

Auf dem Land war oft der frühere katholische Geistliche nicht mehr da, und kein neuer war gekommen, also entfielen Gottesdienst, Abendmahl, Taufe, Trauung. Arbusow stellt an selber Stelle für die Zeit um 1526 fest: „Es gibt aus unserer Periode kein einziges Beispiel für die Existenz lutherischer Predigtstühle in den Landkirchspielkirchen." In einigen Fällen erlosch das Verlangen nach Gott, in anderen kehrte alter Götterglaube zurück. Kirchendiener oder andere Gemeindeverantwortliche waren mit der Situation überfordert. Nach Darstellung der beiden höchsten heidnischen Götter der Gegend erläutert Dini: „Ihnen stellt sich eine negative, zumindest den Ostbalten gemeinsame Gottheit zur Seite *Vel-in-* (altlit. *Welinas*, lit. *vélnias*, lett. *velns*), Beschützer der Seher und Wahrsager, der in christl. Deutung als ‚Teufel' interpretiert wurde."[81] Keine moderne Kommunikationswissenschaft ist nötig, um sich die Mißverständnisse bei unterschiedlichem Sender- und Empfängerhorizont ausmalen zu können. Kahk berichtet von Hexenprozessen im 17. Jahrhundert, in denen der Richter im Verhör nach dem Satan fragte: „Besonders häufig gerieten alteingesessene Glieder der Dorfgemeinde wie Heilkundige und Wahrsager unter Verdacht. […] Über Teufelspakte sprachen die Bauern auch nach Folterungen selten und äußerst unbestimmt. Hin und wieder begann das Gespräch mit Aussagen über den Teufel, doch kamen die Bauern bald auf die aus der Geisterwelt des Vorchristentums stammenden Fabelwesen zu sprechen, die sie lebendig und konkret beschreiben konnten."[82] Sah der Angeklagte seine heidnische Gottheit nicht als negativ besetzt an und äußerte sich unbefangen, konnte dies für ihn gefährlich werden, wenn sein Richter hier den Teufel am Werk sah, denn das Gericht hatte die Deutungshoheit.

Die Anhänger nichtchristlicher Gottheiten versuchten sich dem Zugriff der christlichen Obrigkeit zu entziehen. Da der Sieger auch damals immer Recht hatte – und das waren unzweifelhaft die Christen –, suchte die nichtchristliche Seite ihr Heil in der unbeobachteten Ausübung ihrer Riten. Aber der Verfolgungsdruck scheint wiederum nicht so stark gewesen zu sein, dass diese Menschen flüchteten – doch Zahlen hierüber liegen nicht vor. Auch Erfolgsmeldungen über Heidenbekehrungen sind mir in den wenigen Quellen nicht begegnet.

---

[80] ARBUSOW, Einführung (wie Anm. 6), S. 722f.
[81] DINI, Religion (wie Anm. 64), S. 283f.
[82] KAHK, Glaubensvorstellungen (wie Anm. 24), S. 525.

Vermutlich war manchem Ortspfarrer nicht bekannt, welcher seiner Kirchgänger offen zum Gottesdienst kam und heimlich Opferriten vollzog. Ob Heiden aus „Tarnungsgründen" Gottesdienstbesuche erlaubt waren oder beides als miteinander vereinbar angesehen wurde – im Gegensatz zu dem christlichen Ausschließlichkeitsanspruch –, war nicht zu ergründen. Unterließ ein Bekehrter die früher heimlich ausgeübten nichtchristlichen Rituale, fiel dem Pfarrer gar kein Unterschied auf. Ebenso wenig werden Fälle berichtet, in denen ein Bekehrter seine früheren Glaubensgenossen verriet.

Für das Erzstift Riga beschrieben dessen Kapitel, Räte und Ritterschaft Anfang 1544 die zu behebenden Defizite[83]. Die baufälligen Kirchen und verfallenen Pfarrhäuser sollten repariert und mit fähigen Pfarrern besetzt werden. Diese seien durch eine ausreichende jährliche Rente, Pastoralien und Gerechtigkeiten zu versorgen, damit sie umso besser das arme Volk in der christlichen Lehre unterweisen könnten. Gerade in Pestzeiten reiche ein Pfarrer zur Betreuung der Leute des Kirchspiels nicht aus, so dass viele von ihnen ohne Beichte, Sakramente und Trost sterben müssten. Die früher vorhandenen Vikariate sollten wieder errichtet und die dort tätigen Vikare als Helfer der Pfarrer geschützt werden. Hier ging die Initiative also von den Ständen des Erzstifts aus und zwar in Form von Forderungen an ihren Erzbischof. Diese wurden konfessionsübergreifend erhoben, denn in dieser Zeit waren die Domherren mehrheitlich katholisch, während viele Räte und Ritter lutherisch waren. An der gemeinsamen Initiative überrascht, dass die Räte im selben Lager wie die Domkapitulare zu finden sind und ihrem Erzbischof nicht gewissermaßen intern aufforderten, gegen den Verfall kirchlicher Gebäude und starke pastorale Unterversorgung vorzugehen. Ein taktisches Vorgehen der Art, erst gemeinsam offensichtlich notwendige Reformen zu fordern, um dann das Kapitel „im Boot" zu haben, wenn der Kurs in Richtung auf lutherische Reformen gesteuert werden sollte, ist nicht auszumachen. Eher wird die Sorge deutlich, dass die christliche Kirche im Erzstift schon bessere Tage gesehen hatte und jetzt viel verloren gegangen war, das wiederhergestellt werden sollte. 1544 jedenfalls scheint Wilhelm eine solche Aufforderung nicht engagiert aufgegriffen zu haben.

Die Beschreibung der Volksfrömmigkeit in den ländlichen Gebieten Livlands erfordert die Einbeziehung der ethnischen und gesellschaftlichen Verhältnisse. Der schmalen Oberschicht mit zumeist deutscher Abstammung stand der überwältigende Anteil lettischer und estnischer Untertäniger mit einheimischen Volkssprachen gegenüber. Diese Sprachbarriere suchte man durch volkssprachliche Texte und den Einsatz von Dolmetschern zu überwinden. Pohrt führt die

---

[83] HBA D Nr. 1233/6. [O.D. u. O.], Beilage zu 1544 März 18, Forderungen von Kapitel, Räte und Ritterschaft des Erzstifts Riga an Erzbischof Wilhelm.

wenigen lettischen Schriften und Kirchenlieder an und resümiert: „Dieses sind
in der Hauptsache die bisher bekannt gewordenen Anfänge der Reformation bei
den Letten und Esten. Sie bilden jedenfalls nur einen geringen Bruchteil der
tatsächlich damals geleisteten Arbeit."[84] Richtig ist sicher, dass die oft unsäglichen Mühen vieler Landpfarrer keine Spuren hinterlassen haben.

Soweit nun innerhalb der Stadtmauern undeutsche Gemeinden entstanden,
war dies zweifellos ein Fortschritt. Dasselbe gilt für estnische und lettische
Druckwerke christlichen Inhalts, sowie für für die Finanzierung von Dolmetschern (Tolken) und die Ausbildung von Personen in den baltischen Sprachen,
die später als Prediger und Schulmeister in ländlichen Gebieten eingesetzt werden konnten. Sofern aber die Städte die Einnahmen aus dem ehemals kirchlichen
Grundbesitz nur für städtische Zwecke verwendeten, war die ländliche Bevölkerung geistlich schlechter versorgt als zuvor. Das Jahrzehnte andauernde Stadt-
Land-Gefälle läßt darauf schließen, dass der oft bewiesene reformatorische Eifer
der großen Städte nicht zu entsprechender Solidarität mit dem umliegenden
Land führte und vielleicht deshalb nicht genug Strahlkraft entwickelte. Abgele-
gene Gegenden waren in einer schlechten Lage, wie etwa die Insel Ösel: „Die
Jahre 1524–1560 muss man vielmehr als ‚Interregnum der Kirchenlosigkeit' be-
zeichnen. Die alte Kirche herrschte nicht mehr; die neue noch nicht. Die Begründung der evangelischen Kirche fand erst in der dänischen Periode statt."[85]

4. Das religiöse Denken der Ordnungsgeber Erzbischof Wilhelm und Herzog Albrecht

Die kirchlichen Ordnungen werden besser nachvollziehbar, wenn man sich
in die Geisteswelt der Normgeber Erzbischof Wilhelm und Herzog Albrecht
hineinzuversetzen versucht. Sie rechneten – wie viele ihrer Zeitgenossen[86] – stark
mit dem realen Eingreifen Gottes und des Teufels in ihr Alltagsleben. Kein Fürst
konnte diesen übermächtigen Gewalten trotzen, und deshalb versuchte er, sich
möglichst fern vom Teufel und nahe zu Gott zu halten. Das fand seinen Ausdruck auch in Landes-, Kirchen- und Visitationsordnungen, in seinen Anweisungen an die Verwaltung und in seinem Richteramt. Sein in Gottesfurcht aus-
geübtes Herrscheramt umfasste die Verteidigung der Ehre Gottes gemäß dem
Ersten Gebot, zweiter Halbsatz[87]. Beispielsweise war Koadjutor Wilhelm 1535

---

[84] POHRT, Reformationsgeschichte (wie Anm. 8), S. 105.
[85] SEHLING, Kirchenordnungen (wie Anm. 41), 5. Band, S. 42.
[86] Man denke etwa an die Geschichte, nach der Martin Luther den Teufel mittels seines Tin-
      tenfasses vertrieb.
[87] 2. Mose 20,3: „Du sollst keine anderen Götter neben mir haben."

überzeugt, dem Satan begegnet zu sein. Der Markgraf sei in einer Kirche einer scheußlichen Frau in einem weißen, mit rotem Samt gesäumten Rock begegnet, die vor- und nachher niemand je gesehen habe und von der Wilhelm behauptete, es sei der leibhaftige Teufel gewesen[88]. Der war schließlich Jesus in der Wüste erschienen[89]. Was sollte ihn hindern, jetzt wieder aufzutreten? Der erzstiftische Kanzler Sturtz beschrieb 1551 seitenlang eine Himmelserscheinung über Livland, die er mit Gott in Verbindung brachte[90]. Der Empfänger des Briefes, Herzog Albrecht, schrieb 1555 seinem Bruder Wilhelm, dass er *von seltzamen wettern, di am himel umbgehen*, an einer wichtigen Reise gehindert werde[91]. Eine Episode sei hier noch ergänzt. Einem Schreiben des Erzbischofs gemäß hatte Herzog Albrecht ihn um Übersendung eines Hexenbüchleins gebeten. Dieses sei ihm gestohlen worden, antwortete Wilhelm, aber er hoffe, ein anderes zu bekommen, das er jenem dann schicken wolle[92]. Das heißt zumindest, dass beide Fürsten das Thema Hexen für relevant hielten. Zauberer und Dämonen kamen in biblischen Zeiten oft vor – im Alten Testament waren sie aufgetreten, Jesus und seine Apostel waren ihnen begegnet[93], und nirgends stand geschrieben, dass die Welt inzwischen von allen bösen Geistern verlassen worden sei.

Bei Albrecht kam Sterndeuterei hinzu. Hubatsch führt aus: „Eigenartig bei dem evangelischen Herzog muten seine astrologischen Neigungen an. Er hielt aber die Sterndeutung, wie es seine Zeit und das nachfolgende Jahrhundert emp-

---

88 HBA D Nr. 849. 1535 Dezember 23, Meineke von Schierstedt an Herzog Albrecht. Eine solche Begnung in der Kirche war kein Einzelfall und konnte ernste Folgen haben. Von König Erich XIV. von Schweden wurde berichtet, er habe in der Kirche ein Bild ohne Haupt mit bloßem Schwert in der Hand erblickt. Bei der kopflosen Flucht der Leute seien viele zu Tode gekommen und der König sei von Sinnen gewesen und regierungs-unfähig geworden (HBA D Nr. 3562/1. [1568 Januar], Herzog Gotthard von Kurland an Friedrich von Kanitz).

89 Matthäus 4,1–11.

90 HBA D Nr. 1538. 1551 Oktober 12, Christoph Sturtz, Kanzler Erzbischof Wilhelms, an Herzog Albrecht. 1566 berichtete Friedrich von Kanitz, Kämmerer Herzog Albrechts, von einem Schwarm Schwäne seien zwei herab gefallen, die man lebendig gefangen habe. Der Hofmeister und der Kanzler Herzog Albrechts sollten nun entscheiden, ob das ein gutes oder böses Omen sei (HBA D Nr. 3485/1. 1566 Dezember 2, Friedrich von Kanitz an Hans Jacob Erbtruchsess zu Waldburg und Johann von Kreytzen – Postskript).

91 HBA D Nr. 1659. 1555 Januar 9, Herzog Albrecht an Erzbischof Wilhelm.

92 HBA D Nr. 1604. 1554 Januar 21, Erzbischof Wilhelm an Herzog Albrecht.

93 Zum Beispiel Apostelgeschichte 8,9: „Es war aber ein Mann mit Namen Simon, der zuvor in der Stadt Zauberei trieb und bezauberte das samaritische Volk und gab vor, es wäre etwas Großes." – Apostelgeschichte 13,6: „Und da sie die Insel durchzogen bis zu der Stadt Paphos, fanden sie einen Zauberer und falschen Propheten; einen Juden, der hieß Bar-Jesus." – Apostelgeschichte 8,7: „Denn die unsaubern Geister fuhren aus vielen Bessenen mit großem Geschrei …" usw.

fand, für einen Bestandteil der ‚löblichen freien Künste, von dem lieben Gott erschaffen, die ... alle Welt der künftigen Strafe und Betrübnis verwarnen tut'."[94] Hatte der ewige Gott den Weisen aus dem Morgenland mittels eines Sterns den Weg zu Christus gewiesen[95], konnte er auch den Menschen des 16. Jahrhunderts ein solches Zeichen geben wollen. Wenn der Herzog die Nachricht selbst nicht zu entschlüsseln vermochte, nahm er eben einen Astrologen zu Hilfe[96]. Dass er auch Alchimisten in seiner Residenzstadt duldete, spricht nicht gegen seine christliche Grundüberzeugung[97]. Dass Albrecht allerdings seinen Leibarzt Dr. Mathias Stosius zum erkrankten Bruder Wilhelm sandte, um ihn mit Schwarzer Kunst versorgen zu lassen, ist schon schwerer zu deuten[98]. Die Nähe zu Magie und Zauberei – die der Herzog gerade bekämpfte – ist hier unverkennbar[99].

Unzweifelhaft aber war für die fürstlichen Brüder, dass Gott überwachen konnte, ob sie gottgefällig regieren. In zahllosen Schreiben der Zeit ist die Rede von der Zuchtrute Gottes, der ein Volk für den Abfall von ihm mit Krieg und Aufruhr bestraft. Der Erzbischof nannte die 1553 ausgebrochene Pestilenz eine Strafe Gottes[100]. Wilhelm schrieb seinem Bruder über Gottvertrauen und legte ihm die Allmacht Gottes über die Menschen theologisch dar[101]. Gott war es, der im Jüngsten Gericht über ewige Seligkeit oder immerwährende Höllenenqualen entscheiden würde – zumindest damals eine schreckliche Vorstellung.

In der Gesetzgebung kam der Bibel der Rang einer höchsten Rechtsquelle zu, ebenso in Verwaltung und Justiz als oberste Richtschnur. In den kirchlichen Ordnungen geben der Herzog und der Erzbischof – später auch Herzog Gotthard von Kurland – bei weitem am häufigsten Stellen aus der Heiligen Schrift

[94] Walter HUBATSCH, Albrecht von Brandenburg-Ansbach, Heidelberg 1960, S. 268.
[95] Matthäus 2, 1–9.
[96] Als etwa der Herzog erfuhr, dass sein Bibliothekar einen „Motus Planetarum" unerlaubt ausgeborgt hatte, war er sehr ungehalten (HBA D Nr. 3549. 1567 Dezember 8, Herzog Albrecht an Herzog Gotthard von Kurland.). Zum Vergleich: Martin Luther lehnte Philipp Melanchthons Versuche, ihn zur Astrologie zu bereden, mit dem Hinweis auf seinen Lebenslauf ab, dem ihm sicher niemand aus den Sternen hätte vorhersagen können.
[97] HUBATSCH, Albrecht (wie Anm. 94), S. 269, ergänzt seine obige Äußerung: „Daß auch die Alchimisten ihr Wesen in Königsberg getrieben haben, gehört nur zu dem Bild der Zeit."
[98] HBA D Nr. 3018. 1562 November, Herzog Albrecht an Erzbischof Wilhelm: *Wir haben auch gerne gehort, dass e[uer] l[iebden] die schwartze kunst von doctor Stoius bekommen; vielliber aber ist unns zu hören gewest, dass es mit e. l. sich, ehe dann die kunst anklang, gebessert gehabt.* Sofort anschließend folgt eine Bitte an Gott.
[99] Vgl. Deutsches Wörterbuch von Jacob und Wilhelm GRIMM, Nachdruck München 1984, Band 11 (K – Kyrie), Sp. 26775 „schwarze kunst" und Band 15 (Schiefeln – Seele), Sp. 2337 „Schwarzkunst".
[100] HBA D Nr. 1576. 1553 Juni 14, Erzbischof Wilhelm an Herzog Albrecht.
[101] HBA D Nr. 1580. 1553 Juli 17, Erzbischof Wilhelm an Herzog Albrecht.

an[102], in weitem Abstand gefolgt von anderen Autoritäten wie Augustinus[103] oder Luthers Kleinem Katechismus[104]. Die Fürsten erlassen diese Befehle hier nicht allein kraft ihrer Herrschaft – allenfalls gemeinsam mit ihren Landständen –, sondern sie untermauern die Bestimmungen mit Bibelstellen. Außerdem wurden die Entwürfe in der Regel einem oder mehreren der großen Reformatoren oder anderen theologischen Kapazitäten mit der Bitte um Prüfung der Übereinstimmung mit dem Wort Gottes samt Approbation übersandt. Diese Billigung wird dann auch in der Einleitung erwähnt. Der Territorialherr sah darin also keine Selbstbeschränkung, sondern das Einholen eines Gütesiegels. Zusätzlich hatte Martin Luther 1528 den evangelischen Fürsten noch die Aufgabe des Notepiskopats zuerkannt, die Jähnig so zusammenfasst: „Die Landesherren wurden zu einem besonderen Glied der Kirche (*praecipuum membrum ecclesiae*) und übernahmen die Verantwortung für die Einhaltung ihrer Glaubenslehre.“[105] Auch als Territorialfürsten herrschten Wilhelm, Albrecht oder Gotthard „von Gottes Gnaden“ – und das war für sie keine leere Floskel in der Titelzeile ihrer Urkunden. Den Fürsten war es wichtig, den Willen dessen zu erfüllen, der ihnen die Macht verliehen hatte. Das bedeutete in erster Linie, die Ehre Gottes zu wahren und die Untertanen im Sinne des Missionsbefehls Christi taufen und christlich unterrichten zu lassen.

5. Die reformatorischen Versuche Erzbischof Wilhelms von Riga

Neben dem Gebiet des Deutschen Ordens war das Erzstift Riga das bedeutendste Territorium in Livland. Dort war Markgraf Wilhelm von Brandenburg-Ansbach zuerst Koadjutor und seit 1539 Metropolit. Er bekannte sich auch in seinen ersten Jahren als Erzbischof noch nicht klar als Lutheraner und war es wohl auch noch nicht. In den Jahren 1546 und 1547 jedoch trat er mit Elan als evangelischer Kirchenreformer hervor und hoffte zusätzlich noch, damit den Prozess gegen seine Metropole Riga vor dem Reichskammergericht fördern zu können. Die ersten konkreten Schritte unterbreitete er seinem Bruder Albrecht

---

[102]   Z.B. HBA D Nr. 1329/2 (wie Anm. 39), Karge, Reformation (wie Anm. 11), S. 133 (Einleitung: Hesekiel und Amos) und HBA D Nr. 1386 (wie Anm. 40) (Abschnitt über die Beichte: Paulus).

[103]   Karge, Reformation (wie Anm. 11), S. 159 (Abschnitt XVIII).

[104]   HBA D Nr. 1386 (wie Anm. 38), (Abschnitt über die Predigt).

[105]   Bernhart Jähnig, Die Anfänge der evangelischen Landeskirche im Herzogtum Preußen zur Zeit von Herzog Albrecht, in: Preußen und Livland im Zeichen der Reformation (wie Anm. 5), S. 15–56, S. 16.

Anfang 1546[106]. Er habe in etlichen Pfarreien den Pastoren auferlegt, die Missbräuche der Messe und anderer päpstlicher Zeremonien abzustellen und das
arme, gemeine Volk von den wichtigsten Artikeln der christlichen Lehre zu unterrichten. 1546 wollte der Erzbischof die Zustimmung seines Kapitels sowie der
anderen Herren und Ständen Livlands zu einer von ihm vorgelegten Kirchenordnung erringen, scheiterte aber. Die Wortwahl des Entwurfs – wie auch die
der Visitationsordnung von 1547 – war bewusst gemäßigt. Den Gegensatz bildete Briesmanns Rigaer Kirchenordnung von 1530 mit provokanter Diktion wie:
das bebstische heuchelvolck und dass man den *halstarrigen verstockten papisten*
nicht nachgeben wolle[107]. Der Erzbischof erwähnt keinen Streit zwischen Katholiken und Protestanten, sondern nur einen zwischen Wahrheit und Irrtum.
Worte wie „lutherisch" oder „papistisch" fehlen. Die Ordnungen benötigten
dringend Akzeptanz, um im Erzstift, möglichst sogar in ganz Livland in Kraft
gesetzt zu werden.

Auch bei den zur Erzdiözese Riga gehörenden Bischöfen von Ermland und
Kulm warb Erzbischof Wilhelm für sein kirchliches Bildungsprojekt[108]. Er habe
als Metropolit und oberster Fürst dieser Lande nachgedacht und beraten, was
man gegen den Mangel an Lehrern und Predigern in diesen weit abgelegenen
Landen unternehmen könne, um den armen, einfältigen Leuten das Wort Gottes zu verkündigen. Er wolle sowohl eine Reformation und Kirchenordnung
durchsetzen als auch Schulen einrichten, in denen die armen einfältigen Lehrer
lernen könnten, dem gemeinen Volk mehr Ausrichtung des Lebens am christlichen Glauben und äußerliche christliche Zucht Jung und Alt beizubringen.
Hier setzte Wilhelm also bei der Schaffung von Einrichtungen und der Fortbil-
dung des vorhandenen Personals an. Meister Hermann von Brüggenei hatte die
Errichtung einer Partikularschule vorgeschlagen, aber Erzbischof Wilhelm hatte abgelehnt, indem er die Zuständigkeit des Deutschen Ordens bestritt und
argwöhnte, dieser wolle dadurch Einfluss in Livland gewinnen[109]. Bald plante
Wilhelm selbst, einige gelehrte Leute längerfristig über die Kirchenordnung beraten zu lassen und sie dann an approbierten Universitäten examinieren und
bestätigen zu lassen[110]. Die Reformation von 1546 sollte also auch als Unter-
richtsmaterial dienen. Der Gedanke an eine höhere Schule in Livland schien im-

---

[106] HBA D Nr. 1321, 1546 Januar 24, Erzbischof Wilhelm an Herzog Albrecht.
[107] Briesmann hatte für eine weitgehend lutherische Stadt eine Ordnung verfasst, die keine
       Rücksichten auf den religiösen Gegner nehmen wollte oder musste. Das war bei Erz-
       bischof Wilhelm anders.
[108] HBA D Nr. 1331/1. 1546 März 14, Werbung Erzbischof Wilhelms bei den Bischöfen von
       Ermland und Kulm durch Magister Johann Lohmüller (Beilage zu 1546 März 14).
[109] MÜLLER, Erzbischof (wie Anm. 30), S. 286–288.
[110] HBA D Nr. 1344. 1546 August 1, Erzbischof Wilhelm an Herzog Albrecht.

mer wieder auf. 1552 brachte Meister Heinrich von Galen den Vorschlag einer Privatschule bei Erzbischof Wilhelm vor, der erwiderte, er selbst habe dem Meister ein ähnliches Gesuch unterbreitet[111]. Der Metropolit wollte den Vorschlag jedoch Adel und Städten in Alt-Pernau am 10. Juli zur Beratung vorlegen, erhoffe sich aber wenig. Dort wurde denn auch über eine Kontribution und den für Notzeiten erforderlichen gemeinen Pfennig beratschlagt, also war der Zeitpunkt ungünstig, noch von jedem Hof eine Mark Rigisch für Schulzwecke zu fordern. Dieses wurde denn auch vor dem „Untergang" Livlands nicht verwirklicht. Als zudem 1547 die Kräfte des Schmalkaldischen Bundes im Reich unterlagen und auch seine 1547 verfasste Visitationsordnung sich als nicht durchsetzbar erwies, verließ den Erzbischof der reformerische Elan.

6. Der Entwurf der erzstiftischen Kirchenordnung von 1546

Eine Kirchenordnung hatte Erzbischof Wilhelm als Anfang und Kernstück seiner kirchlichen Reformen im Erzstift und möglichst in ganz Livland ausersehen. Karge teilt mit: „Nach Wilhelms Wunsch hatte ursprünglich Luther die Rigaer Kirchenordnung entwerfen sollen; doch waren dessen Krankheit und Tod dazwischengekommen."[112] In der Einleitung lässt der Metropolit erkennen, dass er sich kraft seines Amtes gegenüber den anderen Herren und den Ständen als berechtigt ansieht, diese Ordnung zu erlassen. Im Gegensatz dazu scheinen die Herzöge Albrecht in Preußen und Gotthard von Kurland sich eher verpflichtet gefühlt zu haben, aus ihrer Verantwortung vor Gott die Kirchenangelegenheiten in ihrem Amtsbereich zu regeln. Den Text hat nicht der Erzbischof selbst, sondern in seinem Auftrag sein Kanzler Christoff Sturtz formuliert. Dieser hat angemerkt, dass Wilhelm mehr an Kriegshändel als an die Heilige Schrift gewöhnt sei und es in Livland an gelehrten Leuten zur Verbreitung des Evangeliums mangele[113]. Das ist sehr schwarz/weiß gezeichnet, da der Erzbischof über einen reichen Schatz an Bibelzitaten verfügte. Aber von da bis zum Gestalten einer Kirchenordnung ist ein weiter Weg. Wilhelm hat auch nirgends eine Mitwirkung an dem Entwurf für sich behauptet. Dasselbe gilt für die später zu behandelnde Visitationsordnung.

Karge und Pohrt bieten nur sehr wenige biographische Angaben über Sturtz. Über ihn ist bisher wohl wenig zusammengetragen worden, und auch hier müs-

---

[111] HBA D Nr. 1560. 1552 Juni 26, Erzbischof Wilhelm an Herzog Albrecht.
[112] Karge, Reformation (wie Anm. 11), S. 128. Einen Quellenbeleg bleibt Karge leider schuldig.
[113] HBA D Nr. 1338. 1546 Mai 26, Christoff Sturtz, Kanzler Erzbischof Wilhelms, an Herzog Albrecht.

sen wenige Stichpunkte über den Verfasser der Kirchenordnung reichen. Nach dem Tod des Kanzlers Paul von Spanden tritt Christoph Sturtz im Briefwechsel zwischen Albrecht und Wilhelm in dessen Schreiben vom 6. Novenber 1542 unvermittelt auf, ohne dass der Erzbischof dem Bruder seinen neuen Kanzler beschreiben musste[114]. Albrecht scheint ihn also gekannt zu haben. Ihm gegenüber bedauerte Georg Taube im Sommer des Folgejahres, dass man bei Erzbischof Wilhelm so geschickte und gelehrte Leute wie den jungen Mann Sturtz nicht leiden könne und dass dieser zu weiteren Studien wegziehen wolle, obwohl der Meister in Livland ihn zum Kanzler haben wolle und der Bischof von Ösel die Studien durch Überlassung der besten Präbende in Ösel und Kurland finanzieren wolle[115]. Im September 1543 bezeichnete Wilhelm in einem Förderungsschreiben an den Herzog Sturtz als seinen ehemaligen Kanzler und Hofrat, der seine Studien fortsetzen und den Doktorgrad erwerben wolle[116]. Später erklärte Sturtz dazu, seine Widersacher hätten so heftig gegen ihn intrigiert, dass er sich schließlich gezwungen gesehen habe, den Dienst niederzulegen und das Land zu verlassen[117]. Erzbischof und Kapitel hätten aber auf seine Dienste nicht verzichten können und ihn gefördert, und er habe Livland zu seinem Vaterland erklärt. Während der Abwesenheit scheint Wilhelm keinen anderen Kanzler ernannt zu haben, und er betraute Sturtz während der Studien in Wittenberg und danach nah und fern mit wichtigen diplomatischen Aufgaben[118]. Im Zentrum der Reformation wollte Sturtz seine juristischen und humanistischen Studien durch theologische bei Luther und Melanchthon erweitern[119]. Deren Mitwirkung an den vorzustellenden Entwürfen ist nirgends belegt, doch deren Meisterschaft zeigt, dass der Kanzler die besten Lehrmeister hatte.

Im Sommer 1544 sorgte sich Wilhelm um seinen plötzlich erkrankten Kanzler, den er zur Behandlung nach Königsberg schickte[120]. Im Oktober 1546 siegelte Sturtz in Neuermühlen als einer der Unterhändler den erfolgreichen Vergleich zwischen dem Erzbischof und der Stadt Riga wegen deren Huldigung[121]. Im Jahr

---

[114]   HBA D Nr. 1189. 1542 November 6, Erzbischof Wilhelm an Herzog Albrecht.

[115]   HBA D Nr. 1218/1. Postskript zu 1543 Juli 27, Georg Taube an Herzog Albrecht.

[116]   HBA D Nr. 1224. 1543 September 24, Erzbischof Wilhelm an Herzog Albrecht.

[117]   HBA D Nr. 2246/1. 1558 Juli 17, Christoff Sturtz an Erzbischof Wilhelm.

[118]   Z.B. HBA D Nr. 1238. 1544 April 9, Christoff Sturtz, Kanzler Erzbischof Wilhelms, an Herzog Albrecht; HBA D Nr. 1241/1. Postskript zu 1544 Mai 13, Erzbischof Wilhelm an Herzog Albrecht.

[119]   KARGE, Reformation (wie Anm. 11), S. 127.

[120]   HBA D Nr. 1310. 1545 August 16, Erzbischof Wilhelm an Herzog Albrecht.

[121]   HBA D Nr. 1359. 1546 Oktober 24, Vom Ordensmeister Hermann von Brüggenei und dessen Koadjutor aufgerichteter Vergleich zwischen Erzbischof Wilhelm und der Stadt Riga wegen der Leistung der Huldigung.

darauf hat er die Visitationsordnung sowie eine Hofordnung – gemeinsam mit Wilhelms Oberhofmarschall Michael von Russen – entworfen[122]. Wieder wollte der Kanzler Livland verlassen und sein Glück anderswo suchen[123]. Doch er blieb. Im Juni 1548 vernimmt man, dass Sturtz am 15. Juli 1548 heiraten wolle[124]. Die Ehe wurde geschlossen, und aus ihr gingen Kinder hervor, denn 1551 nannte Sturtz den Rigaer Domherrn Hieronymus Commerstadt seinen Schwager und Gevatter[125], und 1558 sorgte sich Sturtz um seine Frau und Kinder[126]. Er hatte für Wilhelm viel geleistet, kannte offenbar seinen „Marktwert" und wollte jetzt angemessen besoldet werden. Wilhelm bot ihm statt der 300 Mark Rigisch jährlicher Besoldung das Amt Serben auf Lebenszeit an, allerdings belastet mit hohen Abgaben[127], später noch den Hof Alten[128]. Nach einer Gegenrechnung erklärte Sturtz gegenüber Herzog Albrecht, es sei unbillig, dass ein Diener bei seinem Herrn um Brot bitten müsse[129]. Der Herzog wurde als Vermittler eingeschaltet. Wilhelm dagegen führte seine fortschreitende Krankheit auf den Streit mit seinem Kanzler zurück[130].

Der bisherige Feuereifer des enttäuschten Kanzlers legte sich etwas. Wie immer konnte Wilhelm wegen seiner chronisch zerrütteten Finanzen fähige und engagierte Hofräte mit guten Worten allein nicht halten. Georg Taube, Amtmann von Salis, schrieb 1551 – und auch in anderen Briefen – an Herzog Albrecht, er verstehe nicht, dass der Erzbischof einen Kanzler, der ihm in der Rigaer Sache und bei anderen Handlungen unter Lebensgefahr gedient habe, so übel behandele, etwa durch übermäßige Belastung des Hofes von Sturtz, so dass dieser wegziehen wolle[131]. Anfang 1554 glaubte Wilhelm, sein Kanzler würde

[122] HBA D Nr. 1401. [1547 Juni], Herzog Albrecht an Kapitel und Räte des Erzstifts Riga.

[123] HBA D Nr. 1378/1. Postskript zu 1547 April 8, Erzbischof Wilhelm an Herzog Albrecht und HBA D Nr. 1404. 1547 Juni 30, Christoff Sturtz, Kanzler Erzbischof Wilhelms, an Herzog Albrecht.

[124] HBA D Nr. 1450. 1548 Juni 3, Christoff Sturtz, Kanzler Erzbischof Wilhelms, an Herzog Albrecht.

[125] HBA D Nr. 1537. 1551 Oktober 11, Christoph Sturtz, Kanzler Erzbischof Wilhelms, an Balthasar Gans, Obersekretär der Kanzlei Herzog Albrechts.

[126] HBA D Nr. 2246/1. 1558 Juli 17, Christoph Sturtz an Erzbischof Wilhelm (Beilage zu 1558 Juli 26).

[127] HBA D Nr. 1378/1. Erzbischof Wilhelm an Herzog Albrecht (Postskript zu 1547 April 8).

[128] HBA D Nr. 1549/1. 1548 Januar 7, Lehnsbrief Erzbischof Wilhelms für Christoff Sturtz.

[129] HBA D Nr. 1412. 1547 September 8, Christoff Sturtz, Kanzler Erzbischof Wilhelms, an Herzog Albrecht.

[130] HBA D Nr. 1420. [1547 September], Erzbischof Wilhelm an Herzog Albrecht.

[131] HBA D Nr. 1513. 1551 März 9, Georg Taube an Herzog Albrecht.

heimlich *den Hund hinken* lassen[132]. Das steigerte sich bis zum Juli so weit, dass Wilhelm seinem Bruder eigenhändig schrieb, er könne nicht aus der Kanzlei schreiben, da er niemand trauen könne[133].

Kanzler Sturtz versorgte ihn trotzdem mit vermittelnden Memoranden in der eskalierenden Koadjutorfehde. Die Politik, die der Erzbischof nun unter Ausschluss von Sturtz betrieb, führte zur Gefangenahme Wilhelms. Der ebenfalls in Kokenhusen verhaftete Kanzler und andere erzstiftischer Räte wurden ihres Eides an ihren Herrn entbunden[134]. Man stellte den Räten die Rückgabe ihrer Güter in Aussicht, wenn sie sich vor den Ordensoberen rechtfertigen würden[135]. Im September 1556 wurde berichtet, Sturtz sei Rat und Diener des Meisters geworden[136], der ihn gezwungen habe, seine Entschuldigung in Königsberg drucken zu lassen[137]. Sturtz war in eine ausweglose Lage geraten. Die Herren und Stände warfen ihm vor, er hätte Wilhelm noch mehr zum Frieden ermahnen müssen, und wenn er kein Gehör gefunden hatte, wäre der eigene Tod angemessener gewesen als den bösen Anschlägen auf das Vaterland zuzustimmen[138]. Sturtz rechtfertigte sich damit, dass er seinerzeit bei dem Erzbischof in Ungnade stand und in die Vorgänge nicht eingeweiht worden sei, außerdem habe er im Zwiespalt zwischen Eid, Pflicht, Lehen und Treue auf der einen und den Landtagsrezessen und Vorhaben auf der anderen Seite gestanden[139]. Im Vertrag von Poswol 1557 wurde Erzbischof Wilhelm wieder in sein Amt eingesetzt, und mit Hilfe des polnischen Königs, des Herzogs in Preußen und der Gesandten des Heiligen Römischen Reiches wurde auch Sturtz wieder zum Kanzler bestimmt, aber Wilhelm verwehrte ihm jeden Zutritt[140]. Sturtz verlegte

---

[132] HDA D Nr. 1604. 1554 Januar 21, Erzbischof Wilhelm an Herzog Albrecht. („Den Hund hinken lassen" bedeutet: falsch, unzuverlässig sein.)

[133] HBA D Nr. 1624. 1554 Juli 11, Erzbischof Wilhelm an Herzog Albrecht.

[134] HBA D Nr. 1899. [1556 Juli/August], Bericht des erzstiftischen Befehlshabers von Ronneburg, Salomon Kanitz, über die Eroberung des Hauses durch die Ordenstruppen; sowie Beilage HBA D Nr. 1899/1.

[135] HBA D Nr. 1866. 1556 Juli 14, Heinrich von Galen, Meister des Deutschen Ordens in Livland, an Wilhelm von Fürstenberg, Koadjutor des Meisteramts in Livland.

[136] HBA D Nr. 1909. 1556 September 13, Summarische Relation der pommerschen Gesandten nach ihrer Rückkehr aus Livland.

[137] HBA D Nr. 1965/2. 1557 Januar 3, Postskript zu HBA D Nr. 1965. 1557 Januar 3, Herzog Albrecht an Otto Krumpe, Erich Krabbe und Johann Straube, Gesandte König Christians III. von Dänemark.

[138] HBA D Nr. 1988. 1557 Februar 3, Von den Herren und Ständen an Johann von der Pale und Christoff Sturtz übergebene Beschuldigungen.

[139] HBA D Nr. 1988/2. [1557 Januar/Februar], Rechtfertigung des Kanzlers Christoff Sturtz gegenüber den gegen ihn erhobenen Anschuldigungen.

[140] HBA D Nr. 2246. 1558 Juli 26, Christoff Sturtz, Kanzler des Erzstifts Riga, an Herzog Albrecht.

sich jetzt aufs Bitten. Er verwies darauf, dass er im Dienst des Erzbischofs Verfolgung, Verdruss, Verlust der Güter und Gefährdung von Leib und Leben erlitten habe. Wenigstens seiner Frau und seinen Kindern – wie anderen Untertanen des Erzstifts auch – möge der Erzbischof im Notfall auf seinen Festungen Schutz vor feindlicher Gewalt gewähren[141]. Wilhelm beharrte seinem Bruder gegenüber darauf, Sturtz und Johann Reich – sein Obersekretär und Vizekanzler des Erzstifts Riga – hätten seinerzeit Tag und Nacht Briefe geschrieben und die Landsassen zur Meuterei bewogen[142]. Herzog Albrecht hatte vom Anfang bis zum Ende immer seinem Bruder dringend geraten, Sturtz zu vertrauen und dessen Fähigkeiten zu nutzen, und auch Ende Mai 1559 riet er ihm, dass für seinen Bruder gottgefällige fürstliche Bescheidenheit angebracht wäre, während es falsch sei, die Leute zu kurz zu halten[143]. Sturtz würde gern wieder Wilhelms Kanzler werden, und ohne eine geschickte Person rissen in der Kanzlei allerhand Unordnungen ein. Der Erzbischof dachte aber nicht daran einzulenken, sondern behauptet vielmehr, Sturtz habe ihn bei Meister Fürstenberg verleumdet und überdies etliche Male mit seinen Knechten den Pastor überfallen, woraufhin sich dieser an einen anderen Ort zu begeben habe[144]. In einem Schreiben vom 30. April 1560 zeigt Herzog Christoph von Mecklenberg Interesse an dem durch den Tod von Christoph Sturtz vakant gewordenen Amt Serben[145]. Er scheint nicht alt geworden zu sein. Eine Todesursache ist nicht bekannt. In der Korrespondenz scheint aber durch, dass ihn die Wechselfälle des Lebens zermürbt hatten.

Vielleicht hat Sturtz seinen Amtsvorgänger Spanden nur bedingt ersetzen können, wie Hartmann meint[146], zumindest aber in seinen Bemühungen um die Reformation wurde dieser Kanzler von keinem anderen Hofbediensteten des Erzbischofs übertroffen. Er könnte sogar die Antriebskraft hinter Wilhelms lutherischem „Aufblitzen" Mitte der vierziger Jahre sein. Darauf deutet der zeitliche Zusammenhang zwischen der Rückkehr des offenbar begeisterten Kanzlers aus Wittenberg und den Reformationsaktivitäten Wilhelms hin, die nach Einsetzen des Zerwürfnisses aufhörten. Sturtz sollte als Persönlichkeit ausführlicher gewürdigt werden unter Einschluss seiner diplomatischen Verdienste.

Adressat der Reformation waren außer den Herren und Ständen Livlands, die Wilhelm für das Werk gewinnen wollte, die Pfarrer als Mittler zur ländlichen

---

[141] HBA D Nr. 2246/1. 1558 Juli 17, Christoff Sturtz an Erzbischof Wilhelm.
[142] HBA D Nr. 2359. 1559 Januar 22, Erzbischof Wilhelm an Herzog Albrecht.
[143] HBA D Nr. 2451. 1559 Mai 27, Herzog Albrecht an Erzbischof Wilhelm.
[144] HBA D Nr. 2527. 1559 Dezember 1, Erzbischof Wilhelm an Herzog Albrecht.
[145] HBA D Nr. 2633. 1560 April 30, Herzog Christoph von Mecklenburg, Koadjutor des Rigaer Erzstifts, an Herzog Albrecht.
[146] HARTMANN, Regesten (wie Anm. 36), (1540–1551), S. XI.

Bevölkerung. Riga, die Metropole des Erzstifts, dagegen ließ sich seit gut 20 Jahren ohnehin nichts mehr in Religionsfragen von ihren Erzbischöfen sagen. Gedacht war die Reformation vor allem für das einfache Volk, formuliert war sie aber für Leser mit Kenntnissen in Theologie und Latein.

Wilhelms Reformation scheiterte an innerlivländischen Widerständen und wurde nie Gesetz[147]. Karge betont, dass in Livland selbst keine Spur des Entwurfs überdauert hat und wir nur durch den am 10. März 1546 nach Preußen gesandten Entwurf das Werk kennen[148].

Grundlage sollte nicht eine preußische Kirchenordnung sein, sondern die evangelisch geprägte Kirchenordnung des Kölner Erzbischofs Hermann von Wied. Er hatte im August 1543 die von den evangelischen Reformatoren Martin Bucer und Philipp Melanchthon entworfene Kirchenordnung „Einfältiges Bedenken, worauf eine christliche, im Wort Gottes gegründete Reformation [...] anzurichten sei" gegen heftigen Widerstand, insbesondere im Kölner Domkapitel, erlassen[149]. Vergleicht man die Reformationen für die Erzstifte Köln und Riga miteinander, findet man gleiches Gedankengut, aber ganz andere Formulierungen. Ein Abschreiben des Kölner Textes liegt nicht vor, sondern ein sehr eigenständiger Entwurf des Kanzlers Sturtz. Der Kölner Text ist erheblich länger und in 59 Kapitel eingeteilt[150], der livländische Entwurf begnügt sich mit 19 Abschnitten. In der Einleitung der Kölner Ordnung steht natürlich nichts von abgelegenen Landen am Ende der Christenheit, und eine Notwendigkeit zur Bekämpfung animistischer Praktiken fehlt auch. Insgesamt legt der Entwurf von 1546 mehr Gewicht auf die Beichte als die rheinische Reformation von 1543. Die auch in dem Kirchenordnungsentwurf von 1546 anzutreffende protestantische Ausrichtung gefiel dem überwiegend katholischen Domkapitel des Erzstifts Riga nicht, und es mag sich auch schon abgezeichnet haben, dass der rheinische Metropolit über den Erlass seiner Kirchenordnung stürzen würde. Das Vorhaben scheiterte trotz großer Mühen Wilhelms am Widerstand seines Kapitels, seiner Suffragane und des Deutschen Ordens. Da half es auch nichts, dass er lutherischen Gelehrten zur Prüfung vorgelegt worden war, die Zustim-

---

[147] POHRT, Reformationsgeschichte (wie Anm. 8), S. 93.

[148] KARGE, Reformation (wie Anm. 11), S. 132.

[149] Eine Chronologie des Entstehungsprozesses enthält: Martin BUCER, Opera omnia, Serie I, Deutsche Schriften, im Auftrag der Heidelberger Akademie der Wissenschaften hg. v. Gottfried SEEBASS, Band 11, 1: Schriften zur Kölner Reformation, bearb. v. Christoph STROHM und Thomas WILHELMI unter Mitarb. v. Stephan E. BUCKWALTER, 1. Aufl., Gütersloh 1999, S. 9–13.

[150] BUCER, Opera (wie Anm. 149), S. 168 f. (*Register vnd Jnhalt dieser Reformation*).

mung der Theologen Herzog Albrechts gefunden hatte und selbst von Philipp Melanchthon approbiert worden war, der nur zwei Änderungen vornahm[151].

Der Inhalt der Ordnung ist beachtlich. Schon in der Einleitung, also an herausgehobener Stelle, werden religiöse Defizite im Erzstift aufgezeigt: *Wie dasz arme volck inn diesen abgelegenenn Landenn am ende der Christenheit mit Rechter Christlicher Lehre so gar ubel versehenn, unnd wasz greulicher ab-goterey sie treybenn mit anbethenn Stein, Holtz, Beume, auch den Teuffel selbst vnnd danebenn greuliche Zauberey mit geweiheten lichtenn, saltz, wasser vnnd dergleichen mehr treybenn, unnd damit viel leuthe beschedigenn, auch jhe len-ger jhe mehr in Zweyfel desz glaubenns durch die Zwiespalt der Lehre unnd Ceremonien gesetzt, ist offentlich am tage; welches sich die unnterthanen desz Ertzstiffts hochlich und viel beclaget, auch umb Christliche Reformation vnnd eynigkeit im glaubenn mit flehenn unnd bittenn angesucht*[152]. Vorrangig geht es also um die Beseitigung unchristlicher Gebräuche und erst in zweiter Linie um die von der Glaubensspaltung verunsicherten Christen. Loit erklärt den Volks-glauben: „Das Weltbild der alten estnischen und lettischen Volksstämme war – wie bei allen Naturvölkern – stark vom Animismus geprägt. [...] Neben der Seele der Ahnen spielte die Vorstellung von der Wirkungsweise der Naturkraft eine wichtige Rolle. Bestimmte Bäume, Steine oder Quellen besaßen demzufol-ge heilende Energie. Daher wurden sie zu heiligen Kultstätten, an denen ge-opfert wurde."[153] Aus evangelischer Sicht lagen auch überkommene katholische Bräuche und heidnische Riten nicht weit von einander entfernt. Das Beten und Opfern von Wachs vor einer Heiligenstatue erschien fast so verdächtig wie die Anbetung eines Steins oder ein Ahnenopfer.

Der Theologe Pohrt sieht den Reformationsentwurf in einer Linie mit der Augsburger Konfession und anderen Bekenntnisschriften dieser Zeit. Der Ent-wurf sei lehrmäßig rein lutherisch, aber in den äußeren Formen wie Gottes-dienst, Organisation und Verwaltung konziliant gegenüber der hergebrachten katholischen Art[154].

Der deutsche Text trägt überwiegend lateinische Überschriften. Abschnitt 1 fordert die Unterweisung des gemeinen Volkes in den Zehn Geboten zur Er-kenntnis der Sünde. Kapitel 2 und 3 betonen die Bedeutung des Evangeliums und fordern zur Predigt der Gnadenlehre auf. 4 und 5 fordern das Erklären von Buße und Beichte, wobei der Priester darauf achten solle, was die Menschen

---

[151] HBA D Nr. 1344. 1546 August 1, Erzbischof Wilhelm an Herzog Albrecht sowie HBA D Nr. 1387. [1547 Juni], Bitte Erzbischof Wilhelms an Herzog Albrecht um Rat hinsicht-lich bestimmter Artikel.

[152] KARGE, Reformation (wie Anm. 11), S. 133.

[153] LOIT, Reformation (wie Anm. 20), S. 56.

[154] POHRT, Reformationsgeschichte (wie Anm. 8), S. 100.

bedrücke. Dabei stellte die Ordnung die schon lange strittige Frage der Beicht-
form den Geistlichen frei[155]. Zwischen Einzelbeichte und offener Beichte sollte
gewählt werden können. Dem undeutschen Volk und anderen *ungeschickten
Personen* könnten ihre Sünden am besten anhand des Dekalogs erklärt werden.
Die weiteren Abschnitte bieten das folgende: 6. Die Vergebung setze den Glauben an Jesus Christus voraus und dürfe, anders als bisher, nicht schon auf Grund
des Auferlegens mehrerer Vaterunser und Ave Maria erteilt werden[156]. 7. Das
innere und äußere Leben des Christen habe Bedeutung. Die Rechtfertigung des
Sünders allein aus Gnaden wird hervorgehoben. 8. Prediger und Pfarrer müssten dem Volk die christliche Freiheit erklären, die von Teufel, Tod und Hölle
befreie, nicht aber vom Gehorsam gegenüber der Obrigkeit. 9. Der christliche
Glaube sei an die von Menschen eingeführten Zeremonien nicht gebunden und
diese seien von den Bischöfen und der Kirche zu regeln. Die Priester dürften im
Ornat die Predigt halten. Altar und Kirche dürften geschmückt sein. Dieses
Entgegenkommen in den „Äußerlichkeiten" ist als Signal an die katholische Seite zu sehen.

10. Der Zwiespalt wegen der Gnadenmittel sei zu beseitigen. Mehrfach sind
drei Sakramente genannt: *die heilige Tauffe, das Sacramenth des leibs und Bluts
unsers Hern Jesu Christi und die Absolution oder entbiettung von der sunde.* Am
Ende des Abschnitts heißt es: *Derwegen sol nicht mehr, den die obgenanten drey
Sacrament gelereth vnd gehalten werden.* Die Lossprechung von den Sünden
wird also als eigenständiges Sakrament gesehen. Das entsprach der zeitgenössischen lutherischen Lehre. 11. Das Volk sei über die Taufe zu belehren, denn *gott
wolle uns in dem Schlam der sünden nicht stecken lassen, Sonder daraus erheben.*
12. Das Abendmahl sei in beiderlei Gestalt zu reichen, wie es Christus eingesetzt
und die Apostel gehalten hätten[157]. Eine Beichte wird hier nicht als Vorbedin-
gung für den Abendmahlsempfang genannt[158]. Das entspricht der Lehre Luthers
und der führenden Reformatoren, die einen Abendmahlsgang auch ohne Beichte zuließen und deshalb einen Beichtzwang verwarfen[159]. Dem folgten viele Kirchenordnungen des 16. Jahrhunderts nicht. Dem Abendmahl voraus ging obli-

[155] EBD., S. 95.
[156] Die Rechtfertigungslehre wurde zu dieser Zeit auf der ersten Tagungsperiode des Trienter Konzils in der Sessio VI behandelt.
[157] Die Behandlung der Eucharistie in der Zweiten Trienter Tagungsperiode (1551–1552) lag
noch in der Zukunft, und auch dort wurde in der Sessio XIII die Entscheidung über die
Kommunion in beiderlei Gestalt noch vertagt. Die in dieser Ordnung verkündete Abendmahlslehre ist lutherisch, aber nicht unbedingt antikatholisch.
[158] Das ist auch konsequent, bedenkt man, dass die Absolution hier als eigenständiges Sakrament gesehen wurde.
[159] ZIEGER, Leben (wie Anm. 16), S. 121.

gatorisch eine Beichtermahnung und ein Examen. Auf dieses folgte aber keine Absolution. Darin bestand der Unterschied zur Beichte. 13. In der Messe seien Epistel und Evangelien statt bisher in Latein nun auf Deutsch zu verlesen oder für die armen Bauern in undeutscher Sprache. 14. Die Absolution könne in der Einzelbeichte vom Priester erteilt werden, wie auch während der Predigt an alle Anwesenden, weil das dort verkündete Wort von der Vergebung der Sünden alle angehe. 15. Vor allem die Undeutschen, die Abgötterei betrieben, dass sie *in der abgotterey ersoffen das sie vor got, denn allmechtigen unnd einigen helffer, holtz, Steine, ochssen, kelber, beume unnd dergleichen anbettenn, auch mehr vonn denn vorstorbenen heiligenn halten, dann vonn got selbs*[160] und die Kirche nur an den Festen ihrer Heiligen besuchten, seien darauf hinzuweisen, dass die Heilige Schrift kein Gebot zur Anrufung der Heiligen als Fürbitter vor Gott enthalte[161]. Heidnische Ahnenverehrung und katholische Heiligenverehrung wurden in einem Atemzug genannt und verurteilt.

16. Es fehlten nicht nur Lehrer und Prediger, vielmehr waren zum Teil die falschen Leute am Werk: *Dieweil leider in diesenn Landenn an geschickten lehrernn und Predigernn nicht allein großer mangell und gebrech, sonder auch oft unther den Schaffskleidernn der Wolff bedeckt sich unther die Christlich gemein mischet und den grossen schadenn zufuegt*[162]. Vor falschen Propheten wurde gewarnt[163]. Deshalb wurde bestimmt, dass als Aufsichtspersonen zwei Superintendenten – je einer rechts und links der Düna – bestellt werden sollten, die auf das Leben und Wirken der anderen Pastoren zu achten und Mängel dem Rigaer Erzbischof zu melden hätten. Das spricht dafür, dass die Ordnung hier fest angestellte Irrlehrer im Auge hatte, was aus lutherischer Sicht auch auf katholische Geistliche zutraf. Die Superintendenten sollten in Treiden und in Kokenhusen, also bei zwei erzstiftischen Haupthäusern, ihren Sitz haben. Pohrt hat daraus geschlossen, dass als Geltungsbereich zunächst das Gebiet des Erzstifts vorgesehen war[164]. Ohne vorherige Prüfung durch einen Superintendenten solle niemand zum Kirchendienst und zum Predigtamt zugelassen werden. Wegen des Scheiterns der Ordnung finden wir keine Superintendenten, Examina oder andere Hinweise auf eine Verhinderung ungeeigneter Prediger in den Quellen.

---

[160] KARGE, Reformation (wie Anm. 11), S. 154.
[161] In der katholische Kirche wurde erst später – in der letzten Tagungsperiode des Tridentinischen Konzils in der Sessio XXV – festgelegt bzw. bestätigt, dass Heilige und ihre Reliquien verehrungswürdig seien.
[162] HBA D Nr. 1329/2. [vor 1546 März 10], Entwurf einer Kirchenordnung für das Erzstift Riga durch den Kanzler Christoff Sturtz, KARGE, Reformation (wie Anm. 11), S. 156.
[163] Matthäus 7,15: „Sehet euch vor vor den falschen Propheten, die in Schafskleidern zu Euch kommen, inwendig aber sind sie reißende Wölfe."
[164] POHRT, Reformationsgeschichte (wie Anm. 8), S. 99 Fn. 1.

Erst nach dem Bestehen der Prüfungen sollte der Kandidat dem Erzbischof vorgestellt und von diesem ordiniert werden. 17. Der Abschnitt *Vonn geistlichem Ban* regelte: *Also do einer in offenbarer abgotterey oder andernn eusserlichen groben sunden behafft und so er davon abzustehenn vermahnet, nicht gehorchen will, das er von der Christlichenn Kirchenn unnd gemeinschafft ausgeschlossenn, bissolang er sein sund erkennete, daruber rew unnd leid habe, unnd die gnad durch Christum begere.* Die Abgötterei wird als nicht näher erläuterter, weit gefasster Sammelbegriff verwendet. Eine grobe äußerliche Sünde sei nach Einschaltung des Superintendenten mit dem Bann, also dem Ausschluss aus der kirchlichen Gemeinschaft zu ahnden, aber nur mit Wissen des Erzbischofs. Der Gebannte dürfe an keinen christlichen Zeremonien teilnehmen, außer an der Predigt. Dann heißt es: *Aber es sollen gleichwoll die Pastorn unnd Prediger unterscheid der geistlichenn vnnd weltlichenn straff habenn, uff das sie nicht mit dem ban straffen, was der weltlichenn obrigkeit mit dem Schwert zu straffen gebuert.* Es wurde also unterschieden zwischen kirchlicher Bestrafung mit dem Bann und weltlicher mit dem Schwert.

18. *Vonn versehung der Kirchenn unnd Kloster.* Bereits die Überschrift besagt, dass es Erzbischof Wilhelm nicht um die Auflösung der Klöster ging. Das entsprach dem 1543 von den Ritterschaften ganz Livlands gefassten Beschluss, für den Schutz der Franziskanerklöster einzutreten, weil sie für die pastorale Versorgung des nichtdeutschen Landvolks unerlässlich seien[165]. Evangelische Gutsherren setzten als Notbehelf für ihre Bauern stellenweise unstudierte Einheimische als Pfarrgehilfen ein, die wenigstens in der Volkssprache lehren konnten[166]. Die Kirchenordnung begründete den Mangel an Predigern hauptsächlich damit, dass die Gemeinden ihnen den geschuldeten Unterhalt – *es sey an renthenn, die inen oder sonst uff Vicarienn gehörigk* – vorenthielten. Die Pfarrer sollten aber so gestellt werden, dass sie nicht auf – insbesondere unpassende – Nebeneinkünfte angewiesen seien: *Und damit sie sich aller andernn weltlichenn hendell, vorneblich aber der Kruge unnd anderer verachtenn narung enthaltenn muegenn unnd allein dem Wort gottis unnd ihrem beruff obliegenn.* Kurz danach heißt es über die Pfarrer erneut: *des sollen sie sich des kruges unnd ander unzimblicher narung, daraus ergernus unnd böses exempel volgen mahk, enthalten.* Man sieht förmlich den Pfarrer vor sich, wie er die Woche über eine Schankwirtschaft betreibt, dadurch seine seelsorgerlichen Aufgaben vernachlässigen muss und am Sonntag von der Kanzel gegen das Saufen wettert. Für die Besoldung der Pfarrer sah der Erzbischof die Kirchspielleute in der Pflicht, nicht sich

---

[165]   ARBUSOW, Einführung (wie Anm. 6), S. 638 und S. 817 sowie WITTRAM, Reformation (wie Anm. 1), S. 52.
[166]   ARBUSOW, Einführung (wie Anm. 6), S. 817.

selbst, auch nicht hilfsweise. Eine Anweisung an Amtsträger oder Gutsherren, dem Geistlichen zu seinem Einkommen zu verhelfen, fehlt hier. Das Einkommen des Pfarrers dürfte damit von seiner Durchsetzungsfähigkeit, dem guten Willen seiner Pfarrkinder und auch davon abhängig gewesen sein, ob er eine ertragreiche Pfarre hatte. Eine einheitliche Besoldungshöhe gab es nicht. Der Pastorenmangel legt zudem nahe, dass Landpfarrer in Livland – zumindest finanziell – kein begehrter Beruf gewesen sein wird. Weiterhin regelt der Absatz den Lebenswandel der Geistlichen und Kirchendiener: *Auch soll vleis angewendet werdenn, das kein Pfarrer oder Kirchendiener uff einige Pastorey gesetzt werde, der in offentlichenn laster, unzucht, geitz, wucher lebt, Sonder der zuchtig, gerecht, guttigk, freuntlich unnd gottselig und andern mit gutem Christlichem leben, guthe Exempell unnd lehre gebe.* Der Pfarrer musste also auch noch mit Liebe und Güte zu seinem Gehalt kommen. Der Zusatz „öffentlich" bei dem Laster lässt tief blicken. In immer neuen Wendungen wird dem Geistlichen eingeschärft, dass er nicht unzüchtig und unkeusch leben und nicht zu Huren gehen solle. Eine beispielhaft gottesfürchtig und züchtig lebende Frau dürfe er heiraten – im Gegensatz zum Zölibat. Nun folgen Bestimmungen zum Domkapitel und den Klöstern. Zum Schluss werden die Visitationen geregelt – dazu gleich.

Insgesamt wollte der Entwurf vorchristliche Abgötterei sowie katholisches Glauben und Handeln zurückdrängen und stattdessen gesittete evangelische Zustände erreichen. Quer durch die Abschnitte werden Abgötterei und Götzendienst durch Anbetung von Steinen, Holz, Bäumen, Ochsen, Kälbern und dergleichen sowie Zauberei mit Licht, Salz und Wasser verurteilt. Bocksheiligungen werden nicht namentlich genannt.

7. Der Entwurf der Visitationsordnung von 1547

Eine Visitationsordnung ist quasi die logische Folge einer Kirchenordnung, denn wenn eine neue kirchliche Rechtslage statuiert war, wollte der Normgeber auch deren Einhaltung überprüfen lassen. Visitatoren mussten mit Anweisungen versehen und zu einer Bereisung ausgesandt werden. Auch Erzbischof Wilhelm wollte so verfahren und teilte seinem Bruder Albrecht im Juni 1547 mit, er habe kraft seines erzbischöflichen Amtes die Durchführung einer Visitation verfügt[167]. Sein Kapitel habe er aufgefordert, dafür die Regelungen und die zu

---

[167] HBA D Nr. 1387. [1547 Juni], Bitte Erzbischof Wilhelms an Herzog Albrecht um Rat hinsichtlich bestimmter Artikel. Die Visitation solle in den *vornehmsten Stücken der christlichen Lehre und äußerlicher guter Zucht* vorgenommen werden.

beteiligenden Personen zu benennen. Der Erzbischof ließ im selben Monat zu diesem Zweck eine Visitationsordnung erstellen[168]. Sie ist kurz gefasst, klar formuliert, gut gegliedert und lutherisch geprägt.

Ein Verfasser wird nicht namentlich genannt. Das einzige Exemplar ist von einem Kanzlisten geschrieben. Hier wie in der Kirchenordnung von 1546 von Kanzler Sturtz finden sich auffällig viele Konsonantendoppelungen. Wilhelm beklagte selbst, dass er keinen Hoftheologen habe, der ihm eine solche Ordnung verfassen könne. Vieles deutet darauf hin, dass die kurz danach entworfene Visitationsordnung ebenfalls von Sturtz stammt. Diese Annahme wird bestärkt durch den engen zeitlichen Zusammenhang zwischen der Erstellung und einer Reise des Kanzlers zu Herzog Albrecht[169]. Bei dieser Gelegenheit könnte Sturtz den Entwurf mit der Bitte um Beratung vorgelegt haben. Die Gegenprobe bestärkt diese Vermutung: Im Juni 1547 schrieb der Erzbischof seinem Bruder, er habe sein Kapitel um Zusammenstellung und Übergabe der für die Visitation wichtigsten Stücke aufgefordert[170]. Zur selben Zeit wandte sich Herzog Albrecht unterstützend an das Kapitel und die Räte des Erzstifts Riga[171]. Der Herzog erklärt als Mitkonservator des Erzstifts, dass in Sachen der Ehre Gottes und der Religion wie auch im weltlichen Regiment eine gute Ordnung erforderlich sei. Mit Ernst und ganzem Herzen solle die Ehre Gottes gesucht, die Kirche visitiert und mit guten Pastoren und Seelsorgern versehen werden. Darüber hinaus seien die Personen in den Klöstern verpflichtet, dem armen Volk die reine Lehre zu predigen. Die Vornahme einer solchen Visitation greife einem christlichen Konzil nicht vor. Es dürfte ein erfolgloser Versuch einer Einbindung des Domkapitels gewesen sein, denn dieses Gremium hatte kurz zuvor die Kirchenordnung wegen der evangelischen Prägung verworfen. Die nachfolgende Korrespondenz nennt nirgends eine Mitarbeit der Domherren. Da zudem der Entwurf etwa zeitgleich mit der Nachricht über die Aufforderung an das Kapitel zum Herzog gesandt wurde, ist eine vorherige Mitwirkung der Domherren auszuschließen. Erzbischof Wilhelm dürfte auch hier als Verfasser aus den bei der Kirchenordnung von 1546 genannten Gründen ausscheiden. Seine theologische Bildung erreichte nicht die Albrechts. Inhalt und Wortwahl deuten auf eine lutherische Vorlage hin. Andererseits scheint kein einfaches – auszugsweises – Abschreiben aus einer approbierten und womöglich gedruckten Kirchenordnung vorzulie-

---

[168] HBA D Nr. 1386 (wie Anm. 38).

[169] HBA D Nr. 1385. 1547 Juni 6, Werbung Erzbischof Wilhelms an Herzog Albrecht durch den Kanzler Christoff Sturtz.

[170] HBA D Nr. 1387. [1547 Juni], Bitte Erzbischof Wilhelms an Herzog Albrecht um Rat hinsichtlich bestimmter Artikel.

[171] HBA D Nr. 1401. [1547 Juni], Herzog Albrecht an Kapitel und Räte des Erzstifts Riga.

gen, da Wilhelm sonst nicht die Stellungnahme des Herzogs hätte einzuholen brauchen.

Den Schluss der Reformationsordnung von 1546 bildete Abschnitt 19 mit den Anweisungen: *Vonn der Visitacionn. Es sollenn auch alle jhar von uns Visitatores geordenet werdenn, welche die Pfarren und Kirchenn besuchenn unnd die Pastores unnd Kirchendiener in lehr unnd lebenn examierenn sollenn, unnd so irthumb, oder ander gebrech bey inen befundenn, davon abzustehenn vermanet werdenn. Dergleichenn soll auch das gemeine Pauersvolck verhoert werdenn, wie sie vonn ihrem pastorn gelernet unnd von Cristlicher lehre wissenn, Auch ob sie etwas jegenn ihme zu clagen oder von ihme geergert. Also auch soll ein jeder pastor anzeigenn seine beschwerung, wo ihme der kirchen Underthanenn in seinem Ampt nicht gehorsamenn oder seine pflicht unnd einkohmmen uffhaltenn oder sonst beschwerlich sein. In welchem allem die Visitathorn gebuerlich einsehen haben sollen*[172]. Solche Absichten machten den Erlass einer Visitationsordnung nötig. Viele Gedanken der Kirchenordnung finden sich in der Visitationsordnung von 1547 wieder. Eine jährliche Visitation war ein ehrgeiziges, nie erreichtes Ziel. Dahinter stand wohl die Idee, dass aufgedeckte Lern-, Lehr- und Organisationsdefizite binnen Jahresfrist behoben werden sollten und dies überprüft werden sollte. Nachrichten über die Durchführung von Visitationen im Erzstift Riga fehlen ebenso wie solche über die von den Visitatoren zu stellenden Fragen. In Preußen hatte schon der Königsberger Landtag 1525 jährliche Synoden und Visitationen angekündigt[173]. Sie wurden anfangs mit Elan durchgeführt, während des Osiandrischen Zerwürfnisses vernachlässigt und danach wieder aufgenommen.

Seine Visitationsordnung hätte Wilhelm vielleicht im Erzstift durchsetzen können, aber auch hier scheint er die Auseinandersetzung mit seinem Kapitel nicht gewagt oder zumindest nicht gewonnen zu haben. Die anderen Herren und Stände Livlands wurden gar nicht befragt. Auch wer von diesen selbst lutherisch war, konnte zwar die freie Wortverkündigung der neuen Lehre begrüßen und dennoch eine lutherische Visitation ablehnen. Mit dieser eng verbunden war nämlich die Hoheit über die Rechtsprechung, die niemand in Livland dem Erzbischof überlassen wollte. Den Zusammenhang zeigt Hubatsch für das Verhältnis des Bischofs von Ermland zum Herzog in Preußen auf: „Die evangelischen Visitationen erstreckten sich daher von Anfang an auch auf die Gebiete, in denen bisher das Stellenbesetzungsrecht der ermländischen Diözese vorbehalten war. Einsprüche dagegen blieben ergebnislos. Durch die Visitationsordnung Herzog Albrechts von 1528 ist praktisch die Jurisdiktion über die herzoglich-

[172]   HBA D Nr. 1329/2 (wie Anm. 37).
[173]   HUBATSCH, Geschichte, Bd. I (wie Anm. 42), S. 37.

preußischen Gebietsteile vollständig dem Bischof von Ermland entzogen worden."[174] Von dem livländischen Visitationsvorhaben war später nicht mehr die Rede.

Vorgeblich war dessen Ziel, den Beschwerden der Pastoren abzuhelfen. Den Maßstab für die Prüfung durch Visitatoren setzte die durchweg lutherisch geprägte Ordnung. In den Kapitelüberschriften folgen auf die Einleitung die Abschnitte über den Gottesdienst, das Altarsakrament, die Predigt, die Taufe und die Beichte. Dargelegt wurde nur die reine Lehre. Alles andere wurde nicht etwa als katholisch, schwärmerisch oder unchristlich angesehen, sondern schlicht als irrgläubig. Dass man jemanden von einem Irrtum abbringen wollte, musste jedermann einleuchten. Die Konstellation der Visitation eines tüchtigen katholischen Pfarrers durch einen evangelischen Visitator sowie die Konsequenzen werden nicht erwähnt. Die visitierten Pastoren, Kirchendiener und Bauern mittels der lutherischen Lehre zu examinieren, zur Abkehr von Irrtum zu ermahnen und nötigenfalls dem Erzbischof zu melden, hätte die Durchsetzung der lutherischen Lehre im Erzstift Riga bedeutet, wenn ein Visitator Wilhelms über rechtgläubige und irrgläubige Positionen und Verhaltensweisen entschieden hätte.

Betont werden muss, in welch hohem Maß auch die Pfarrkinder angehört werden sollten. Hier wurde deutlich zu Kritik von „unten" nach „oben" aufgefordert. Der Grund scheint in echtem Bemühen Erzbischof Wilhelm um eine gute geistliche Versorgung zu liegen. Ein Hintergedanke der Disziplinierung nicht-lutherischer Pfarrer ist nicht erkennbar. Zu Beginn der Visitationsordnung heißt es, der Erzbischof sei mehrmals untertänig und inständig um Einsehen und gute Ordnung gebeten worden. Geschickt wurde der Anstoß der „Basis" zugeschoben, der somit das Vertrauen auf Abhilfe durch ihren Oberhirten bescheinigt wurde. Am Anfang der Einleitung wurde der Ursache-Wirkungs-Zusammenhang von nachlässiger Pflichterfüllung der Priester und Pastoren und schlechter Zahlungsmoral ihrer Pfarrkinder geklärt. Die Pastoren und Kirchendiener würden sich über die Leute ihres Kirchspiels beklagen, weil sie ihnen die jährlichen Einkünfte und Gerechtigkeiten vorenthielten. Doch die Untertanen seien bereit, ihre Pflichten gegenüber den Seelsorgern zu erfüllen, wenn diese ihnen nur das Wort Gottes rein und klar verkündeten und die Sakramente nach der Einsetzung Christi verwalteten, so dass jene dadurch gebessert würden. Nicht der Erzbischof habe sich mit dieser Ordnung aufdrängen wollen, sondern das Kirchenvolk verlange nach schriftgemäßer Wortverkündigung und einsetzungsgemäßer Sakramentsverwaltung. Daneben stand der Aufruf an die Pastoren zu gewissenhafter Amtspflichterfüllung, verbunden mit einer Absage an ein Versorgungsdenken. Die Pfarrerbesoldung wird auch hier

[174] Ebd., S. 47.

als Problem dargestellt, nur werden in der Kirchenordnung von 1546 die Gemeinden verantwortlich gemacht, während es hier eher den Pfarrer selbst trifft, der seine Aufgaben unzureichend wahrnahm, so dass das Kirchenvolk seinen Lohn verweigerte. Die Reformentwürfe von 1546 und 1547 enthielten keine Regelungen, die Amtspersonen zur Eintreibung der Besoldung des Pfarrers verpflichteten, sondern verwiesen diese in erster Linie auf Selbsthilfe. Dieses System scheint aber ohne obrigkeitliche Hilfe nicht erfolgreich gewesen zu sein.

Auf den Erlassgrund – Abschaffung der Gebrechen – folgte die übliche Befristung bis zu einem Konzil. Die ganze Ordnung durchzieht die wiederholte Aufforderung an die Pfarrer, der Gemeinde immer wieder die Bedeutung der Sakramente und des Gottesdienstes zu erklären, sie zum Lernen anzuhalten und sie abzufragen. Die Abgötterei wurde auch benannt, aber als Randthema. Im Mittelpunkt stand der Kampf gegen die Unkenntnis, nicht der gegen das Heidentum. Der Eindruck entsteht, das Landvolk kenne zwar den Gottesdienst, die Beichte, das Abendmahl und die Taufe als äußerliche Rituale, es fehle aber am inneren Verständnis, warum der Glaube und das Verständnis jedes Einzelnen wichtig für sein Seelenheil seien. Immer wieder werden nebeneinander Deutsche und Nichtdeutsche genannt, für die diese Ordnung gleichermaßen bestimmt sei.

Die Einzelbestimmungen beginnen damit, dass der Visitator in allen Kirchspielen die Pfarrer samt Hausgesinde nach Lebensführung, Lehre und Erfüllung der kirchlichen Aufgaben befragen und je nach dem bestärken oder ermahnen soll. Den Pastoren und Kirchendienern wird befohlen, ihre Frauen, Kinder, Boten und das andere Gesinde, deutsch und undeutsch, im christlichen Glauben, dem Vaterunser, den Zehn Geboten, dem Sakrament des Altars und dem der Taufe und anderen wichtigen Stücken der christlichen Kirche zu unterweisen[175]. Wer sich weigert, darf beim Pastor nicht in Lohn und Brot sein. Weniger der wirtschaftliche Druck dürfte dabei im Vordergrund gestanden haben als die Vorbildfunktion des Pfarrers, dem sonst jeder hätte vorhalten können, selbst sein engstes Umfeld nicht überzeugen zu können. Die Kirchspielleute haben rechtzeitig dem Pastor sein Einkommen zu geben und ihn vor Gewalt und Überfall zu schützen. Der Text erklärt nicht, ob der Pfarrer trotz oder wegen seiner Amtsstellung – mehr als andere – bedroht oder als Geistlicher weniger wehrhaft war. Zuerst sollen die Deutschen, dann die Nichtdeutschen im Kirchspiel, vor allem die mit Frau, Kindern und Gesinde, nach den Zehn Geboten, dem Vaterunser und den Sakramenten und anderen Artikeln der christlichen Lehre befragt werden. Wissenslücken sind bis zur nächsten Visitation zu beseitigen. Geschieht das nicht, ist eine Buße an den Armenkasten zu zahlen. An

---

[175] Hier werden also nur die beiden Sakramente Taufe und Abendmahl genannt.

hohen Feiertagen und Sonntagen sollen zwei Jungen – Kinder des Pastors oder andere – den Kleinen Katechismus in Frage und Antwort vortragen, möglichst in deutscher und undeutscher Sprache. Eine evangelische Pfarrfamilie mit Kindern war hier das Leitbild, und auch der Nachwuchs sollte möglichst noch deutsch und undeutsch sprechen können. So sollte es auch jeder Hausvater mit seinen Kindern halten.

In der Messe solle der Priester ehrerbietig mit Habit oder Messgewand am Altar Epistel und Evangelium öffentlich verlesen und das Abendmahl austeilen, wobei er nur die Einsetzungsworte sprechen und den Kanon weglassen solle. Beachtenswert ist, dass auf die Anwesenheit des Volkes, das laute Vortragen der Lesungen und das vernehmliche Sprechen der Einsetzungsworte Wert gelegt wurde. In der römischen Messe konnte ohne Volk still zelebriert werden. Die Verba Christi wurden seit dem Mittelalter stets geflüstert[176]. Bei der Äußerlichkeit der Gewandung ist die Ordnung entgegengekommen – ein Zeichen der Kompromissbereitschaft gegenüber Katholiken oder damit die Gemeinde noch Altbekanntes wiedererkannte, wo doch die Inhalte nunmehr so ungewohnt waren[177]. Beim Abendmahl solle es keine Gebete, Gesänge, Wechselgesänge oder dergleichen geben, die von den Einsetzungsworten hätten ablenken können. Auf nicht schriftgemäße Gebete sei zu verzichten, insbesondere auf die Anrufung der Heiligen und Opfer für die Toten. Das Altarsakrament sei in beiderlei Gestalt auszuteilen, also als Leib und Blut Christi[178], wobei niemand ohne vorherige Examinierung in der Beichte zugelassen werden dürfe. Im Falle von Unkenntnis sei der Abensmahlsbesuch erst nach einer gründlichen Unterrichtung erlaubt.

In der Predigt sei das Evangelium schriftgemäss an Hand der Hauptstücke des Katechismus auszulegen, wobei aber Luthers Name nicht genannt wird. Auch solle der Prediger nicht schelten und schmähen, um nicht Ablehnung bei den Zuhörern hervorzurufen. Jede unnötige Provokation sollte also mit Rücksicht auf den Reformationserfolg vermieden werden. Worte etwa gegen den Papst wie in Briesmanns Kirchenordnung von 1530 oder in lutherischen Kampf-

---

[176] Diesen Hinweis verdanke ich Pfarrer Rudolf Spring, der zusätzlich anmerkt, dass hier mit „Kanon" der Canon romanus, aber auch kursierende lutherische Neufassungen des Meßkanons gemeint sein könnten.

[177] Zum Vergleich: Die preußische *Ordnung vom äußerlichen Gottesdienst* von 1544 hatte kurz zuvor den Königsberger Geistlichen das Recht belassen, wie die Wittenberger Pfarrer im schwarzen Talar und nicht im Chorrock zu predigen. Vgl. HUBATSCH, Geschichte, Bd. I (wie Anm. 44), S. 38.

[178] In der katholischen Kirche wurde nur der Leib Chisti ausgeteilt, aber diese Praxis stand im Tridentinum auf dem Prüfstand. Die Entscheidung über die Kommunion in beiderlei Gestalt wurde in der hier noch zukünftigen Zweiten Tagungsperiode (1551–1552) vertagt und erst in der Dritten Tagungsperiode (1562–1563) geregelt.

schriften sollte der Prediger unterlassen. Abgötterei, die bei den Nichtdeutschen
vor allem vermutet wurde, wie „Mißglauben" und die Anbetung von Steinen,
Holz usw. sollte bestraft und die Leute zur Erkenntnis Gottes geführt werden,
indem ihnen vor Augen gehalten werde, dass der große Greul der Abgötterei den
Zorn Gottes hervorrufe, wie überall in der Bibel zu lesen sei. Bocksheiligungen,
Weideler – also Diener der alten Götter – und dergleichen werden auch in dieser
Ordnung nicht genannt. Das Volk sei in die Irre geführt worden mit der Ansicht, die Messe sei ein Werk, das durch die Teilnahme erbracht werde. Vielmehr
solle auf die Predigt geachtet werden. Das Volk sei über den Sinn der Messe zu
unterrichten, die an das Leiden und Sterben Jesu Christi erinnere und nur wahren Gläubigen nutze, die in aufrichtiger Reue über ihre Sünden die Absolution
sowie Leib und Blut Christ vom Priester empfingen.

Bei der Taufe sei Missbrauch und Leichtfertigkeit zu unterlassen. Als Täufer
werden nicht nur die Pastoren, sondern auch die Kirchendiener genannt. Sie sollen nicht nach dem Essen oder wenn sie sonst mit Überfluss beladen sind taufen,
sondern nur nüchtern und vormittags. Die Vorschrift sollte eine würdige Zere-
monie durch den Täufer gewährleisten, zudem vergaßen aber ganze Taufgesell-
schaften über den Kindelbieren schon mal den Vollzug der Taufhandlung. Vor-
rang hatte jedoch die Notsituation, dass der nahe Tod des Säuglings befürchtet
wurde. Vorher seien die Paten zu unterrichten, dass das Kind durch die Taufe
dem Teufel entrissen und Gottes Eigentum werde. Seinerzeit herrschte eine
Kontroverse über eine Teufelsaustreibung bei der Taufe, die in Preußen eine
Rolle spielte[179], wohl aber nicht in Livland. Die Visitationsordnung von 1547
stellt nur fest, dass das *kindlein dem teuffel genomen unnd gotes eigenn wirdt.*
Eine Teufelsaustreibung ist dem Text nicht zu entnehmen. Den sogenannten
Exorzismus in Luthers Taufform hatten die Württemberger Kirchenordnung
von 1553 und die preußische Kirchenordnung von 1558 weggelassen[180]. 1568
wurde in Preußen der Exorzismus wieder aufgenommen: „Es wende sich der
Priester zu dem Kinde und spreche: Fahre aus, du unreiner Geist und gib Raum
dem heiligen Geist."[181] Eltern und Paten seien zur Erziehung des Kindes im
christlichen Glauben verpflichtet und sollten nur bei Nachweis eines gewissen
Kenntnisstandes – Zehn Gebote, Vaterunser und „Glauben" – als Paten zugelassen werden. Bei Deutschen als Paten solle der Pastor in deutscher Sprache taufen, bei Nichtdeutschen in undeutscher Sprache. Immer wieder wird dem Amtsträger das Erklären eingeschärft, bis die Gemeindeglieder verstanden haben.

---

[179] Zum Exorzismus bei der Taufe für Preußen ausführlich: Zieger, Leben (wie Anm. 16),
S. 114–116.
[180] Hubatsch, Geschichte, Bd. I (wie Anm. 42), S. 40.
[181] Ebd., S. 42.

Dazu gehörte vor allem, dass die Amtshandlung in der Muttersprache der Beteiligten vollzogen werden sollte.

Am Ende der Ordnung wird die Beichte behandelt, und zwar separat, nicht bei der Messe oder vor dem Abendmahl. Wieder geht es um Sinn und Verständnis. Unterteilt wird in eine Beichte vor Gott – also ein stilles Beichtgebet – und eine nachfolgende mündliche Beichte, wobei betont wird, dass nur die bewussten, nicht aber die unbewussten Sünden benannt werden könnten, wie der Psalm sage[182]. Die schlichten Gemüter sollten an Hand der Zehn Gebote abgefragt werden. Schwere Bußen sollten nicht auferlegt werden, sondern Vaterunser, Fasten und dergleichen. Hier wäre festzustellen, inwieweit bei den Beichtauflagen ein Festhalten an den hergebrachten Glaubensvorstellungen vorlag oder aber eine bewusste Konzession an die altgläubige Seite zur Erhöhung der Akzeptanz der Ordnung. Insgesamt ging es vor allem um die Bekämpfung der Wissensdefizite, die besonders bei den Undeutschen gesehen wurden, und die Sakramentsverwaltung. Die Vermittlung der „richtigen" Glaubensinhalte war dem Ordnungsgeber wichtiger als die Bekämpfung der „falschen" Lehren und Gebräuche.

8. Die Stellungnahme Herzog Albrechts zu dem Entwurf der Visitationsordnung

Den Entwurf der Visitationsordnung ließ Erzbischof Wilhelm Mitte 1547 Herzog Albrecht mit der Bitte um Stellungnahme überbringen. Beigefügt waren Bedenken des Metropoliten bezüglich des Einführungszeitpunktes und des Geltungsbereichs[183]. Auch hier zeigt sich wieder, dass Wilhelm erst nach Vorliegen eines fertigen Entwurfs seinen Bruder einbinden wollte, aber auch, dass – wie fast immer – der Erzbischof der Ratsuchende und der Herzog der Ratgebende war. Dieser befürwortete das Projekt und nahm zu einzelnen Punkten Stellung[184]:

1. Erzbischof Wilhelm brauche einen erfahrenen und gottesfürchtigen Prediger an seinem Hof, der ein Vorbild für die ebenfalls benötigten gelehrten und ehrbaren Prädikanten sein solle. Jemand, er sei ein Mönch oder ein anderer Geistlicher, der das Gegenteil von Bibel und apostolischen Schriften predige, sei – wenn er darauf beharre – gemäß dem Beschluss der Stände zu bestrafen. 2. Die Prädikanten sollten den Katechismus predigen, auf die Errettung durch Jesus

---

[182] Psalm 19,13: „Wer kann merken, wie oft er fehlet? Verzeih mir die verborgenen Fehle!"
[183] HBA D Nr. 1388. [1547 Juni], Bemerkungen Erzbischof Wilhelms zur Reformation und Visitation im Erzstift Riga [überbracht vom Kanzler Christoff Sturtz].
[184] HBA D Nr. 1392. [1547 Juni], Antwort Herzog Albrechts an die ihm vom Kanzler Christoff Sturtz mündlich vorgetragenen und danach schriftlich übergebenen Artikel.

Christus hinweisen und das Volk von Abgötterei, von der Anrufung der Heiligen und anderen Missbräuchen wegführen. 3. Die Taufe sei dem Volk nahezubringen und leichtfertiger Umgang mit ihr zu vermeiden. 4. Die Messe sei allmählich abzuschaffen. Das Volk müsse über das Altarsakrament unterrichtet werden, und dieses müsse in beiderlei Gestalt ausgeteilt werden. 5. Die Prediger sollten von der Kanzel nicht unmäßig und ärgerlich schelten und den Papst nicht öffentlich schimpflich vor den Kopf stoßen. 6. Die Pfarrer seien ausreichend zu versorgen. 7. Ihre Wahl habe in ordentlicher Weise zu erfolgen, und sie dürften ohne Kenntnis und Zustimmung des ganzen Kirchspiels nicht entlassen und aus der Pfarrei verjagt werden. Das ist bemerkenswert, sollten doch hier die Rechte der Gemeinde gegenüber ihren Grundherrn gestärkt werden. 8. Pfarrer dürften sich zu Vermeidung von Ärgernis verheiraten. Unzucht von Priestern und anderen dürfe nirgends geduldet werden. 9. Eheschließungen unter zu nahen Verwandten seien verboten. Scheidungen sollten nicht zu leichtfertig ohne in der Heiligen Schrift und im Recht begründete Ursachen erfolgen. 10. Doppelverlobungen seien strafbar. 11. Mütter, die ihre Kinder fahrlässig im Bett erstickten, sollten fürs erste verwarnt und im Wiederholungsfall bestraft werden. 12. Der Erzbischof solle sich um einen geeigneten Mann bemühen und ihn wie einen Superintendenten die Pfarrer im Erzstift visitieren und examinieren lassen. 13. Wilhelm solle versuchen, das Domkapitel zu überzeugen, eine christliche Reformation und Visitation zu fördern. Scheitere das, solle er trotzdem unter Berufung auf den Beschluss der Stände die Visitation fortsetzen. Unter 14. und 15. folgen praktische Hinweise zur politischen Durchsetzung der Reformation bei Herren und Ständen Livlands.

Erzbischof Wilhelm versprach, den Rat des Herzogs zur Reformation und Visitation zu befolgen[185]. Albrecht richtete dem erzstiftischen Domkapitel aus, er erwarte deren Förderung einer Reformation und Visitation gemäß dem Beschluss der livländischen Landstände[186]. Eine Wirkung ist nicht festzustellen. Weitere Nachrichten über das Visitationsvorhaben fehlen.

9. Die weitere Entwicklung im Erzstift Riga

Der ordnende Elan war durch die Misserfolge noch nicht ganz erlahmt. Wilhelm ließ seinen Oberhofmarschall Michael von Russen und Sturtz eine Hofordnung entwerfen, die eine Verlegung des Hoflagers nach Ronneburg vorsah

---

[185] HBA D Nr. 1394. 1547 Juni 15, Übermittlung bestimmter Punkte an Erzbischof Wilhelm durch den Kanzler Johann von Kreytzen im Auftrag Herzog Albrechts.

[186] HBA D Nr. 1395. 1547 Juni 22, Herzog Albrecht an das Kapitel des Erzstifts Riga.

– ein Vorschlag, den Herzog Albrecht guthieß[187]. Die Rahmenbedingungen erörterten die erzstiftischen Räte[188]. Ein fürstliches Hoflager müsse mit einem rechtschaffenen Gottesdienst versehen werden, der auch die Diener und Einwohner im christlichen Lebenswandel stärke. Dazu benötige Wilhelm einen guten Hofprediger, der einen angemessenen Lebensunterhalt und eine bequeme Wohnung erhalten solle. Durch die Predigt des Evangeliums sowie die Zeremonien und Gesänge werde das gemeine Volk zur Andacht angereizt. Eine Schule sei einzurichten, und ein Schulmeister anzustellen, dem etwa sechs bis acht arme Knaben, die im Erzstift geboren seien, zur Erziehung anvertraut werden sollten, damit sie zu gegebener Zeit mittels Stipendien auf höhere Schulen geschickt werden könnten, um danach als Pastoren und Prediger tätig zu sein. Weil bisher niemand die eigenen Hofknaben des Erzbischofs in den erforderlichen Stücken der christlichen Lehre und dem Katechismus unterrichtet habe, solle das der Schulmeister tun. Hier sollte also ein fähiger Hofprediger berufen werden und das einfache Volk mittels Predigt, Zeremonien und Gesänge andächtig gestimmt werden. Für den Bedarf an Pastoren und Predigern setzte man nicht auf die Anwerbung bereits ausgebildeter Kräfte, sondern wollte den Nachwuchs selbst heranziehen. Die in der Visitationsordnung gestellten hohen Ansprüche an die Pfarrer zu christlicher Unterweisung des Volkes konnten also nicht einmal gegenüber den Hofknaben in der unmittelbaren Umgebung des Erzbischofs erfüllt werden. Als Gegenbeispiel sei hier Riga genannt. Trotz guter Ausstattung mit Kirchenleuten war aber auch hier die Magie noch nicht ganz besiegt. Die Stadt versuchte 1551 die Einziehung von Eigentum des Erzstifts mit dessen Verwendung gegenüber kaiserlichen Kommissaren zu rechtfertigen[189]. 16 oder 17 Personen würden die Kirchen mit täglichem Praedicieren, Singen, Lesen, Orgelspielen und anderen Gottesdiensten versehen und Arme versorgen, die von Gott nicht viel wüssten und mancherlei Zauberei trieben.

In den fünfziger Jahren des 16. Jahrhunderts änderten Land- und Ständetage die Bedingungen für die Anstellung evangelischer Pfarrer. In Alt-Pernau beschlossen die Stände 1552 eine Bekenntnisfreiheit für sich selbst. Die Städte hatten sich dieses Recht bereits Anfang der zwanziger Jahre genommen. Der allgemeine Landtag im Januar 1554 bestätigte den Beschluss von 1552 und erweiterte

---

187 HBA D Nr. 1401. [1457 Juni], Herzog Albrecht an Kapitel und Räte des Erzstifts Riga.
188 HBA D Nr. 1390. [1547 Juni], Ratschläge und Bedenken der Räte Georg von Rosen zur Nabbe, Stiftsvogt von Treiden, Johann von der Pale, Michael von Russen und des Kanzlers Christoff Sturtz zu einem am besten geordneten und gehaltenen fürstlichen Hoflager.
189 HBA D Nr. 1528/1. [1551 August], Hermann Kormann, gen. Hornsbach, Syndikus, und Georg Wiborch, Untersekretär der Stadt Riga, an die kaiserlichen Kommissarien (Beilage zu 1551 August 14).

ihn auf alle Herren und Stände Livlands[190]. Am 17. Januar 1554 urkundeten Erzbischof Wilhelm, die Bischöfe von Dorpat, Ösel und Kurland sowie Reval und
der Ordensmeister, für sich und ihre Stände im selben Landtagsabschied: *Vnd
soll dehmnach ein jeder in seiner Herrschaft gut aufsehn haben und Verordnunge
machen, Dass keine pastores und Kirchendiener zum Predigtampt und Seelen-
sorge aufgenommen werden, sie sein dan ordentlich dartzu beruft, und haben
ihrer Lehre, Wandelss, Lebenss und Christl[icher] Ordination gute Zeugnyss
und Vrkunde, und dass keiner auf und angenommen werde, Er habe den sein
abscheid von voriger seiner Herschaft mit guten willen genomen, und seines
Christlichen Wandelss etliche Kundschaft*[191]. Diese Normierung der Einstel-
lungsvoraussetzungen lässt auf schlechte Erfahrungen in der Vergangenheit
schließen, aber musste auch eine Ermutigung für die Zukunft sein, dass fortan
die Qualität der Seelsorge verbessert werden sollte. Ordination, ordentlicher
Lebenswandel und friedlicher Abschied vom vorigen Dienstherrn wurden nun
verlangt. Diese Anforderungen wurden also auch angesichts des Pastorenman-
gels für erforderlich gehalten. Der Wolmarer Landtag von 1554 regelte auch das
Zusammenleben der Geschlechter: *Dessgleichen sollen die Vnehligen Beywoh-
nungen unter den Bauren und sonst auch die Verheyrahtunge, welche durch raub
geschehen, ernstlich abgeschaffet, und nach gelegenheit eines iden falss gestraffet
werden*[192]. Uneheliche Beiwohnungen unter den Bauern könnte auch bedeuten,
dass eine nach christlichem Ritus geschlossene Ehe nicht vorlag. Verheiratungen
nach Frauenraub wurden erneut verboten und sollten je nach den Umständen
des Einzelfalles bestraft werden.

Werfen wir jetzt einen Blick auf das Deutschordensgebiet Livlands. Die folgende Schilderung stammt von Herzog Albrecht, der bestimmt kein Ordens-
freund war, sie gewinnt aber an Glaubhaftigkeit, da sie sich mit anderen Berichten deckt. Der Herzog beschrieb Mitte 1555 die Situation im Ordensgebiet
Livlands als unerfreulich und betonte, es gehe ihm um die Ehre Gottes und die
Seligkeit vieler armer Christen[193]. An einigen Orten Livlands werde das Wort
Gottes rein und klar gepredigt, aber ein Freund des Gotteswortes sei der Orden
nicht. Seine Untertanen in 30 bis 40 Meilen großen, abgelegenen Gebieten hätten
keinen oder nur einen Prediger. Bei den Einwohnern gebe es vielerlei Abgötterei, Zauberei sowie unzählige Laster und Irrtümer. Es gebe ungetaufte Leute,

---

[190] Eberhard Treulieb, Die Reformation der kurländischen Kirche unter Gotthard Kettler,
in: Baltische Kirchengeschichte (wie Anm. 1), S. 77–86, S. 77.

[191] Napiersky, Monumenta (wie Anm. 57), Band 5, Nr. 183, S. 506–508, hier: S. 506.

[192] Ebd.

[193] HBA D Nr. 1670. 1555 [Mai/Juni], Werbung Herzog Albrechts bei Herzog Johann
Albrecht von Mecklenburg in der Rigaer Koadjutorsache durch Christoph Bötticher,
Sekretär Erzbischof Wilhelms von Riga.

die 30, 40 oder mehr Jahre alt seien. Viele Kinder stürben ungetauft, die ihrer göttlichen Seele beraubt seien. Dies wurde wegen der Lehre von der angeborenen Erbsünde als besonders schlimm empfunden. Der Orden lasse die Kirchen verfallen und verwende die Einnahmen für Hurerei, Ehebrecherei und Hoffart – überhaupt für einen epikuräischen Lebensstil – mit Saufen und Fressen. Die Vorwürfe des Herzogs zielten hier auf eine Verletzung des Missions- und Taufbefehls Christi[194] und die damit verbundene Drohung mit Verdammnis und die Verheißung der Seligkeit[195]. Zweifel an der Heilsgewissheit ungetauft verstorbener Kinder führten, zumal bei einer sehr hohen Säuglingssterblichkeit, zu unzähligen Ermahnungen, die Kinder möglichst bald nach ihrer Geburt taufen zu lassen. Die Furcht vor dem ewigen Höllenfeuer und die Frage nach einem gnädigen Gott bewegten die damaligen Gemüter stark. Modern ausgedrückt, lief der Vorwurf auf eine Pflichtvergessenheit der Ordensoberen in Livland sowie auf langfristige mangelnde Dienst- und Fachaufsicht über die „Seelenhirten" hinaus, die ihrerseits die bei ihrer Ordination gelobten Amtspflichten schlecht erfüllt hätten. Den Bewohnern wurden Abgötterei, Zauberei, zahllose Laster und Irrtümer vorgeworfen.

Auf dem Landtag von Wolmar im März 1558 bestand Einigkeit, dass der moskowitische Krieg gegen Livland eine Strafe für religiöse Zwietracht, Undankbarkeit gegenüber dem wahren Gotteswort, Unterdrückung der Armen und zahlreiche Laster sei[196]. Das Votum der Prälaten und Stände, zur Beseitigung aller falschen und missbräuchlichen Lehre eine Reformation durchzuführen und die Kirchen mit frommen, geschickten und gelehrten Prädikanten zu besetzen, blieb unbestritten. Diese sollten Deutsche und Undeutsche seelsorgerlich betreuen, die reine biblische Lehre predigen und einer von evangelischen Theologen zu verfassenden und zu approbierenden Kirchenordnung Folge leisten[197]. Die Städte argumentierten in dieselbe Richtung[198]. Damit hatte sich die evangelische Konfession in Livland politisch endgültig durchgesetzt, aber eben noch nicht in allen Teilen des Volkes.

Jetzt endlich den Reformationsentwurf von 1546 zu verabschieden, wurde wohl nicht erwogen. Vielmehr befahl wohl Friedrich Fölckersam, Senior und

---

[194] Matthäus 28,19: „Darum gehet hin und lehret alle Völker und taufet sie im Namen des Vaters und des Sohnes und des heiligen Geistes."

[195] Markus 16,15 und 16: „Wer da glaubet und getauft wird, der wird selig werden; wer aber nicht glaubt, der wird verdammt werden."

[196] HBA D Nr. 2182. 1558 März [o.D.], Proposition Erzbischof Wilhelms und der Herren und Stände zur Verbesserung der allgemeinen Lage in Livland.

[197] Vgl. zum Landtagsbeschluss: Sehling, Kirchenordnungen (wie Anm. 41), 5. Band, S. 5.

[198] HBA D Nr. 2192. [1558 Februar/März], Bedenken der Städte Riga, Reval und Dorpat in Anbetracht der moskowitischen Bedrohung.

Kellner des Rigaer Domkapitels, Johann Coller, Sekretär des Domdechanten Jacob Meck, sich während seines Aufenthalts in Deutschland zu Philipp Melanchthon zu begeben, um dessen Rat zur Erhaltung des geistlichen Standes *sub versa pietate* und Abstellung der Missbräuche einzuholen[199]. Als Beweis wird die eigenhändige Unterschrift des Reformators unter eine kurz gefasste „Reformation" angeführt, die unter den Büchern des verstorbenen Fölckersam gefunden wurde. Lange Zeit scheint Erzbischof Wilhelm nicht einmal einen Hofprediger gehabt zu haben. Mitte 1556 wird Christian Schraper als Hofprädikant in seinem Gefolge erwähnt, davor und danach jedoch nie wieder[200].

Kurz darauf wurden alle kirchlichen Pläne von den militärischen Ereignissen überrollt, und es dauerte Jahre, bis man sich im Zuge der Herrschaftsübernahme Polens in Livland wieder einer Kirchenreform zuwandte. 1562 hatte der polnische König Sigismund II. August im Zuge des Zerfalls des Erzstifts Riga Erzbischof Wilhelm und seinem Koadjutor freigestellt, geistlich zu bleiben oder weltlich zu werden, und hatte ihm freie Hand gegeben, eine Reformation durchzuführen[201]. Räte und Ritterschaft des Erzstifts sprachen sich dagegen aus. Nun stellten der Metropolit, sein Kapitel und die Stadt Riga gemeinsam Überlegungen an, wie eine christliche Reformation durchgeführt werden könne[202]. War das Amt des Erzbischofs zur Disposition gestellt, dann war auch ein Fortbestehen des Erzstifts Riga unsicher, und man brauchte vielleicht kein Domkapitel mehr. Diese Einsicht oder das Voranschreiten der lutherischen Lehre beflügelte auch den Willen des Kapitels zu einer christlichen Reformation. Zudem erwartete der Erzbischof von den erzstiftischen Räten und der Ritterschaft keinen Widerspruch. Wilhelm wollte einem Doktor der Theologie, der sich durch die reine Lehre und unsträflichen Lebenswandel auszeichnete, die Visitation des Erzstifts übertragen, mit der Aufgabe, die Rotten und Sekten mit der göttlichen Schrift zu bekämpfen und das Gotteswort zu verteidigen. Nach dem Rat der erstiftischen Stände sollte dieser seinen Unterhalt aus den Kapitelsgütern beziehen. Der Erzbischof versprach, gegen Übernahme der Kapitelshäuser die erforderliche Ausstattung der von dem moskowitischen und polnischen Kriegsvolk verheer-

---

[199] HBA D Nr. 2917. [1562], Verteidigungsschrift Johann Collers gegen die Anklage des erzstiftischen Koadjutors Christoph von Mecklenburg wegen des Hauses Kremon.

[200] HBA D Nr. 1897. [1556 Juli/August], Verzeichnis der mit Erzbischof Wilhelm aus Kokenhusen abgezogenen Personen.

[201] HBA D Nr. 3033. 1562 Dezember 12, Werbung der erzstiftischen Gesandten Otto von Ungern, Herrn auf Pürkel, Heinrich von Tiesenhausen, Johann von Rosen zu Roop, Lucas Hubner und Johann Tast an Herzog Albrecht.

[202] HBA D Nr. 3006. 1562 Oktober 9, An Herzog Albrecht von den livländischen Gesandten übergebene Bedenken Erzbischof Wilhelms, des Rigaer Erzstifts und der Stadt Riga zur Durchführung einer christlichen Reformation.

ten Pastorate zu übernehmen[203], damit die armen Untertanen nicht ohne Seel-
sorger bleiben müssten. Dies betraf am ehesten die ländlichen Gegenden, denn
die Metropole Riga und viele kleinere Städte des Erzstifts waren verschont geblieben. Da die Pfarrer im Allgemeinen die undeutsche Sprache nicht beherrsch-
ten, sollte in jedem Pastorat ein des Undeutschen mächtiger Prädikant eingestellt werden. Außerdem sollten die Kirchen und Schulen in Riga ein jährliches
Deputat erhalten. Das zeigt, dass der Visitator Rotten und Sekten bekämpfen
sollte – aber die Beseitigung des Heidentums wurde nicht genannt. Der Katholizismus, der ebenfalls zurückgedrängt werden sollte, blieb auch unerwähnt,
was aber taktische Gründe gehabt haben dürfte. Wieder fehlen Berichte über
eine Umsetzung dieser Pläne.

Im selben Jahr verfassten Räte und Ritterschaft des Erzstifts sowie die Stadt-
oberen Rigas einen undatierten weiteren Vorschlag zur Reformation des Domkapitels[204]. Daraus sollen hier nur die Punkte angeführt werden, die Seelsorge
und Pastorenbeaufsichtigung betreffen. Die Domherren dürften sich verheiraten, und ihre Kinder würden, falls sie zum Studium geeignet seien, bevorzugt
durch Stipendien gefördert. Aus den Kapitelgütern seien 24 Stipendiaten in
Schulen inner- und außerhalb des Landes zu unterhalten. Die Hälfte sollten
Kinder von Edelleuten und Bürgern sein, die dann für geistliche und weltliche
Aufgaben eingesetzt werden sollten, die anderen Stipendiumsplätze waren für
die Aufgaben undeutscher Prädikanten im Erzstift vorgesehen. Wenn ein Sti-
pendiat nach dem Besuch der Schule in Riga auf die Universität gehe, sollte die
ersterwähnte Gruppe von Studenten vier und die zweite drei Jahre unterhalten
werden. Den Kapitularen wurde die Aufgabe zugewiesen, für die Kirchen und
Prädikanten zu sorgen. Zudem müsse aus den Kapitelgütern eine stattliche Bei-
steuer zum Bau und zur Unterhaltung der Schule der Rigaer Domkirche und für
die Prädikanten entrichtet werden, weil dort die für die Gottesdienste und anderen Aufgaben bestimmten Leute erzogen würden. Die Verwaltung der Kirchen, Schulen und Kanzeln wie auch das Konsistorium sollten zur Kompetenz
des Rigaer Rates gehören, der auch für die Pfarrer und Prädikanten zuständig
sei. Dies hätte eine erhebliche, auch räumliche, Ausweitung der Zuständigkeit
des Rates der Dünastadt bedeutet. Die erzstiftischen Stände und die Stadt Riga
sollten als Patrone des Jungfrauenklosters der Metropole den dortigen nicht

---

[203] Noch Jahre später wurde das polnische und litauische Kriegsvolk beschuldigt, es habe
auch Gotteshäuser nicht geschont (HBA D Nr. 3400/1. 1565 Oktober, Kapitel, Räte und
Ritterschaft des Erzstifts Riga an König Sigismund II. August von Polen.)

[204] HBA D Nr. 2916. [1562], Vorschlag der Räte und Ritterschaft des Erzstifts sowie der
Stadt Riga zur Reformation des dortigen Domkapitels. Dieser Vorschlag soll im geplanten Quellenanhang vorgestellt werden.

gottgefälligen und sündhaften Lebenswandel durch eine christliche Reformation abstellen und das Kloster mit einem Prädikanten ausstatten.

Diese Vorschläge hielt der Herzog für unzureichend[205]. Zudem reichten die Erträge der Kirche nicht zur Durchführung des Vorhabens. Die Finanzen zur Unterhaltung der Theologen und anderen Geistlichen seien genau zu überschlagen. Zur Ausübung des geistlichen und weltlichen Regiments benötige der Erzbischof mindestens drei Theologen und zwei Juristen. Hinzu kämen Ausgaben für das Schulwesen. Wenn die Stiftstände das Domkapitel nun einmal nicht auflösen, sondern reformieren wollten, solle Wilhelm dies vorerst ertragen. Zuvor hatte Albrecht seinem Bruder erklärt, wie sehr man bei den wichtigen Verhandlungen auf dem polnischen Reichstag in Petrikau auf einen Ausgleich zwischen dem Erzbischof und seinem Kapitel angewiesen sei.

Wilhelm blieb bis zu seinem Tod 1563 Lutheraner. Der herzogliche Bruder erfüllte auch den letzten Wunsch des Erzbischofs, indem er seine Gesandten anwies, dass diese für eine fürstliche und christliche Bestattung zu sorgen hätten, bei der keine Vigilien oder päpstliche Bräuche vollzogen oder das Papsttum nicht hofiert werden sollte[206].

---

[205] HBA D Nr. 3050. 1562 Dezember 31, Antwort Herzog Albrechts auf die Werbung Lucas Hubners, Sekretärs Erzbischof Wilhelms.

[206] HBA D Nr. 3117. 1563 Mai 11, Instruktion für die nach Livland abgefertigten preußischen Gesandten Achatius Burggraf zu Dohna und Wenceslaus Schack.

Gnade vor Recht ergehen zu lassen, findet bei Königlichen Cassen nicht statt[1].

Domänenpächter[2] in Westpreußen im 18. Jahrhundert: Landwirte am Gängelband des Staates oder eigenverantwortliche Agrarunternehmer?

Von Gisela Borchers

Mit der Inbesitznahme Preußens Königlich Polnischen Anteils 1772 ließ Friedrich der Große 54 Domänenämter in der neuen Provinz Westpreußen einrichten, die jeweils an einen Generalpächter verpachtet wurden. Da diese nach bisheriger Praxis nicht aus dem Adelsstand kommen durften, eröffnete sich damit bürgerlichen Landwirten ein Betätigungsfeld, das ihnen als Vertreter des Landesherrn gleiche grundherrliche Rechte und Pflichten einräumte, wie sie Adlige auf ihren Grundherrschaften ausübten. Ihnen wurde die Pacht zur Zeit Friedrichs des Großen zwar nur für sechs Jahre garantiert, aber sie hatten, wenn keine Beschwerden seitens der Bauern vorlagen und auch die Kriegs- und Domänenkammer als vorgesetzte Behörde ihre Zufriedenheit äußerte, alle Aussicht, in der Pacht auch für weitere zu folgende Pachtperioden zu bleiben. Nach Friedrich dem Großen wurden die Pachtperioden systematisch auf 12, 18 und bis zu 24 Jahre angehoben. Viele Pächter reichten die Pachtverhältnisse innerhalb ihrer Familien weiter. Auch die Kammer schloss Verträge bereits mit der Aussicht ab, dass der Sohn oder ein anderer Verwandter bei Tod oder anderen Gründen, aus denen ein Pächter ausfallen konnte, in den Pachtvertrag eintreten konnte.

---

[1] Akte Remissionssache Bomsdorff, Blatt 42, Berlin an WKDK (siehe Abkürzungsverzeichnis am Ende des Aufsatzes), 31. Dez. 1783: *Gnade vor Recht ergehen zu lassen, wie der Supplikant bittet, findet bei Königlichen Cassen, wie er wohl weiß, nicht statt.* Zitate aus Akten sind im Folgenden *kursiv* geschrieben. Genaue Angaben zum Auffinden der jeweilig zitierten Akte finden sich in einer Auflistung am Ende des Beitrags.

[2] Im Sinne von Generalpächter. Es gab im 18. Jh. in Preußen keine „Domänenpächter", denn die Domänen wurden als ganze Ämter an einen Generalpächter abgegeben. Der Begriff „Domänenpächter" setzte sich erst im 19. Jahrhundert durch, als die Generalpächter nur noch als Landwirte einer königlichen Besitzung – „Domäne" – hervortraten und die Amtsgeschäfte, nämlich die Einziehung der Pachten von königlichen Ländereien Rentämtern vorbehalten waren, bis sie in der Mitte des 19. Jhs. aufgelöst wurden und die Gutshöfe als königliche Domänen übrigblieben.

Allgemein war der Stand der Generalpächter sehr angesehen. Sie galten als fortschrittliche Landwirte, und ihnen wurde ein erheblicher Wohlstand nachgesagt, der es ihnen ermöglichte, ihre Familien gut zu versorgen. Dieser Ruf gründet sich in der Literatur hauptsächlich auf drei Arbeiten, die sich mit Domänenpächtern aus der Kurmark oder Ostpreußen beschäftigen[3]. Dass sich diese These aber nicht auf den Stand im gesamten Brandenburg-Preußen anwenden lässt, soll am Beispiel von mehreren Generalpächtern in Westpreußen nachgewiesen werden. Denn die Wirtschaftskraft des Domänenamtes, d. h. die Güte der Ländereien im gesamten Amt spielte eine wichtige Rolle, die für Prosperität und Ertragsleistung des Amtes genauso entscheidend war wie die Wirtschaftsfähigkeit des Landwirtes bzw. des Generalpächters.

1. Literatur

Die Literatur bewertet die Berufsgruppe der Generalpächter als „fleißige, erfahrene, vorzügliche, gute Landwirte", die „beste Beweise ökonomischer Kenntnisse ablegten" und „sich durch viel Tüchtigkeit, Betriebsamkeit und Geschicklichkeit auszeichneten"[4]. Bei solchen Zeugnissen war die Verlängerung eines Pachtverhältnisses kaum zu verweigern, und „es muss schon (...) ein außerordentlicher Fall gewesen sein, wenn die Generalpächter mit Verlust endeten"[5].

Müller bearbeitet den Domänenbesitz Brandenburg-Preußens (Kurmark, Pommern und Preußen resp. Ostpreußen) ohne die Erwerbungen aus den Teilungen Polens, während Heegewaldt wenigstens einmal darauf Bezug nimmt[6]. Müller legt das Gewicht seiner Darstellung auf die Stellung des Generalpächters im feudalen Gesellschaftsgefüge des 18. Jahrhunderts, das er durch die Generalpächter bereits kapitalistisch unterwandert sieht. Die kurzen Pachtperioden von

---

[3] Hans-Heinrich MÜLLER, Domänen und Domänenpächter in Brandenburg-Preußen im 18. Jahrhundert, in: Jahrbuch für Wirtschaftsgeschichte, 1965, Teil 4, S. 152–192; Werner HEEGEWALDT, „Wie führt der Teufel zum Beamten den Canonicus?" Herkunft, Bildung und Karriereweg brandenburgischer Domänenpächter im 18. Jahrhundert, in: KAAK, Heinrich; SCHATTKOWSKY, Martina (Hrsg.): Herrschaft: Machtentfaltung über adligen und fürstlichen Grundbesitz in der Frühen Neuzeit, Köln u. a. 2003, S. 177–193; James L. ROTH, The East Prussian „Domaenenpaechter" in the Eighteenth Century, Berkeley 1979.

[4] MÜLLER (wie Anm. 3), S. 332. Er entnahm diese Attribute als wörtliche Zitate verschiedenen Verpachtungsakten in Ostpreußen und der Kurmark.

[5] EBD., S. 351.

[6] HEEGEWALDT (wie Anm. 3), S. 184: „... im letzten Drittel des (18.) Jahrhunderts vermehrt Wechsel in lukrative Pachtungen in ehemals polnischen Gebieten." Er kann nicht Pommerellen und das Kulmer Land gemeint haben, eher die Erwerbungen von 1793 und 1795.

sechs Jahren umgingen sie durch die ständige erneute Pachtung nach deren Ablauf. Er unterstellt ihnen unabhängig von den Beurteilungen der Domänenräte wirtschaftliche Innovationsfähigkeit und Weitsicht im Erschließen immer neuerer Erwerbsquellen im Handel mit den Produkten ihres Amtes wie Fischerei, Ziegelbrennerei, Torfgewinnung und vor allem aus der Bierbrauerei oder Branntweinbrennerei. Er vernachlässigt nicht deren innovative Wirtschaftsweise, die sich von der Dreifelderwirtschaft hin zur Fruchtwechselwirtschaft (nach englischem Vorbild) oder zur Koppelwirtschaft nach mecklenburgischer Anregung (periodischer Wechsel von Grün- und Ackerland) entwickelte.

Bei Müllers makrogeschichtlichem Ansatz haben Kritik oder Zweifel an dieser nur vorteilhaften Einschätzung der Domänenpächter keinen Platz. Ausfälle waren nicht auf schlechte Wirtschaft zurückzuführen – die Domänenpächter besaßen „berechnenden Geist und Gewinnstreben kombiniert mit Jagd nach Profit" –, sondern auf Missernten oder ungünstige Wetterverhältnisse, dennoch hätten sie selten auf ihren ihnen zustehenden Remissionsforderungen bestanden[7]. In ähnlichem Sinn argumentiert auch Heegewaldt, legt aber seinen Fokus auf die Soziologie der Pächter, ihre familiären Strukturen, die sie häufig in ihre Pachtverhältnisse einbrachten, indem Söhne oder andere Familienmitglieder an den Amtsgeschäften mitwirkten (Buch- und Registerführung u. ä.), ihre Herkunft und Bildungswege. Er prägt den Begriff des „Hochpachtens": Meistens stand die Generalpacht am Ende eines Karriereweges von sich kontinuierlich steigernden Pachtwirtschaften, die unbemittelten Nichtadligen zu praktischen Erfahrungen in der Landwirtschaft und zu einem Vermögen verhelfen sollten, um die hohen Einstiegskosten in eine Domänengeneralpacht aufzubringen. Da sie oft die Pacht innerhalb der Familie „weiterreichten", machten sie es ihren Nachfolgern einfacher, und meistens sank das Einstiegsalter kontinuierlich[8]. So prägten sich ganze Pächterdynastien. Heegewaldt beschränkt sich bei seinen Forschungen auf die Kurmark, die ihm mit ihren 52 Ämtern und 305 Generalpächtern während des 18. Jahrhunderts genügend Forschungsmaterial bot. Auch für ihn wie bereits bei Müller konnten sich die Pächter ihr bedeutendes Sozialprestige nur durch ihre Kompetenz, Fleiß, kapitalistisches Unternehmertum und Gewinnstreben erarbeiten. Sie wurden allerdings vom Adel weniger mit sozialer Anerkennung belohnt als vom Bürgertum, das sie schon eher als gleichrangig im sozialen Prestige anerkannte.

Die Domänenpächter per se als geschäftstüchtig und erfolgreich im landwirtschaftlichen Unternehmertum des 18. Jahrhunderts darzustellen, führt an der Wirklichkeit vorbei. Dieses Bild mag für einen Großteil von ihnen zutreffen,

---

[7] MÜLLER (wie Anm. 3), S. 345/46.
[8] HEEGEWALDT (wie Anm. 3), S. 188.

blendet aber ökonomische und soziale Zwangslagen in den Ämtern aus, wie sie in vielen Bereichen Brandenburg-Preußens herrschten – sei es, dass die Ämter durch kriegerische Ereignisse in der Landeskultur zurückgeworfen waren (Pommern und die Neumark im Siebenjährigen Krieg) oder durch Seuchen stark entvölkert und verlassen waren (Preußisch-Litauen durch die Pest) oder dass neu erworbene Ländereien wie die Westpreußens von einem anderen Wirtschaftsniveau dem preußischen Domänenbestand zugeführt werden mussten. All das sind Faktoren, die die Wirtschaftskraft eines Domänenamtes zum Teil stärker beeinflussten als die Geschäftstüchtigkeit des Beamten[9]. Gerade in Westpreußen soll dies am Domänenamt Schöneck und zwei benachbarten Ämtern, Kischau und Bordzichow, gezeigt werden.

2. Domänenwirtschaft[10]

Ein Amt war in der Frühen Neuzeit in Brandenburg-Preußen eine Verwaltungseinheit wie heute eine Kommune oder Landkreis. Das Domänenamt umfasste nur Land, das dem Staat oder dem König gehörte, und beinhaltete Bauerndörfer, Gutshöfe (genannt *Vorwerke*[11]), Mühlen, Seen, Krüge, Brauereien und Brennereien. Seit König Friedrich Wilhelm I. wurde es als Ganzes an einen Pächter vergeben, für den sich bis 1730 der Name Generalpächter durchsetzte. Er durfte nicht adlig sein[12], konnte die Gutshöfe unterverpachten und einen oder mehrere als eigene Wirtschaft führen. Er musste alle Abgaben (*Gefälle*) der Bauern, Unterpächter, Mühlen-, Krug- und Fischereipachten einziehen und an die Domänenkasse abführen. Diese wurden vor seinem Pachtbeginn von der vorgesetzten Kriegs- und Domänenkammer veranschlagt und zusammen mit seinem eigenen Pachtzins in seinen Pachtvertrag aufgenommen, der stets für einen Zeitraum von sechs Jahren abgeschlossen wurde. In Westpreußen wurde

---

[9] Im 18. Jahrhundert wurden die Generalpächter als Vertreter des staatlichen Grundherrn *Beamte* oder *Amtmann* genannt, während die Bediensteten der Kammer als *Domänen-* oder *Departementräte* bezeichnet wurden.

[10] Die folgende Aktenrecherche resultiert aus den Forschungen zu meiner Dissertation (im Druck): Gisela Borchers: Grundbesitz in Bauernhand. Die Erbpacht in Westpreußen im Rahmen der preußischen Domänengeschichte des 18. Jahrhunderts, dargestellt am Domänenamt Schöneck, Universität Oldenburg 2013.

[11] Vorwerke waren selbständig verpachtete Gutshöfe innerhalb der jeweiligen Grundherrschaft. Im Gegensatz zu Bauernhöfen lagen sie nicht innerhalb von Dörfern und waren wesentlich größer. Große Vorwerke waren Nutznießer von Scharwerksdiensten der Bauern. Sie sind nicht gleichzusetzen mit den Vorwerken im späten 19. oder 20. Jahrhundert.

[12] Einige sind geadelt worden und Generalpächter geblieben, (z.B. Gottfried Theodor Schön 1757 in Schreitlauken oder Johann Friedrich Domhardt 1771 in Althof-Ragnit).

die Dreifelderwirtschaft mit Sommer- und Wintergetreide und einer Brache praktiziert, und die Erträge aus seiner Wirtschaft, die über den Pachtzins hinausgingen, waren der Gewinn des Pächters.

So war in Brandenburg-Preußen die Domänenwirtschaft aufgebaut, als Friedrich der Große Preußen Königlich Polnischen Anteils 1772 erwarb, seiner neuen Provinz ab Januar 1773 den Namen *Westpreußen* gab und die bisherige Provinz Preußen *Ostpreußen* nannte. Die zuvor Starosteien genannten königlichen Ländereien der Krone Polen fielen dem preußischen Staat zu. Zusammen mit dem umfangreichen Landbesitz der Geistlichkeit (Klöster, Bischöfe, Domkapitel)[13] vereinigte er sie in Domänenämtern und unterstellte sie der Kriegs- und Domänenkammer in Marienwerder. Sie wurden zunächst bis Trinitatis[14] 1773 administriert und ab diesem Zeitpunkt in Generalpacht vergeben.

3. Domänenamt Schöneck und die Veranschlagung allgemein

Das Domänenamt Schöneck, inmitten Pommerellens gelegen, umfasste neben den Ländereien der vormaligen gleichnamigen Starostei auch diejenigen des Bischofs von Kujawien (drei Dörfer und ein Vorwerk) und ab 1776 auch das große Gebiet des Güterschlüssels Pogutken, Ländereien des Klosters Pelplin[15]. Das Amt hatte mit der Stadt Schöneck[16] nichts zu tun, innerhalb der Stadt war nur das Schloss mit Gartenland in königlichem Besitz. Der Domänenpächter hatte zunächst seinen Sitz auf dem Vorwerk Neuguth, nordöstlich der Stadt, bis er 1776 in das südwestlich gelegene Pogutken umzog. Gegenüber der Starostei aus Königlich Polnischer Zeit vergrößerte sich das Domänenamt Schöneck um das Doppelte (1776).

Grundlage für einen Pachtvertrag war die Veranschlagung der Ländereien durch die Kriegs- und Domänenkammer, für Westpreußen in Marienwerder. Sie

---

[13] Diese Ländereien verblieben im Eigentum der Geistlichkeiten. Sie wurden ihnen aber in der Bewirtschaftung entzogen und erhielten dafür eine finanzielle Entschädigung, *Kompetenzgelder* genannt. Erst 1810 wurden die geistlichen Ländereien vom preußischen Staat säkularisiert.

[14] Trinitatis, der Sonntag nach Pfingsten, galt immer als Pachtbeginn oder -ende, wurde aber de facto als 1. Juni gehandhabt.

[15] Es war 1772 zunächst dem Domänenamt Stargard zugeschlagen worden. Da es aber an das Amt Schöneck grenzte, wurde es ab 1776 mit diesem vereinigt. *Güterschlüssel*: zeitgenössische Bezeichnung für einen geschlossenen Güterkomplex.

[16] In Schöneck war vom Deutschen Orden ein Amt eingerichtet worden als Teil seiner Verwaltung. 1466 kam das Gebiet mit Königlich Preußen unter die Krone Polen, das Deutschordensamt Schöneck wurde als Krongut deren Besitz und behielt seinen Namen als Starostei Schöneck, ohne dass die Stadt deren Teil war.

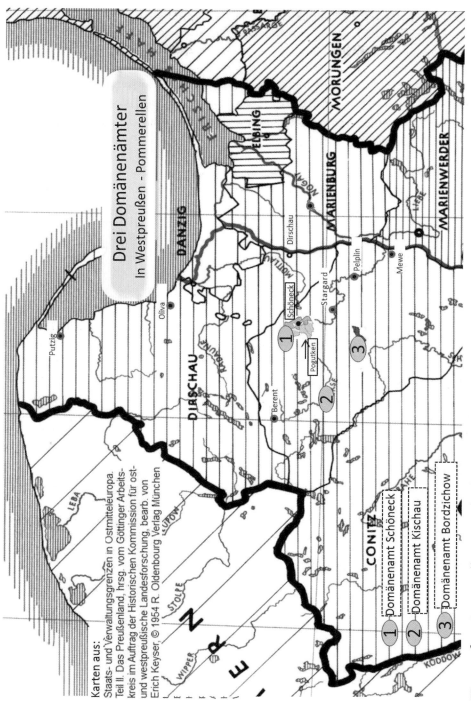

Karten aus:
Staats- und Verwaltungsgrenzen in Ostmitteleuropa.
Teil II. Das Preußenland, hrsg. vom Göttinger Arbeits-
kreis im Auftrag der Historischen Kommission für ost-
und westpreußische Landesforschung, bearb. von
Erich Keyser, © 1954 R. Oldenbourg Verlag München

Drei Domänenämter
In Westpreußen - Pommerellen

1 Domänenamt Schöneck
2 Domänenamt Kischau
3 Domänenamt Bordzichow

Westpreußen – Pommerellen – Lage der drei Domänenämter

berechnete den zu erwartenden Ertrag nach Bodengüte, Aussaat und Maßtabellen. Für Westpreußen sollten die gleichen Veranschlagungsrichtlinien gelten wie für Ostpreußen. Friedrich der Große hatte sie in einem Reskript vom 20. Mai 1775, einem sogenanntem *Principium Regulativum*, wiederholt, indem er für alle neuen Ämteranschläge anordnete, wie das Getreide veranschlagt werden solle:

der Scheffel Weizen zu zwanzig Groschen, der Scheffel Roggen zu sechzehn Groschen, der Scheffel Gerste zu zwölf Groschen[17].

Darüber hinaus waren alle Domänenräte gehalten, für jede neue Pachtperiode immer wieder die Anschläge bis ins Detail zu prüfen und *es nicht bloß bei dem alten bewenden zu lassen*[18]. Es war sicherzustellen, dass die Ländereien vermessen würden, und wo sie es bereits waren, *so müßen selbige dennoch bei einer jeden Veranschlagung des Vorwerks revidiret* werden. Bezüglich der Ertragsanschläge der Wiesen *wird hierdurch festgesetzt, daß die schlechtesten Feld-Wiesen pro Morgen magdeburgisch nicht unter 45 gr, die ordinaire einhauigte worunter diejenigen Feld-Wiesen mitbegriffen sind, so ihrer vortheilhaften Lage wegen einen guten Heu-Gewinn versprechen, nicht unter 60 gr. und die zwei-häuigte nicht unter 75 gr zu veranschlagen* sind[19].

Die Kammer in Marienwerder erlaubte sich, diesen, wie sie fand, zu hohen Anschlägen zu widersprechen und außerdem vorzuschlagen, dass gerade in Westpreußen längere Pachtzeiten als nur sechs Jahre angemessen seien, weil *in hiesiger Provintz, wo es fast an aller Ressource, und auch selbst an bemittelten und Wirtschaftsverständigen Leuten zur Ämter-Pacht fehlt, und wo noch viele Jahre verstreichen, und Euer Königlichen Majestät Casse es noch viele Kosten verursachen wird, bis die Wirtschaft erst auf die in andern Provintzen gewöhnliche Art wird geführet werden können*[20]. Aber dieser Einspruch und weitere Verweise wie der, die schlechtere Bodenkultur in der neuen Provinz zu berücksichtigen, wurden vom Generaldirektorium zurückgewiesen und alle festgesetzten Prinzipien erneut bestätigt. Alle Pächter, sowohl die Vorwerkspächter als auch der Generalpächter, waren verpflichtet, ihre Wirtschaftsdaten in vorgeschriebenen Büchern und Registern festzuhalten. In der Praxis sah das so aus, dass die Vorwerkspächter, da sie oft nicht schreiben konnten, ihre Maße in Kerben an Weidenstöcken festhielten und diese beim Generalpächter nach der Ernte ablieferten. Zweifelsohne wussten die Domänenräte die Wirklichkeit vor Ort angemessen einzuschätzen, die sie jahraus jahrein erlebten. Ihnen waren

---

[17] Akte Ämter-Anschläge, Blatt 11, 20. Mai 1775.
[18] Akte Ämter-Anschläge, Blatt 34–45r: Berlin, den 17. Januar 1776.
[19] Akte Ämter-Anschläge, Blatt 34–45, hier Blatt 37. Ein-, zwei oder dreihauig = auf der Wiese wird ein-, zwei- oder dreimal pro Jahr Heu gemacht.
[20] Akte Ämter-Anschläge, Blatt 49–53, WKDK an Berlin, den 6. Februar 1776.

aber die Hände durch die Reskripte des Königs und die Kontrolle des Generaldirektoriums gebunden. Der Minister von Gaudi zeigte sich unbeeindruckt,
machte keinen Unterschied zwischen allen preußischen Kammern und rügte die
Kammerräte wiederholt, dass sie bei den Veranschlagungen lieber die Beschwerden der Beamten als die vorgeschriebenen *Principiis* berücksichtigten! Die Etat-
erfüllung blieb oberstes Gebot, und Spezialfonds wie das Extraordinarium waren den Remissionen vorbehalten und sollten nicht ständig für Rückzahlungen
an die Generalpächter missbraucht werden[21]. Dabei hatte Minister von Gaudi
1777, nachdem er im November 1775 Minister des 1. Departements im Generaldirektorium geworden war, auf Anordnung Friedrichs die Provinz Westpreußen bereist und vor Ort selber die Zustände in der Landwirtschaft begutachten
können.

Gerade in Westpreußen standen die Domänenräte bei den Ertragserwartungen unter großem Druck seitens Friedrichs des Großen, der von der neuen Provinz verlangte, dass sie sich selber finanziere, was ihm auch gelang, indem er u. a.
die Verwaltungskosten durch eine geradezu knauserige Personalpolitik extrem
niedrig hielt. Der Kammerpräsident von Domhardt veranschlagte den zu erwartenden Ertrag aus den Domänen noch anfangs 1773 mit 306 000 Reichstalern,
Friedrich erhoffte aber 400 000 Taler für Westpreußen[22]. An der Basis machte
sich dieser Erwartungsdruck in überhöhten Ertragsanschlägen auf den Ämtern
bemerkbar.

54 Domänenämter waren in ganz Westpreußen ohne den Netze-Distrikt gebildet worden, allein 25 Ämter in Pommerellen, dem Teil westlich der Weichsel.
Damit war der Verwaltungsaufwand für die Domänenräte enorm, alle Ländereien mit Äckern, Wiesen und Weiden zu vermessen und in ihrem Ertrag zu
bewerten. Die Vermessung kam dabei zu kurz und wurde vorerst zurückge-
stellt. Die Räte verließen sich auf die Angaben der bisherigen Nutznießer wie
Bauern und Pächter, indem sie die Aussaat an Getreide und die Wiesen nach
Heufudern zur Grundlage ihrer Berechnung nahmen. Sie waren zumeist aus
den anderen preußischen Provinzen nach Marienwerder gekommen und es gewohnt, nach den vorgegebenen Prinzipien zu arbeiten, die den Kulturzustand
und die Ertragsfähigkeit des Landes unberücksichtigt ließen. Die Anschläge
führten meistens zu höheren Pachtzinsen, als die Bauern und Vorwerkspächter
bislang gezahlt hatten. Alle Pächter blieben auf ihren Höfen bis zum Ablauf

---

[21] Akte Ämter-Anschläge, Schreiben Minister von Gaudi an die preußischen Kammern,
Blatt 252: den 2. November 1782, Kopie Friedrich König pp.

[22] Max Bär, Westpreußen unter Friedrich dem Großen, 1. Band (Darstellung) und 2. Band
(Quellen), (Publikationen aus den Königlichen Preußischen Staatsarchiven 83. Band),
Leipzig 1909, ND Osnabrück 1965, 1. Band, S. 279/80.

ihres Kontrakts aus preußisch-polnischer Zeit. Im Amt Schöneck waren es fünf oder sechs, im Güterschlüssel Pogutken meistens nur drei Jahre. Danach mussten sie den von der Kammer veranschlagten Zins entrichten. Und viele Pächter konnten das nicht, weigerten sich zu zahlen, verließen die Stelle oder arbeiteten ohne Vertrag zu einem Zins, den sie sich leisten konnten. Und hier nun setzte das Dilemma des Generalpächters ein.

4. Ära Bomsdorff 1773–1782

Nachdem das Amt Schöneck von Herbst 1772 an von einem Verwalter (Administrator) geführt worden war[23], kam Trinitatis 1773 mit Carl Gottlieb Bomsdorff der erste Generalpächter. Er war zuvor Sekretär in der Preußischen Residentur[24] in Danzig gewesen. Weiteres ist zu seinem Lebensweg nicht bekannt. Seine bisherige Tätigkeit lässt nicht auf eine fachliche Eignung als Landwirt schließen. Die erste Pachtperiode lief nur bis 1776 und danach die üblichen sechs Jahre. Bomsdorff blieb im Amt bis 1782, als Michael Blanckenburg die Pacht übernahm, der sie bis zu seinem Tod 1806 behielt. Dann trat dessen Sohn Carl Friedrich in den laufenden Vertrag ein. Eine Verlängerung bekam dieser 1818 aber nicht mehr.

So weit sind auch hier die familiären Netzwerke der Generalpächter nachzuweisen, wie sie Müller vermehrt anspricht. Denn Michael Blanckenburg war der Stief-Schwiegervater seines Vorgängers Bomsdorff, und er sorgte später dafür, dass sein Sohn bereits in seinem letzten Pachtvertrag von 1800, der über 18 Jahre geschlossen wurde, als sein Sukzessor im Falle seines Todes aufgenommen wurde. Auch beim Erbverpachtungsgeschäft der Vorwerke generierte Blanckenburg das Bild von der familiären Versorgungsmentalität, indem er seiner Familie möglichst gute und große Pachten sicherte. Aber bei den Finanzen hört das Bild auf: Beide genannten Pächter klagten über hohe Verluste und überzogene Veranschlagungen der Domänenräte, so dass sie von ihrem Vermögen erhebliche Beträge zusetzten mussten, nur um Pächter auf den Vorwerken zu halten oder – wo sie keine Pächter fanden – den veranschlagten Zins aus eigener Tasche bezahlten, ohne Einnahmen dafür gegenrechnen zu können. Das Amt Schöneck enthielt mit 27 Vorwerken die meisten aller westpreußischen Ämter, die bislang auf Zeitpacht vergeben waren, für reichliche Wechsel sorgten und dem General-

---

[23] Der Administrator des Amtes hat sich nicht feststellen lassen. Die entsprechenden Akten sind mit dem Grenzmarkarchiv 1945 in Berlin abhandengekommen ebenso wie die ersten Verpachtungsakten von 1773.

[24] Residentur hieß die Vertretung Brandenburg-Preußens in Danzig.

pächter viel Sorgen bereiteten. Die vorgesetzte Kammer erwartete von den Aspiranten für die Generalpacht Kapitalkraft für die Kaution und den mitzubringenden Viehbestand, zudem einen gehobenen Lebensstandard als Repräsentant des Landesherrn, was im Allgemeinen einen erweiterten geistigen Horizont einschloss[25], aber nicht den Nachweis der Wirtschaftsfähigkeit.

Der Generalpächter – nicht die einzelnen Pächter – musste die veranschlagten Pachtzinsen aus allen Pachtungen bei der Domänenkasse abliefern. Denn sein Kontrakt umfasste sowohl die Bauern- als auch alle anderen Pachten zusätzlich zu seiner eigenen Landwirtschaft[26]. Dies war das Wesen der Generalpacht. So hatte die Kammer nur den einen Schuldner als Partner, der durch seinen Vertrag für alle anderen Pachten verantwortlich zeichnete. Damit lastete aber auf ihm die doppelte Sorge: Er musste einen Unterpächter finden für die Vorwerke, Mühlen, Krüge[27], Bauernhöfe usw. und sicher sein, dass sie auch zahlten. Andererseits hatte er deren Zins nicht festgesetzt, somit keinen Einfluss auf die Effizienz und Rentabilität des Pachtobjektes, ganz abgesehen von den Fähigkeiten des Unterpächters. Aus dieser Zwangslage resultierten zum großen Teil finanzielle Schwierigkeiten der Generalpächter: Bomsdorff klagte, dass er viele Unterpachten aus eigener Tasche bezahlen musste, weil er sie nicht habe besetzen können oder die Bauern den kontraktmäßigen Zins nicht leisten könnten, und er musste die Differenz zuschießen. Als dann nach der ersten Pachtperiode 1776 die Anschläge erhöht wurden, akzeptierte er nach einer zehntägigen Bedenkzeit zwar seinen neuen Pachtvertrag für die Periode 1776–82 *in Hoffnung auf künftig gesegnetere Jahre*[28], weil er Angst hatte, *aus der Pacht gesetzt zu werden*. Er stellte aber umgehend den Antrag direkt beim Generaldirektorium auf Pachtnachlass für die kommende Pachtzeit[29]. Nach seinem starken finanziellen Engagement im Amt, von dem er nach nur drei Jahren Wirtschaft noch keinen Gewinn hatte erreichen können, erhoffte er sich endlich Rendite aus seinem Kapital. Nachdem er schon den Pachtzins der vorigen Amtszeit nicht hatte erwirtschaften können, sah er sich in seinen Erwartungen getäuscht, als ihm zur Verlängerung ein Vertrag mit einer noch höheren Pacht vorgelegt wurde. Die Ablehnung des neuen Kontrakts war keine Option, weil er dann auf jeden Fall mit dem Amt

---

[25] MÜLLER (wie Anm. 3), sinngemäß S. 343.

[26] Es gab auch Ämter, in denen der Generalpächter keine eigene Landwirtschaft hatte, dann zog er nur die Pachten seiner Unterpächter ein und beaufsichtigte sie.

[27] Mühlen und Krüge waren meistens in erbliche Pachten vergeben, manchmal aber mit variablem Zins.

[28] Akte Verpachtung Amt Schöneck Nr. 1, Blatt 42–46, WKDK an Berlin, 3. April 1776.

[29] Akte Verpachtung Amt Schöneck Nr. 1, Blatt 62–65: Bomsdorff an Generaldirektorium, den 8. April 1776.

auch alle seine Investitionen verloren und mit leeren Händen vor einer ungewissen Zukunft gestanden hätte.

Nach anfänglichem Ablehnen sämtlicher Forderungen Bomsdorffs durch den Minister von Gaudi im Generaldirektorium erhielt er 1777 einen Pachtnachlass von 300 rt. wegen Ausfällen bei der Brauerei und Branntweinbrennerei. *(…), was aber die übrigen Ausfälle betrifft, so habt Ihr solche gehörig zu untersuchen, und darüber mit unserm pflichtgemäßen Gutachten zu berichten*, schrieb Gaudi endlich 1779 an die Kammer in Marienwerder[30]. Im Einzelnen forderte Bomsdorff u. a.,

1. dass unbesetzte Vorwerke der Königlichen Kasse und nicht ihm als Ausfälle anzulasten seien,
2. die Aufhebung der Wohnungsmiete und Viehsteuer bei den Gärtnern,
3. die Stundung der Pachtreste für Vorwerkspächter bis nach der Ernte,
4. Erstattung der Vorschüsse, die er für die Bauten auf den Vorwerken verauslagt hatte.[31]

Im August und September 1779 bereiste ein Domänenrat das gesamte Amt und nahm bei allen Vorwerken die Erträge, Zinse, Sorgen und Nöte der Pächter auf. Nun zeigte es sich, dass die Anschläge sehr überzogen waren. Es war grundsätzlich beim Getreide das 3. Korn als Ernteertrag angesetzt, und kein Vorwerk erwirtschaftete auf seinem Boden drei Körner von einem Korn Aussaat, viele noch nicht einmal das 2. Korn! Die Heugewinnung war ebenso übersetzt veranschlagt, wodurch die Haltung von Schafen, das Wirtschaftsvieh schlechthin in diesem Land zu dieser Zeit, auch zu hoch bemessen wurde[32]. *Was nun specialiter die Beschwerde des Beamten wegen der übersezten Vorwerker betrifft, so werden Eure Königliche Majestät (…) zu ersehen geruhen, daß selbige gegründet ist, indem nicht nur wegen der schlechten Beschaffenheit des Bodens im Durchschnitt lange nicht das 3. Korn vom Getreide erbracht worden, sondern auch die Wiesen fast durchgehend höher angeschlagen sind, als selbige genuzet, auch zum Theil die angeschlagenen Schaafe nicht gehalten werden können*, lautet der Bericht der

[30] Akte Remissionssache Bomsdorff, Blatt 6, Berlin, den 26. Aug. 1779, von Gaudi an WKDK. In den Akten wird diese Klage als *Praegravationsklage* (Überlastung) geführt.
[31] Akte Remissionssache Bomsdorff, Blatt 1–4, Schreiben Bomsdorff den 12. Aug. 1779.
[32] *Die hohe Veranschlagung der Vorwercker, besonders der Wiesen- und Vieh-Pacht, ist die Haupt-Ursache, welche der Beamte zu Beschwerden veranlasset, und sowohl die zum Theil nothwendige Verafterpachtung, als auch den Abbau der Vorwercker behindern wird.* Das Fazit des Domänenrats, Akte Verpachtung Amt Schöneck Nr. 1, Blatt 77–80, WKDK Bericht, 26. März 1777.

Kammer über die Untersuchung an das Generaldirektorium[33]. Im Weiteren gab er dem Beamten in allen Punkten Recht und stellte am Schluss zusammen, dass von den Vorwerken ein Pachtrückstand von 1 425 rt. aufgelaufen war. Die Bodengüte erlangte in diesem Bereich Pommerellens selten die 3. Klasse, eher eine schlechtere Klassifikation und berechtigte vor allem durch das Fehlen von ausreichendem Dünger wegen des geringen Viehbestandes nicht zu hohen Ertragserwartungen, wie es die Departementräte in anderen Teilen Brandenburg-Preußens gewohnt waren. Die meisten Pachtzinse waren zu hoch, die Pächter arbeiteten auch teilweise ohne Vertrag, weil sie die neue Bemessung nicht tragen konnten. Hier einige Beispiele aus dem Untersuchungsbericht[34]:

Vorwerk	Zinsreduktion, rt. veranschlagt → gezahlt	Schafhaltung	Sonstiges
Strippau	352 rt. → 310 rt.	400 St. Schafe veranschlagt, 315 St. gehalten	
Schridlau	306 rt. → 295 rt.		kein Kontrakt
Tomaszewo	213 rt. → 189 rt.	150 St. Schafe veranschlagt, 90 St. gehalten	im Anschlag 3. Korn; nie das 2. Korn geerntet, kontraktlos.
Jeseritz	166 rt → 133 rt		zu poln. Zeit 75 rt Zins
Czarnoczin	283 rt → 243 rt	nur 200 Schafe möglich	will ferner nur noch 200 rt Zins geben
Boschpohl	201 rt → 166 rt		will den Kontrakt nicht unterschreiben

Alle Pächter beklagten grundsätzlich eine überhöhte Ertragserwartung. Es konnte auch zu Missverständnissen kommen, wenn als Getreidemaß aus alter Gewohnheit das Danziger anstelle des neu vorgeschriebenen Berliner Maßes

[33] Akte Remissionssache Bomsdorff, Blatt 7–9, WKDK an Berlin, den 25. May 1780. Nach einer Aufstellung der Kriegs- und Domänenkammer Königsberg über die Getreidepreise in Danzig und Elbing 1772–1802 sank der Getreidepreis für Roggen und Gerste nach einer Hausse 1775 kontinuierlich bis zu einem Tiefpunkt 1780, zog kurzfristig für Roggen 1781/82 wieder an, um dann von 1783 bis 1800 kontinuierlich anzusteigen. Gerste machte den Höhepunkt 1782 nicht mit, sondern bewegte sich vom Tief von 1779/80 stetig aufwärts bis zum höchsten Stand 1800. Akte Getreide-Preise, Blatt 94, Oktober 1803.

[34] Akte Remissionssache Bomsdorff, Blatt 10–20, Actum Amt Schöneck, den 3. Nov. 1779. Die dem Bericht beigegebenen Anlagen mit den genauen Extrakten zu jedem Vorwerk waren nicht bei der Akte, deshalb gibt es nicht immer Zahlenangaben, sondern Beschreibungen. Die Zinsreduktionen lagen zwischen 12 und 20 %.

benutzt wurde oder der Pächter den Pachtzins in Danziger Geld anstatt in Preußisch Courant vermutete. Viele Pächter waren gezwungen, ihr Vieh, auch Arbeitsvieh wie Ochsen und Pferde, zu verkaufen, die aber wegen fehlender Käufer kaum Erlöse brachten. Der Bericht machte dann auch die Wirtschaftslage für die unzureichenden Erträge verantwortlich: Es *reichtet das Wirthschaftskorn zu Bestreitung der wirtschaftlichen Ausgaben bei weitem nicht zu, und der Beamte sowohl als der Vorwerkspächter haben dazu einen beträchtlichen Theil expropiis hergeben müssen. Hauptsächlich sind die bisherige und noch fortdauernde geringe Preise des Getreides, der Wolle und des Viehes, welches leztere nicht recht Abnehmer findet, und der gefallene Verkehr nebst der eingeschränkten Consumtion in Danzig, die Ursachen, daß der Beamte und die Afterpächter den beträchtlichen Verlust leiden*[35]. Es kam noch der ganz schlechte Zustand aller Bauten auf den Vorwerken hinzu, *da die Gebäude durchgehends darauf baufällig sind, und theils schon den Einsturz drohen, und die Bau-Kosten mehr als einen 6 jährigen Ertrag eines dergleichen schlechten Vorwerks absorbiren würden*, zu deren Wiederaufbau der Beamte aus seinem Vermögen 1 254 rt vorgeschossen hatte, im guten Glauben auf Erstattung durch die Domänenkasse. Bei diesem Amt kumulierten verschiedenste Umstände zu einer Realität, die weder der Beamte noch die Kammer hatten abschätzen können. Noch weniger konnte das der Minister im fernen Berlin: Er lehnte jede Rücknahme von vertragsmäßigen Anschlägen ab: So erteilte er der Kammer *zur Resolution, wie Wir Uns auf die bey der Untersuchung zum Theil willkürlich angenommene, zum Theil nicht genugsam erwiesene Remissions Sätze nicht einlaßen, noch weniger dem Beamten darauf irgend einige Vergüthung angedeyhen laßen können*[36]. Es halfen weder dem Beamten Bomsdorff weitere Eingaben noch den Pächtern irgendwelche Beschwerden beim Beamten. Eine mögliche Lösung dieses Kreislaufs sahen sowohl Kammer als auch der Beamte in der Erbverpachtung der Vorwerke[37]. Das Interesse war zwar vorhanden, aber genau wie bei den Zeitpachten wollten die Interessenten bei der Erbpacht den veranschlagten Zins nicht zahlen und boten im Durchschnitt lediglich zwei Drittel des geforderten Kanons. Die Kam-

---

[35] Akte Remissionssache Bomsdorff, Blatt 7, Marienwerder, den 25. Mai 1780.

[36] Akte Remissionssache Bomsdorff, Blatt 22, Berlin an die WKDK Marienwerder, den 18. Juni 1780.

[37] Die Erbverpachtung der Vorwerke schaffte privaten Besitz in bäuerlicher Hand, während der preußische Staat Eigentümer blieb. Damit waren die Erbpächter allein für ihren Zins verantwortlich und nicht mehr Teil des Vertrages des Generalpächters. Im Domänenamt Schöneck waren alle 27 Vorwerke bis 1800 in Erbpacht vergeben. Bei der Erbverpachtung fielen nur einmalig die Retablissementkosten an, und danach trug der Erbpächter alle anfallenden Reparaturen selbst, ohne Anspruch auf Remissionen bei Wetterunbilden oder Ernteausfällen.

mer sah sich aber in der Zwangslage, immer den veranschlagten Etat zu erfüllen oder dem Generaldirektorium vorzuschlagen, aus welchem Fond sie Mindereinnahmen decken wolle.

5. Alternativen für Bomsdorff

In seiner Supplik von 1776 hatte der Generalpächter bereits eine Entsetzung aus der Generalpacht des Amtes ins Gespräch gebracht. Da er aber gerade erst den neuen Kontrakt für sechs Jahre unterzeichnet hatte, ließ sich die Kammer nicht darauf ein. Er scheint aber ständig nach Alternativen Ausschau gehalten zu haben, die sich dann gegen Ende seiner Pachtzeit abzeichneten. So fand er in seinem Stief-Schwiegervater einen kapitalkräftigen Nachfolger als Generalpächter, der ihm die verauslagten Kosten ersetzte, die Kaution von 2 900 Talern auf den Tisch legte und ihm dabei half, eine lukrative Erbpacht im Amt ohne Lizitation zu erwerben. Mit diesem Vorwerk Neuguth *würde ich doch einigermaßen, wenn auch gleich nicht schadlos gehalten, doch mit meiner zahlreichen Familie getröstet sein*[38], wie Bomsdorff 1782 in seiner Stellungnahme an die Kammer schrieb. Auch den Ausgleich zu seinem Mindergebot an Pachtzins war sein Schwiegervater bereit zu tragen. Bereits vorher hatte er versucht, ein anderes Vorwerk, das aber noch bis 1790 emphyteutisch verpachtet war, vor Ablauf der Emphyteuse zu kaufen (erste Bemühungen um 1780), um es in eine Erbpacht umwandeln zu lassen. Er scheiterte aber damit, weil eine Einflussnahme auf die Ertragsveranschlagung aufgedeckt wurde, die zu einem niedrigeren Zins geführt hatte. Die Urheberschaft zu der Einflussnahme konnte ihm nicht nachgewiesen werden. So blieb er bei dem einen Vorwerk von 86 Hufen magdeburgisch, immerhin über 600 Hektar. Er hat es bereits Mitte der 1790er Jahre gewinnbringend veräußert. Wirtschaftliche Kompetenz und Gewinnstreben hatte der Generalpächter in den neun Jahren seiner Pachtperiode lernen müssen und zielführend für sein weiteres Fortkommen als Landwirt anwenden können. Die anziehende Getreidekonjunktur am Ende des 18. Jahrhunderts und die beginnende Güterspekulation vor allem mit Erbpachtländereien kamen ihm sehr entgegen.

6. Ära Blanckenburg 1782–1818

Michael Blanckenburg kam schon aus einer landwirtschaftlichen Pachtung in dieses Amt (Vorwerkspacht im Amt Bütow), klagte aber auch über den hohen

---

[38] Akte Amt Schöneck Nr. 20, Blatt 4, Erklärung von Bomsdorff zur Pachtung des Vorwerks Neuguth vom 10. Februar 1782.

Vorwerksbestand im Amt Schöneck. Davon waren vor seiner Zeit nur vier in Erbpacht vergeben worden, und es gelang ihm bis 1790, also in weniger als zehn Jahren, 20 weitere zu verpachten, und selber behielt er drei Vorwerke für seine eigene Wirtschaft. Er muss ein vermögender Mann gewesen sein, wenn er die Kaution von 2 900 Talern hinterlegen und sämtliche Schulden seines Vorgängers übernehmen konnte sowie zudem den veranschlagten Pachtzins des Amtes garantierte. Das Amt wurde für ihn nicht neu veranschlagt, sondern der vorherige Pachtvertrag für drei Jahre verlängert (Genehmigung zur Verlängerung vom 18. März 1782, Vertrag vom 14. Januar 1783). 1784 gelang ihm noch einmal eine Prolongation um drei Jahre (wiederum ohne erneute Veranschlagung), obgleich Berlin erheblich Bedenken äußerte. *Beinahe geraten wir auf den Verdacht, daß die Departements-Räte die Prolongationen der Ämter Pachtungen uns deshalb so sehr anempfehlen, um sich von dem Veranschlagungs-Geschäfte los zu machen, da sie dasselbe doch vielmehr als ein Mittel ansehen sollten, den Domänen-Etat, der durch die bisherigen Erbverpachtungen verschiedener Amts Vorwercke Ausfälle erlitten, dadurch einigen Zugang zu verschaffen*[39]. 1784 steckte Blanckenburg mitten im Erbverpachtungsgeschäft von 17 Vorwerken, und da er sich stark engagiert hatte, seinen Familienmitgliedern lukrative Pachten zu verschaffen, lief er Gefahr, seine Intention nicht erreichen zu können, und *weil er aber im Amt verstrickt ist, so wolle er sich den Trinitatis 1785 ab auf 6 Jahre zur Continuation der Generalpacht (...) verstehen.* Er machte zur Bedingung, dass die laufenden Vererbpachtungsgeschäfte erfolgreich abgeschlossen würden, was dann bei 14 Vorwerken, *denen es schlechterdings ganz an Gebäuden fehlte*[40], gelang. Er bot dafür das ganze Ansehen seiner Person auf, ohne daneben viel Aufmerksamkeit den formalen Amtsgeschäften zu widmen, so dass er die Führung der Amtsbücher und -register seinen Schreibern überließ. Dennoch genehmigte das Generaldirektorium die Verlängerung am 28. Oktober 1784, aber nur bis Trinitatis 1788. Danach hatte die Kammer allerdings die Geduld mit ihm verloren, denn er war inzwischen kein gern gesehener Pächter mehr, und die Kammer versuchte, sich *bei der neuen Verpachtung seiner zu entledigen*[41]. Dementsprechend bescherte der Verpachtungsvorgang für die Pachtzeit ab 1788 dem Amt Schöneck erneut eine stürmische Phase. Es war ein für ein Domänenamt ungewöhnlicher Vorgang, dass die Kammer und nicht der Pächter selber den Entschluss bekundete, die Pacht nicht verlängern zu wollen. Deshalb

[39] Akte Verpachtung Amt Schöneck Nr. 1, Blatt 135, Minister von Gaudi an WKDK 22. Juli 1784.
[40] Akte Verpachtung Amt Schöneck Nr. 1, Blatt 132, Erklärung des Beamten Blanckenburg, Juni 1784, beide Zitate.
[41] Akte Verpachtung Amt Schöneck Nr. 1, Blatt 147: WKDK an Berlin 15. Januar 1788.

fuhr die Kammer, wie sie glaubte, massive Anschuldigungen auf. Die wichtigsten waren erstens die Ausnutzung seiner Stellung als Beamter, um seine Familie in viele Erbpachten im Amt zu bringen, und dass diese sich unzulässig in Amtsgeschäfte einmische und zweitens die unordentliche bis falsche Führung der Amtsgeschäfte, teils aus Unwissenheit, teils mit echtem Vorsatz. Die Rolle der Kammer in dieser Affäre war mehr als undurchsichtig. Blanckenburg beschwerte sich beim Generaldirektorium, dass Anspruch auf Verlängerung bestehe, solange er seinen Zins zahle, was er immer getan habe. Nur bei einer Verlängerung habe er eine Chance, die bislang zugesetzten 5 000 Taler herauswirtschaften zu können. Eine vom Generaldirektorium angeordnete Untersuchung sämtlicher strittiger Fälle brachte kein entscheidend signifikantes Vergehen zutage, in den Akten ist kein Wort der Beschwerde über Blanckenburg mehr zu lesen! Die Nachprüfung fiel ausnahmslos positiv für ihn aus, und somit wurde ihm der Vorzug vor allen anderen Interessenten – fünf weitere Aspiranten hatten sich inzwischen gemeldet – für das Amt gegeben. Dem Beamten wurde nun sogar ein Pachtvertrag für 12 Jahre angeboten und geschlossen: 1788–1800[42]. Unter Friedrich dem Großen wäre es zu einer heftigen Rüge für die Kammerräte gekommen, aber Friedrich Wilhelm II. mischte sich nicht mehr in diese Geschäfte ein. Noch 1800 erhielt Blanckenburg einen neuen Pachtvertrag, diesmal über 18 Jahre, obwohl er bereits 60 Jahre alt war. Auch ein Domänenamt in Westpreußen konnte begehrenswert sein. Wenngleich die Interessenten nicht hinter die Fassade des Generalpächters blicken konnten, lockte doch das gute Image generell, und mit den drei verbliebenen Vorwerken hatte der Beamte in Schöneck auch eine ansehnliche Wirtschaft, die ihren Pächtern aber nie zu Kapital und Wohlstand verhalf.

Das Domänenamt Schöneck war zwar durch die Gebietszuwächse 1773/76 flächenmäßig sehr bedeutend geworden, wirtschaftlich hatte es aber nicht viel zu bieten. Das Land der aus der polnischen Zeit überkommen Starostei war landwirtschaftlich gesehen in einem sehr schlechten Zustand. Prägend waren offensichtlich die Jahre des Starosten Mostowski (Starost 1758–1766) gewesen, der zwar angefangen hatte, die Ländereien zu vermessen, aber nur Pachtverträge auf Zeit vergeben (fünf oder sechs Jahre) und ansonsten nichts unterlassen hatte, seine Bauern und Vorwerkspächter auszubeuten. Der Generalpächter Bomsdorff referierte auf Mostowski, den er als die Ursache für den schlechten Zustand der Landwirtschaft anklagte[43]. In dieser Starostei waren außer Mühlen

---

[42] Akte Verpachtung Amt Schöneck Nr. 2.

[43] Akte Verpachtung Amt Schöneck Nr. 1, Blatt 62, Schreiben des Bomsdorf an das GD: *(...) das hiesige elende, wüste, besonders von dem Wojwoden von Mostowski total ruinirte und gänzlich ausgemergelte Amt, in dem sogar fast alle Gebäude über dem Haufen*

und Krügen alle Ländereien in Zeitpacht vergeben, während in angrenzenden Starosteien/Domänenämtern bereits in polnischer Zeit viele Höfe und Vorwerke Erbpachtbesitzungen waren, teilweise noch mit Dienstverpflichtungen. Die zur Starostei Schöneck hinzukommenden Länder der Geistlichkeiten kannten nur Zeitpachten. Die geringe Besiedlung von Pommerellen war der schlechten Bodengüte geschuldet. Im Domänenamt Schöneck wurde selten Bodenklasse 3 erreicht, im Durchschnitt 4 und schlechter: *(…) hat mittel mäßigen, jedoch leichten und sandigen Boden*, *in schlechtem gelbem Sande* und *weißer Lehm und Schlup, der mit Sande vermenget* lauten drei Bewertungen aus den Veranschlagungsprotokollen der Departementräte für die Vorwerke[44]. Fehlender Dünger, bedingt durch zu geringe Viehhaltung, und eine starke Verwässerung der Wiesen ergaben bei dieser Bodenklasse so schlechte Erträge, dass eine wirtschaftliche Prosperität nicht zu erzielen war. Wenn teilweise nur ein Korn geerntet wurde, blieb bei Abnahme des Saatgutes für das kommende Jahr und des eigenen Verbrauchs nichts mehr übrig, um einen Erlös durch Verkauf einzufahren. Erst bei der Ernte des 3. Korns war ein minimaler Gewinn zu realisieren. Heu und Stroh für die Winterfütterung des Viehs mussten zugekauft werden, wenn es überhaupt auf dem Markt zu bekommen war. Unter diesen wirtschaftlichen Voraussetzungen erwies es sich für die Generalpächter als keine lukrative Perspektive, in Westpreußen, zumal im Landesteil Pommerellen, ein Domänenamt zu pachten.

Die Veranschlagung sollte die der Verpachtung zugrunde liegende Ertragsfähigkeit bemessen und damit die Ertragserwartung bestimmen. Aber sie wurde von den Kammerräten so hoch angesetzt (Körnerertrag und Heugewinn, daraus resultierend der Zuchtviehbestand, hier Schafe), dass eine Erfüllung völlig unrealistisch war. Gerade die Praegravationsklage des Generalpächters Bomsdorff 1776 führte diese Korrelation offen zutage. Allein der Verlust des Beamten belief sich nach offizieller Feststellung während der letzten sechs Jahre auf über 5 000 Reichstaler und zusätzlich der der Unterpächter durch die *zu hoch eingereichte Veranschlagung* 1 131 rt.[45]. Nicht allein die überhöhten Anschläge sah der Domänenrat als Ursache, sondern auch die durch den politischen Umbruch 1772 geänderten Wirtschaftsströme, die den Bauern den Absatz erschweren und die Erlöse schmälern würden. So war der Getreidehandel mit Danzig weggefallen

---

lagen, und wo aus manchen Dörfern die Wirte, wegen der unerhörten Grausamkeiten gedachten Mostowskis mit im Stiche Lassung ihrer sämtlichen Habseligkeiten Hand in Hand sämtlich mit denen Ihrigen emigrirt waren, (…).

[44] Akte Ertrag Amt Schöneck ad Nr. 1, Blatt 286, Classifications-Protokoll für das Vorwerk Czarnoszin, 11. September 1775.

[45] Akte Remissionssache Bomsdorff, Blatt 19, Zusammenfassung des Domänenrats von Rosey, 25. Mai 1780. Gemeint ist der Zeitraum 1773–1779.

und musste nun über Elbing gehen. Außerdem brachte der Absatz von Schafen und deren Produkten über Danzig nur noch die Hälfte der früheren Erlöse, soweit überhaupt noch Nachfrage bestand. Damit zahlten die Bauern in Pommerellen einen hohen Preis für den politischen Transformationsprozess, im Besonderen, weil Danzig nicht zum Territorium Preußens zählte. Das Eingeständnis des zu hohen Anschlages war die eine Seite, die damit verbundene Mindereinnahme die andere. Die zu decken, stellte für die Kriegs- und Domänenkammer jedes Mal wieder ein Bittgesuch nach Berlin dar, vor allem wenn kein Fonds vorhanden war, um den Verlust zu decken, damit im Ganzen der Etat der Kammer erfüllt würde.

Carl-Friedrich Blanckenburg trat 1806 mit den besten Empfehlungen der Kammer gegenüber dem Generaldirektorium die Nachfolge seines Vaters als Generalpächter an. Sie schilderte ihn als vermögenden Mann, der drei Erbpachthöfe besitze und bereits seit einiger Zeit in der Administration des Amtes seinen Vater unterstützt habe. Landwirtschaftlichem Wandel in Anbau und Viehzucht scheint er aber nicht aufgeschlossen gewesen zu sein, denn er wirtschaftete 1806 immer noch nach der Dreifelderwirtschaft, und die versuchsweise Einführung der Schlagwirtschaft auf einem der Amtsvorwerke hatte er nicht erfolgreich umgesetzt. Sie war mit dem Pachtvertrag 1800 zur Auflage gemacht und 1807 beendet worden[46]. Bei Ende seiner Pachtperiode 1818 mussten seine Vorgesetzten – das war nun die Regierung in Danzig – feststellen, dass die Einschätzung 1806 sehr optimistisch gewesen war: Es habe sich die *Kassen Verwaltung im Amt Schöneck in der größten Verwirrung gefunden,* und sie konstatierte, *daß der Amtmann Blanckenburg zur eigenen accuraten und ordnungsgemäßen Kassenführung nicht geeignet ist.* Im Verlauf der letzten Pachtperiode hatte sich der Ertrag des Amtes nicht erhöht, lediglich der gestiegene Getreidepreis bescherte ein Plus. Dem Beamten fehle es an Kapital, die Wirtschaft ordnungsgemäß zu führen, weshalb er zwei seiner Amtsvorwerke hatte unterverpachten müssen. Deshalb wollte die Regierung ihn nicht wieder bei der Pachtausschreibung als Bieter zulassen und suchte sich einen neuen Generalpächter[47].

Mit diesem Ausblick in das 19. Jahrhundert, in dem mit den veränderten Agrargesetzen ab 1807 in der Landwirtschaft so vieles anders geworden war, zeigt sich die unveränderte Lage der Domänenpächter. Ein Domänenamt versprach Prestige und fachliches Ansehen, wenn der Beamte den Kontrakt und die Wirtschaft erfüllte, und bescherte eine gehobene Stellung im sozialen Gefüge der ländlichen Gesellschaft. Dazu gehörte aber bei einem Projekt dieser Art die

---

[46] Akte Verpachtung Amt Schöneck Nr. 3, Blatt 274–291, hier Blatt 276, 27. Mai 1803.
[47] Akte Verpachtung Amt Schöneck Nr. 12247, Zitate und Vorgänge.

Fähigkeit, Ressourcen, Bestand und Vermögenswerte gewinnbringend anzuwenden. Daran hatte es Carl Blanckenburg offensichtlich gefehlt.

Die Beamten Bomsdorff und Blanckenburg (Vater und Sohn) entsprechen
nur bedingt den von Müller und Heegewaldt gezeichneten erfolgreichen Agrar-
unternehmern. Sie haben es geschickt verstanden, Familie und Amtsgeschäfte
zu verflechten und die Verwandten vorteilbringend am Erbpachtgeschäft teil-
haben zu lassen. Wirtschaftlich erreichten sie diese Prosperität nicht. Die ökonomischen Faktoren unterlagen nicht allein ihren Einflussmöglichkeiten, sondern wurden ihnen einerseits von der Domänenkammer vorgegeben und ergaben
sich andererseits aus dem Kulturzustand des Landes. Die aus der polnischen
Zeit überkommenen bäuerlichen Strukturen und Wirtschaftsweisen entsprachen
nicht den Ansprüchen der Domänenräte, die sich nicht auf diese Verhältnisse
einstellen konnten oder durften. Die Bauern des Domänenamts mussten sich an
die strengere Grundherrschaft gewöhnen, die ihre Administration auf rigide
Abgaben und Pflichtleistung baute. Zwischen allen Stühlen saßen die Generalpächter, die Abgaben leisten mussten, die sie nicht festgesetzt oder erwirtschaftet
hatten. Beiden gelang es zwar nicht zu Wohlstand zu kommen, aber eine Versorgung aufzubauen, die zumindest als Generalpächter bis 1818 ihre Familie
versorgte. Mit dem Erbpachtgeschäft waren sie erfolgreicher.

7. Benachbarte Domänenämter

7.1 Kischau

Im benachbarten, recht kleinen Domänenamt Kischau hatte der erste Generalpächter, nachdem er den zweiten Pachtvertrag ab 1776 abgeschlossen hatte,
1777 mit Einverständnis der Kammer und des Generaldirektoriums seiner
schwächlichen Gesundheit wegen die Pacht an seinen Vetter abgegeben. Das
Amt wurde von der Kammerbehörde als ein *unbedeutendes* eingestuft, und
auch hier waren im Anschlag, *obgleich von allen Getreide-Gattungen im 6 jährigen Durchschnitt kaum 2 Körner erbauet sind*, drei Korn beim Roggen und
3¼ Korn bei der Gerste berechnet worden. Grundsätzlich wurde der Acker als
schlecht eingestuft, die Wiesen lieferten nur wenig Heu, und sowohl Äcker als
auch Wiesen waren wenig ertragreich für die königliche Kasse, weil sie in den
vergangenen Jahren viele Remissionen gezahlt habe. Deshalb wurde auf Vorschlag der Kammer 1800 das Vorwerk Kischau, das von allen Vorwerken als
einziges dem Generalpächter zur Wirtschaft geblieben war, zur Erbpacht aus-
geschrieben und das Amt aufgelöst. Es war auch diesem Generalpächter nicht
gelungen, in ihm wohlhabend, geschweige denn reich zu werden. Im letzten An-
schlagsprotokoll, 1800, nur noch über die Erträge des Vorwerks Kischau, wurde

dem Generalpächter Michael Specovius eine schlechte Amtsführung attestiert, die Amtsbücher waren in Unordnung vorgefunden worden, die der Beamte nicht einmal beeiden konnte, und zudem sei die Korrespondenz mit ihm schwierig, weil er *der polnischen Sprache mehr als der teutschen gewachsen* sei. In den Veranschlagungsakten sind keine Suppliken des Generalpächters, die auf seine schwierige wirtschaftliche Lage schließen lassen. Aber der Domänenrat beurteilte ihn in seinem Bericht als einen Menschen, der *sich in äußerst armseligen Umständen befindet*, dem nicht einmal die Strafe von 20 rt. für die schlechte Registerführung zuzumuten sei. Das Vorwerk Kischau ging mit einem ordentlichen Plus im Kanon und mit einem satten Einstandsgeld von fast 5 000 rt. in Erbpacht, aber nicht an den bisherigen Generalpächter, der sich solche Zahlungen sicherlich nicht leisten konnte. Er verzog nach Neu-Ostpreußen[48].

7.2 Bordzichow

Das Domänenamt Bordzichow[49], südwestlich vom Amt Schöneck gelegen, verzeichnete seit 1773 Christian Reinhard Schumacher als Generalpächter, der aus einer landwirtschaftlichen Pacht aus Ostpreußen in der Nähe von Königsberg gekommen war. Er pachtete gleichzeitig auch das Amt Ossiek, südlich von Stargard gelegen, das bereits 1783 in eine Intendantur umgewandelt wurde. In beiden Ämtern war er nicht zu Wohlstand gekommen, obgleich er in beide Ämter erhebliche Mittel, die er sich in seinen früheren Pachtungen verdiente, investiert habe. In beiden Ämtern seien allerdings Gebäude und Boden *in einer beispiellosen desolaten Verfassung* (Aussage Schumacher). Bereits 1783 geriet er in Zahlungsverzug, so dass die Kammer die Sequestration des Amtes Bordzichow plante[50]. Einen Aufschub, weil er einen Prozessausgang abwarten wolle, den er wegen eines verlorenen Holzhandels führte, wollte ihm Berlin nicht geben, *weil die Casse Bargeld benötige* und *da die Pacht Gefälle ihre Bestimmung haben, und also so oft die Termine eintreten promt abgeführt werden müssen*. Aber die Kammer in Marienwerder wartete ab. Nachdem er seinen Prozess auch in der 2. Instanz verloren hatte, bestand sie auf Erfüllung seiner Pachtzahlungen, auch wenn sie einräumte, dass *der Acker auf dem Amts Vorwerk aus lauter fliegen-*

---

[48] Alle Angaben und Zitate aus der Akte Amt Kyschau.

[49] 366 Hufen, kleiner waren nur noch drei unter 21 Ämtern in Pommerellen (1800). Akte General-Tabelle, Blatt 84.

[50] Schumacher klagte, dass ihm die Kammer sein bewegliches Vermögen wie Vieh und Inventar verkaufen wolle. Dabei habe er *ein wahrlich wirtschaftliches und häusliches Leben geführt (...), und auch der Minister von Gaudi wird sich gewiß erinnern, daß er uns bey seiner Bereisung so und als ehrliche Menschen gefunden*. Damit erinnert er an die (zuvor erwähnte) Inspektionsreise des Ministers im Jahre 1777, bei der dieser offensichtlich bei ihm Station gemacht hatte. Akte Amt Bordzichow, Blatt 2, 23. März 1783.

dem Sande besteht und der Beamte *öfters Hagel Schlag und Mißwachs erlitten* habe, wofür ihm aber immer Remissionen gewährt worden seien.

Dieser Generalpächter wurde grundsätzlich stets als ein schlechter Zahler angesehen. So schuldete er aus dem Amt Ossiek noch Pachtzahlungen, und auch im Amt Bordzichow sei er *durch jährliche Remisiones Euer Königlichen Majestät Casse zur Last gefallen, welches auch wohl keinen Beweiß abgiebt, daß er ein vorzüglicher Wirth ist, denn während der langen Pacht hätte er den obgleich schlechten Acker wohl in die dort mögliche Cultur setzen und Mißwachs vermeiden können.* Deshalb beschloss die Kammer 1788, das relativ kleine Amt zur neuen Pachtperiode 1789/1801 in eine Intendantur umzuwandeln und das verbliebene Vorwerk Bordzichow in Erbpacht zu vergeben. Das Generaldirektorium gab sein Einverständnis. Bei der anschließenden Lizitation blieb Schumacher Höchstbietender, und er trat, da er gleichzeitig auch die Intendantur zugestanden erhielt, zu Trinitatis 1789 die Erbpacht und die Intendantenstelle an. Bereits sechs Jahre später verkaufte er das Vorwerk und gab auch die Intendantur ab.

Dieser Beamte baute keine Familienallianzen auf, um seine Kinder im Amt zu versorgen. Denn sowohl das Vorwerk als auch die Intendantenstelle blieben nicht in der Familie. Es gelang ihm nicht, die Divergenz zwischen zu hoher Veranschlagung durch die Kammer und seiner Wirtschaftsleistung zu schließen. So beklagte er, dass die Anschläge den *Ackerbau nicht nach seinem wahren Ertrage, sondern nach angenommenen wirthschaftlichen Principiis bestimmten,* wodurch er nicht zu Wohlstand habe kommen können, weil er *diesen Ertrag niemahlen erreichen konnte*[51]. Das Amt Bordzichow, das aus einer preußisch-polnischen Starostei ohne Zugewinn an Ländereien hervorgegangen war, lag inmitten Pommerellens ohne Anschluss an wichtige Wirtschaftswege oder den Absatzmarkt einer größeren Stadt. Stargard im Nordosten lag gut 15 Kilometer entfernt, und im Süden schloss sich ein großes Waldgebiet an, das lediglich Viehweide, aber keinen Absatzmarkt bot. So versprach dieses Amt per se schon keine Prosperität und bei schlechter Wirtschaftsweise sogar einen ökonomischen Niedergang.

8. Zusammenfassung

Als Friedrich der Große Preußen Königlich Polnischen Anteils erwarb und als Provinz Westpreußen seinem Staat hinzufügte, war die Domänenwirtschaft in Preußen seit einem guten halben Jahrhundert in ihren Strukturen und Abläufen so weit gefestigt, dass das System als Ganzes in Westpreußen angewandt

---

[51] Alle Angaben und Zitate aus der Akte Amt Bordzichow.

werden konnte und keine Erprobungsphase mehr benötigte[52]. Friedrich hatte das System von seinem Vater übernommen, im Ganzen unverändert belassen und nur in Einzelaspekten umgestaltet. Als wichtigste Änderung hatte er 1770 den Domänenpächtern die Jurisdiktion für ihre Ämter entzogen und in einer eigenen Domänenjustizverwaltung organisiert, die für Westpreußen als „Vorläufiges Reglement" mit seiner Verkündung am 28. Juli 1773 in Kraft trat[53]. Mit seiner „Erneuerten Instruktion vom 20. Mai 1748"[54] für das Generaldirektorium formulierte er die Verpachtungsgrundsätze für Domänenämter im „Art. XVIII. Von der Verpachtung der Ämter, Vorwerker und anderer Domänen" genau wie sein Vater in seiner „Instruction und Reglement für das Generaldirectorium vom 20. December 1722, Art. 18, Verpachtung der Ämter, Vorwerker und anderer Domänen, § 11"[55]. Lediglich in Nuancen, die das verbriefte Beschwerderecht der Bauern vor einer Neuverpachtung und den Ankauf von Gütern betrafen, variierte er das gängige Verfahren. Mit einer erworbenen Praxiserfahrung kamen die Domänenräte aus den übrigen Provinzen nach Westpreußen und mit ihnen die Vorschriften. Auch wenn sie auf den Veranschlagungsreisen vor Ort die Bedürftigkeit des Landes, der Gebäude und den Mangel an Vieh, damit zwangsläufig das Defizit an Dünger für den schlechten Boden erkannten, waren sie an die Bemessungsrichtlinien gebunden, die ihnen mit den Instruktionen des Königs über das Generaldirektorium immer wieder nahegelegt wurden. Außerdem führte die Forderung Friedrichs des Großen, dass die Provinz Westpreußen sich selber finanzieren sollte, bei den Räten und Kammerverantwortlichen zu überhöhten Anschlägen und Erwartungen, andererseits zum Versäumen oder Verzögern von Meliorationen zur Hebung der Landwirtschaft.

---

[52] Eine Gesamtdarstellung der preußischen Domänenwirtschaft des 18. und 19. Jahrhunderts wäre ein Desiderat der preußischen Agrargeschichte. Ein Handbuch für die Verwaltung gab Oelrichs heraus, das auch einen geschichtlichen Abriss umfasste und eine ökonomische Nutzbarkeitsanalyse vom Domänenbesitz enthielt, außerdem Musterpachtverträge und Formularvorlagen, aber nicht als Gesamtdarstellung gelten kann. Heinrich OELRICHS, Die Domänen-Verwaltung des Preußischen Staates, zum praktischen Gebrauche für Verwaltungs-Beamte und Domänenpächter, Breslau 1883 (1. Auflage).

[53] „Vorläufiges Reglement wegen Verwaltung der Justiz- und Rechtspflege in den Königlichen Domänenämtern in Westpreußen exclusive der Distrikte an der Netze und dazu bestellter Justizamtleute und Aktuarien d. d. Marienwerder, den 28. Juni 1773", BÄR (wie Anm. 22), 1. Band, S. 155.

[54] Erneuerte Instruction vor das General-, Oberfinanz-, Krieges- und Domänendirectorium, Acta Borussica Behördenorganisation, 7. Band vom 2.1.1746 bis 20.5.1748. S. 572–655.

[55] Acta Borussica Behördenorganisation, 3. Band, Januar 1718 bis Januar 1723, bearb. v. Gustav SCHMOLLER/Otto KRAUSKE/Victor LOEWE, Berlin 1901, ND Frankfurt/M. 1986/87, S. 575 ff.

In der neuen Provinz trafen sie auf eine andere landwirtschaftliche Kultur. Die zuvor von Starosten genutzten königlichen Ländereien waren längst nicht einer so rigiden und strengen Veranschlagung und Bemessung unterzogen gewesen, wie es nun die preußische Verwaltung tat. Und dabei wurde nur die Leitung ausgetauscht, der Unterbau, die bäuerliche Struktur blieb die Gleiche. Die Starosten hatten für ihren eigenen Gewinn gewirtschaftet[56], während die nun wirtschaftenden Generalpächter zunächst ihren Pachtvertrag zu erfüllen hatten und dann erst an ihren Gewinn denken konnten. Sie legten die Abgaben (= *Gefälle*) der Bauern nicht wie zuvor die Starosten selber fest, sondern die Domänenräte der Kriegs- und Domänenkammer in Marienwerder in der Einrichtungs- und Veranschlagungsakte eines Amtes, in der die Ertragserwartungen vor jeder neuen Pachtperiode bestimmt wurden. Die Starosten hatten auf Lebenszeit gewirtschaftet, die neuen Generalpächter immer nur auf sechs Jahre. Größer konnten die Gegensätze nicht sein: Die Starosten hatten mit minimalem persönlichem Einsatz höchsten privaten Nutzen zu erzielen versucht. Die Generalpächter suchten nach dem Maximalprinzip nicht nur den Pachtvertrag, sondern auch ihr Gewinnstreben zu befriedigen. Die vorgesetzte Domänenkammer war immer bestrebt, den Ertrag höher als bei der letzten Veranschlagung anzusetzen, so dass sie vom Pächter einen höheren Zins verlangen konnte.

Da sich aber die Erwerbsgrundlage, nämlich die Bauern, der Boden und die Ökonomie, nicht geändert hatte, konnten die Generalpächter schwerlich einen nennenswerten Gewinn erwirtschaften, vor allem weil die Taxationen der Domänenräte nach den Bemessungsgrundlagen der preußischen Staaten die Basis der Pachtzahlung waren. Diese konnten die Bauern und Vorwerkspächter nur selten erfüllen. Die in dieser Arbeit vorgestellten Generalpächter investierten erhebliche private Mittel in ihrem Amt, um Unterpächter für ihre Vorwerke zu finden oder vorhandene zu halten. Viele konnten die geforderten Pachtsätze nicht leisten, zahlten weniger oder gar nicht. Zwangsmittel hatte der Generalpächter nicht: Er hatte mit seinem Pachtvertrag garantiert, die vereinbarten Vertragszinsen bei der Domänenkasse abzuliefern. Das war die Schattenseite des Standes des Generalpächters: Er haftete für seine Unterpächter (Bauern, Vorwerkspächter, Fischereien usw.), und erst dann konnte er über seine eigene Wirtschaft an Profit denken. Das war in Westpreußen, zumal in Pommerellen mit seinen mehrheitlich leichten Böden, die Wirklichkeit noch bis über die Jahrhundertwende hinaus. Die Generalpächter suchten auf anderen Wegen Nutzen aus

---

[56] Die Starosten hatten die königlichen Ländereien von der Krone Polen zu ihrem wirtschaftlichen Nutzen verliehen bekommen und mussten vom Erlös ein Viertel (Quart) an den König abliefern. Der Erlös wurde per Lustration (Ertragsschätzung, Veranlagung) festgelegt. Die letzte Lustration fand 1765 statt.

ihrer Stellung im Amt zu ziehen, indem sie ihre Familien in die Amtsgeschäfte einbezogen und ihnen vor allem lukrative Erbpachthöfe verschafften.

Es konnte an Hand von drei Domänenämtern in Westpreußen nachgewiesen werden, dass Domänenpächter in Preußen nicht per se gute Haushalter, Wirtschafter und Landwirte waren und zwangsläufig zu wirtschaftlichem Wohlstand kamen, wie das in der Literatur mit verschiedenen Arbeiten beschrieben und immer wieder durch Anmerkungen suggeriert wird. Die Ertragskraft eines Amtes und die seiner Bauern und Unterpächter spielten eine entscheidende Rolle. Zudem gelangten die Generalpächter als Diener zweier Herren in die Sandwichposition zwischen Domänenkammer und bäuerlichen Pächtern: Zahlten ihre Unterpächter nicht, was in Pommerellen mit vielen devastierten Ländereien und dünner bäuerlicher Struktur häufig vorkam, mussten sie trotzdem den vereinbarten Zins aus ihrem eigenen Gewinn nach oben abliefern. Damit waren sie als Landwirte zwar Herren auf ihren Vorwerken, als Generalpächter aber am Gängelband der staatlichen Domänenkammer.

Mit drei Domänenämtern ist die Grundlage dieser Forschungsarbeit einigermaßen unbefriedigend. Eine Überarbeitung dieser Sachlage auf Basis einer breiteren Recherche von Domänenakten im Geheimen Staatsarchiv Berlin wäre ein Desiderat der heutigen Preußenforschung[57].

Abkürzungen

WKDK	=	Westpreußische Kriegs- und Domänenkammer, Marienwerder
GD	=	Generaldirektorium
GStA PK	=	Geheimes Staatsarchiv Preußischer Kulturbesitz, Berlin
HA	=	Hauptabteilung

Akten

Akte Ämter-Anschläge:
GStA PK Generaldirektorium II. HA Abt. 9, (Westpreußen und Netzedistrikt) Materien, Tit. CLI(151). Nr. 5 Vol. I. betreff: die Principia-Regulativa wonach die Ämter und dazu gehörige Pertinentien in West-Preußen verpachtet und die angefertiget, und die General-Pacht-Contracte geschloßen werden sollen. 1771–1785

Akte Getreide-Preise:
GStA PK GD II. HA, Abt. 9, Materien Tit. CLI. Nr. 4 Vol. II (Westpreußen u. Netzedistrikt), betr. die Grundsätze nach welchen in West-Preußen und den Netz-District verfahren werden soll: (...) 4. befinden sich in diesen Acten die jährlich einzureichenden Durchschnitts-Markt-Preise des Roggens und der Gerste, welche bei Erbverpachtungen zum Grunde gelegt werden sollen. 1801–1806

---

[57] S. Wolfgang NEUGEBAUER, Wozu preußische Geschichte im 21. Jahrhundert?, Berlin 2012.

Akte Verpachtung Amt Schöneck Nr. 1:
GStA PK GD II. HA, Abt. 9, (Westpreußen u. Netzedistrikt), Ämter-Verpachtungen
  Amt Schöneck № 1; wegen anderweiter Verpachtung des Domänenamts Schöneck de
  Trin. 1776 bis dahin 1782; Amtmann Bomsdorff wegen Prolongation der Pacht; Amt-
  mann Blanckenburg Jahre bis Trin. 1785 bis Trin. 1788

Akte Verpachtung Amt Schöneck Nr. 2:
GStA PK: GD II. HA, Abt. 9 (Westpreußen u. Netzedistrikt), Ämter-Verpachtungen
  Amt Schöneck Nr. 2; wegen anderweiter Verpachtung des Domänenamts Schöneck de
  Trinit. 1788 bis dahin 1800; Amtmann Blanckenburg.

Akte Verpachtung Amt Schöneck Nr. 3:
GStA PK, GD. II. HA, Abt. 9, (Westpreußen u. Netzedistrikt), Ämter-Verpachtungen
  Amt Schöneck Nr. 3 Vol. 1: Acta die Verpachtung des Amts Schöneck pro 1800/1818,
  die Aufhebung der Scharwerks-Dienste in demselben betreffend, auch wegen Einführung der Schlagwirtschaft bei den Amts-Vorwerkern

Akte Verpachtung Amt Schöneck Nr. 12247:
GStA PK I. HA, Rep 87 C Ministerium für Landwirtschaft, Domänen und Forsten,
  Nr. 12247: Verpachtung oder Veräußerung des Amts Schöneck betr.   1808–1818

Akte Ertrag Amt Schöneck ad Nr. 1:
GStA PK, GD II. HA Abt. 9 (Westpreußen und Netzedistrikt), Ämter-Verpachtungen
  Amt Schöneck; ad Nr. 1: Ertrag des Domainen Amts Schöneck de Trinit. 1776/82

Akte Remissionssache Bomsdorff:
GStA PK, GD II. HA Abt. 9 (Westpreußen und Netzedistrikt), Ämtersachen, Amt
  Schöneck, Remissionssachen Nr. 4; Acta betr. das Vorstellen des Beamten Bomsdorff
  zu Schöneck wegen seiner schlechten Verfassung und Vergütung der bei der bisherigen
  Pacht gehabten Aus- und Unglücksfälle; 1779–1793

Akte Amt Schöneck Nr. 20:
GStA PK, GD II. HA Abt. 9 (Westpreußen und Netzedistrikt), Ämter R–Z, Ämterver-
  pachtungen Amt Schöneck, Rep. Nr. 20: Acta wegen Erbverpachtung des Vorwerks
  Neuguth, Amts Schöneck; 1782–1795

Akte Amt Bordzichow:
GStA PK, GD II. HA, Abt. 9, (Westpreußen u. Netzedistrikt), Ämter-Verpachtungen
  Amt Bordzichow Nr. 3: Acta wegen Einrichtung der Intendantur Amts Bordczichow
  de Trinitatis   1789–1801
  Verpachtung des Amts Bordczichow

Akte Amt Kyschau:
GStA PK, GD II. HA, Abt. 9, (Westpreußen u. Netzedistrikt) Ämter-Verpachtungen Amt
  Kyschau Nr. 3: Acta wegen anderweiter Verpachtung des Domainen-Amts Kyschau de
  1800 und die Aufhebung der Schaarwercks-Dienste betreffend, wegen Aufhebung dieses Amtes   1800–1805

Akte General-Tabelle:
Akte II. HA Westpreußen Materien Tit. LVII Nr. 37, Blätter 65–78: Historische General-
  Tabelle: Vom Zustande der sämtlichen Städte des West-Preuß. Cammer-Departement
  pro Anno 1800 und Blätter 80–86: Historische Tabelle vom Zustande der Königlichen
  Provintz Westpreußen; pro Anno 1800

Königsberg und Berlin: Universitätskliniken der Ophthalmologie im 19. Jahrhundert

Von Eberhard Neumann-Redlin von Meding

Die Ursprünge der Augenheilkunde gehen bis auf die antiken Asklepios-Heiligtümer zurück, in deren Räumen sich der Patient Heilung von seinen Augenplagen durch Schlaf erhoffte und, wie vielfach belegt, subjektiv auch erhielt[1]. Über das Mittelalter hinaus spielte die Behandlung des Auges durch Bader, Barbiere und Wundärzte eine nicht unbedeutende Rolle. Ende des 17. Jahrhunderts beschrieb der französische Arzt Pierre Brisseau (1631–1717), dass die Linse selbst es ist, die ergraut und die, von den Ziliarfortsätzen getrennt, bei der Operation in die Tiefe versenkt wird[2]. Lazare Riverius (1589–1655) aus Montpellier empfahl, die Star-Operation nicht den Chirurgen, sondern den zu diesem Zweck herumreisenden „Quacksalbern" zu überlassen[3]. Als „prominenter" Patient sei Johann Sebastian Bach genannt, an dem John Taylor (1702–1772) 1750 zweimal eine Star-Operation durchführte. Auch in der populärwissenschaftlichen Literatur findet die Augenheilkunde früherer Zeiten Beachtung, so zum Beispiel in Noah Gordons Bestseller „Der Medicus", in dem die Operation des grauen Stars eindrucksvoll beschrieben wird. Dennoch darf aus heutiger Sicht behauptet werden, dass durch Kurpfuscher auf den Märkten der Städte auch viel Übles geschah. Im 18. Jahrhundert traten mit dem Fortschreiten der Kriegstechnik neue gesundheitliche Probleme auf, die besonders die Augen betrafen. Die Muskete wurde immer weiter entwickelt, jedoch kannte man noch nicht die relativ sichere Handhabung des „Zündhütchens". Die Zündung des Pulvers mittels Lunte, Rad- oder Steinschloss konnte für Schützen vom Siebenjährigen Krieg

---

[1] Christoph MARKSCHIES, Gesundwerden im Schlaf – einige Rezepte aus der Antike. Vortrag bei der Eröffnungsveranstaltung der Seniorenuniversität am 12. 9. 2007 im Langenbeck-Virchow-Haus zum Thema der Medizin innerhalb der Asklepios-Heiligtümer von der Antike bis zum Christentum (ca. im 4. Jahrhundert v. Chr.) und ihres Heilkults durch Schlaf (Prof. Dr. Christoph Markschies war 2007 Präsident der Humboldt-Universität zu Berlin. Der Vortrag ist, soweit dem Verf. bekannt, nicht veröffentlicht worden, wurde aber vom Verf. mitgeschrieben).

[2] Rainer NABIELEK, Zur Entwicklung der Augenheilkunde in Berlin 1800–1850, in: Die Medizin an der Berliner Universität und an der Charité zwischen 1810 und 1850 (Abhandlungen zur Geschichte der Medizin und der Naturwissenschaften. 67), hg. v. Peter SCHNECK u. a., Husum 1995, S. 167–177, hier S. 167.

[3] NABIELEK (wie Anm. 2), S. 168.

Abb. 1a: August Gottlieb Richter. Scudelle an der Chirurgischen Universitätsklinik Königsberg (Aufnahme d. Verf. 2010)

Abb. 1b: Johann F. Dieffenbach. Scudelle an der Chirurgischen Universitätsklinik Königsberg (Aufnahme d. Verf. 2010)

(1756–1763) bis zu den Koalitionskriegen zu einem traumatischen Unterfangen werden.

Zunächst beschäftigten sich einzelne Chirurgen mit den Besonderheiten der Augenheilkunde, wie z. B. der Göttinger Chirurg August Gottlieb Richter (1742–1812). Er hatte seine Kenntnisse auf Reisen nach Straßburg, Paris, London und Oxford erworben und wurde 1780 zum Leibarzt, 1782 zum Großbritannischen Hofrat und Physikus in Göttingen ernannt. Neben ophthalmologischen Studien, bei denen es vorrangig um die Technik des Star-Stichs ging (Abhandlung von der „Ausziehung des grauen Stars" 1773), stand immer noch die Chirurgie im Mittelpunkt seiner wissenschaftlichen Arbeiten. Als bahnbrechend gelten die 15 Bände seiner „Chirurgischen Bibliothek" (1771–1797), eines kritisch referierenden Journals, dessen Beiträge er weitgehend selbst verfasste. Auch wenn er überwiegend chirurgisch tätig war, so revolutionierte er doch die Behandlungsmöglichkeiten für Augenerkrankungen. Auf dem Höhepunkt seines Schaffens, 1805, wurde die Stadt Göttingen kurzzeitig Preußen zugeschlagen. Die Errungenschaften des Chirurgen und Augenarztes ließen sich nun auf die preußischen Fahnen schreiben. Wie stolz man darauf war, demonstriert der Umstand, dass später an dem erst 1864 errichteten Neubau der Königsberger Chirurgischen Klinik zwei Scudellen der augenärztlich operierenden Chirurgen, August Gottlieb Richter und Johann Friedrich Dieffenbach, angebracht wurden *(Abb. 1a und 1b)*, obwohl sie selbst in dem Haus nie ärztlich tätig gewesen waren.

Ohne jeden Zweifel hatte zu Beginn des 19. Jahrhunderts noch keine Medizinische Fakultät welcher europäischen Universitätsklinik auch immer mit der

Behandlung von Krankheitsbildern Schritt halten können, die sich aus den neuen Kriegstechniken ergaben. In Preußen war die Lage besonders prekär. Die bedeutendste Universität, die Albertina in Königsberg, verfügte zwar seit ihrer Gründung über eine Medizinische Fakultät, diese stand aber im Schatten der Theologischen Fakultät und der inzwischen weltberühmten Philosophie Immanuel Kants. Der Ausbruch der Napoleonischen Kriege brachte das ganze Dilemma zum Vorschein: In Berlin gab es noch gar keine Universität, dafür aber die schon damals höchst anerkannte Charité. Und in Königsberg befanden sich die Gebäude der Medizinischen Fakultät in einem desolaten Zustand. Ausgerechnet zu jener Zeit, im Jahre 1806, wurde das an der Peripherie Preußens gelegene Königsberg zum Regierungszentrum: Nach der „Preußischen Katastrophe" von Jena und Auerstedt 1806 flüchteten König Friedrich Wilhelm III. und Königin Luise mit dem gesamten Hofstaat in die Residenzstadt. Geschickt nutzte der Kurator der 1544 gegründeten Albertus-Universität das Gebot der Stunde, indem er dem König das Amt des „Rector perpetuus" anbot. Als dessen Leibarzt Christoph Wilhelm Hufeland (1762–1836) den bedauernswürdigen Zustand der Klinikgebäude gewahr wurde, stand neben der Städteordnung und der Militärreform auch die Bildungsreform mit grundlegender Strukturänderung der Klinikverwaltung auf der Tagesordnung der Regierung. Neue Klinikbauten sollten errichtet werden. Selbst Wilhelm von Humboldt stand hinter den Königsberger Renovierungsplänen, als er seinem Freund Johann Wolfgang von Goethe mitteilte: „Im Übrigen wird die Universität ansehnlich verbessert, und ich berufe auf einmal 5 neue Professoren."[4]

1814 beantragte die 250 Jahre alte Medizinische Fakultät der Albertus-Universität ein eigenständiges Ordinariat für Augenheilkunde. Aber da war man mit den Forderungen zu weit gegangen: Die Kriegswende zugunsten Preußens ließ alsbald die in Königsberg beschlossene Neugründung der Berliner Universität nicht nur planerisch Gestalt annehmen, vielmehr sollte diese auch vorrangig gefördert werden. Königsberg wurde hingegen eine viel wichtigere Rolle zugedacht: Hier sollte verlorenes Terrain auf naturwissenschaftlichem Gebiet zurückgewonnen werden, besonders gegenüber Frankreich. Nach dem Jahrhundert der Philosophie Kants musste nun zwangsläufig das der Naturwissenschaften mit den Fächern Mathematik und Physik folgen. Daher entschied die Regierung, den letzten Universalgelehrten Karl Gottfried Hagen (1749–1829), einen Schüler und Freund Kants, einzusetzen, um die Humboldt'sche Bildungsreform einzuführen. Diesen Vorgang fasst Kathryn M. Olesko prägnant wie folgt zusammen: "The focal point for the evolution of the natural sciences at Königsberg

---

[4] Otto SAMTER, Die Entwicklung der klinischen Medizin in Königsberg, in: Ostpreußische Arztfamilie, Osterrundbrief (1972), S. 12.

in the early nineteenth century was the chair held by K. G. Hagen."[5] Hagen
übergab seine Unterrichtsfächer jungen Gelehrten, u. a. seinen beiden Schwieger-
söhnen, dem Mathematiker und Astronomen Friedrich Wilhelm Bessel (1784–
1846) und dem Physiker Franz Ernst Neumann (1798–1895), sowie dem Mathematiker Carl Gustav Jacobi (1804–1851). Neumann und Jacobi gründeten ein
mathematisch-physikalisches Seminar, zu dem nahezu alle namhaften natur-
wissenschaftlichen Gelehrten strömten. Zu ihnen zählte auch Hermann von
Helmholtz, der später, ab 1850, die Augenheilkunde in Königsberg revolutionierte und dort die Gründung des Spezialfachs der Ophthalmologie einleitete[6].

Augenheilkunde in Berlin 1810–1840

Schon bald nach dem Abzug der Franzosen aus Berlin entschloss man sich
dort, neben der Chirurgie die Augenheilkunde auszubauen. So erfolgte die Ein-
richtung eines klinisch-chirurgisch-augenärztlichen Instituts der Universität
(Ziegelstraße 6) *(Abb. 2)* unter der Leitung des Chirurgen Carl Ferdinand von
Graefe (1787–1840)[7]. „Seit 1820 standen durch den Umbau eines Gebäudes in der
Ziegelstraße ein chirurgisches und ophthalmologisches sowie ein medizinisches
Klinikum außerhalb der Charité zur Verfügung, in deren Nachbarschaft später

---

[5] Kathryn M. OLESKO, Physics as a calling. Discipline and Practise in the Königsberg
     Seminar of Physics, Ithaca and London 1991, S. 25.
[6] Wolfgang HOFFMANN, Die Bedeutung Königsbergs für die Entwicklung der Augenheil-
     kunde, in: Ostpreußische Arztfamilie, Osterrundbrief (1952), S. 6–7. Prof. Dr. Wolfgang
     Hoffmann, aus Halle stammend, war von 1928 bis 1936 Oberarzt der Universitätsaugen-
     klinik in Königsberg. Hier habilitierte er sich und übernahm 1936 die Leitung der Augen-
     abteilung des St. Elisabeth-Krankenhauses. Nach dem Krieg wurde er Chefarzt der
     Augenabteilung im Westend-Krankenhaus Berlin und mit Gründung der Freien Univer-
     sität Direktor der Augenklinik im Klinikum Westend. Sein eben zitierter Artikel ging
     aus einem Vortrag hervor, denn er am 16. Oktober 1951 während des Treffens der „Ost-
     preußischen Arztfamilie e.V." gehalten hatte. Die Vereinigung der ostpreußischen Ärzte-
     schaft von 1945 bis 1995 zwecks Verfolgung der Einzelschicksale und Aufarbeitung der
     Medizingeschichte Königsbergs und Ostpreußens mit besonderer Berücksichtigung der
     400-jährigen Geschichte der Albertus-Universität Königsberg (1544–1945) gab jährlich
     zwei bis drei Rundbriefe der „Ostpreußischen Arztfamilie" heraus; 1995 erfolgte eine
     Zusammenfassung dieser Rundbriefe (Joachim Hensel, Medizin in und aus Ostpreußen,
     Starnberg 1995). Ihre gesamte Sammlung befindet sich im Geheimen Staatsarchiv Preu-
     ßischer Kulturbesitz in Berlin-Dahlem (im folgenden zitiert: GStA PK), Bibliotheks-
     Sign. 17 A 88.
[7] Heinz DAVID, … es soll das Haus die Charité heißen, Hamburg 2004, S. 6.

Abb. 2: „Augen-Ohren-Klink" der Chirurgischen Universitäts-klinik Berlin in der Ziegelstraße seit 1820 (Aufnahme d. Verf. 2012)

weitere Einrichtungen entstanden" (z.B. Kinderklinik 1830)[8]. Dieses Institut mit der Inschrift „Augenklinik" über dem Eingang innerhalb der Chirurgischen Universitätsklinik verfügte über einen Krankensaal für Männer und einen für Frauen mit je zwölf Betten sowie einen Operationssaal. Graefe hatte den Lehrstuhl der Chirurgischen Universitätsklinik bis 1840 inne. Sein guter Ruf, auch was die Behandlung von Augenerkrankungen anbelangte, reichte über die preußischen Landesgrenzen hinaus. So fuhr die spätere Königin Friederike,

---

[8] Die Humboldt-Universität gestern – heute – morgen, hg. v. Humboldt-Universität Berlin, Berlin [Ost] 1960, S. 61.

Ehefrau von Ernst August von Hannover, 1833 eigens nach Berlin, um ihren zunehmend erblindenden Sohn Georg (1819–1878), den späteren König Georg V. von Hannover (1851–1866), in Graefes Behandlung zu geben[9].

Zudem wurde 1816 durch eine Königliche Kabinetts-Ordre eine Klinik für Chirurgie und Augenheilkunde innerhalb der Charité eingerichtet. Deren Leiter wurde bis 1840 der Divisions-Generalchirurgicus Johann Nepomuk Rust (1775–1840), ursprünglich Professor für Chirurgie an der Medizinisch-Chirurgischen Akademie für das Militär. Er holte sich die beiden Chirurgen und Augenärzte Johann Christian Jüngken (1794–1875) und 1829 Johann Friedrich Dieffenbach (1792–1847) an die Chirurgische Klinik und widmete sich selbst mehr der chirurgischen Lehre und Forschung[10]. Jüngken vertrat ab 1818 die Augenheilkunde in der Chirurgie der Charité. Kaum in den Dienst bei Rust eingetreten, stellte er noch im selben Jahr einen mehrseitigen Antrag an den Kultusminister Karl Freiherr vom Stein zum Altenstein zwecks „Errichtung einer Augenklinik an der hiesigen Universität". Diesem Antrag wurde stattgegeben, um zu vermeiden, dass weiter Studenten abwanderten wie z. B. nach Prag zu Ferdinand von Arlt (1812–1887), weil diese in Berlin ihres Wissens nach keinen adäquaten universitären Unterricht in Augenheilkunde erhielten. Am 19. Mai 1828 fand die feierliche Eröffnung der Augenklinik statt. Damit hat von 1828 bis 1840 an der Charité „eine in allen formalen, rechtlichen etc. Fragen den übrigen Kliniken völlig gleichberechtigte Einrichtung" einer Universitäts-Augenklinik bestanden[11].

Obwohl Jüngken eine sehr gute Ausbildung im Ausland genossen hatte und ab 1828 den Studenten fünfmal pro Woche (im Wintersemester) intensiven Unterricht erteilte, dazu noch in seiner Wohnung eine kleine Augenambulanz einrichtete, setzte er sich nicht durch. Mit Graefe von der Chirurgischen Universitätsklinik verstand er sich nicht recht. Jüngken fühlte sich als Chef der Universitätsaugenabteilung einer chirurgischen Klinik in einem Gebäude, das zur Charité gehörte (und damit nicht zur Universität), in einer zwiespältigen Situation. Hinzu kam, dass der versierte Kollege im eigenen Haus, Dieffenbach, ein aus Königsberg vertriebener Burschenschaftler, die Herzen der Studenten eroberte. Nach 1850 wurde Jüngken sogar nachgesagt, er sei nicht auf dem neuesten wissenschaftlichen Stand und habe selbst die Bedeutung des in Königsberg entdeckten Augenspiegels verkannt[12]. Wie unterschiedlich seine Bewertung auch

---

[9] Carolin PHILIPPS, Friederike von Preußen. Die leidenschaftliche Schwester der Königin Luise, München 2007, S. 322.

[10] NABIELEK (wie Anm. 2), S. 176.

[11] Ebd., S. 174.

[12] Walter ARTELT, Die Berliner Medizinische Fakultät in den Jahren 1833–1858, in: Die Berliner Medizinische Fakultät, Ciba Zeitschrift 7 (1956), Nr. 78, S. 2591.

ausfallen mag, er hat als Lehrstuhlinhaber der Universitäts-Augenklinik an der Charité eine „nicht geringe Rolle gespielt"[13].

Die Medizinische Fakultät der Universität Berlin erhoffte sich eine Fortführung der universitären Augenklinik unter der Leitung Jüngkens, selbst als die Direktoren der Chirurgischen Universitätsklinik (Graefe) und der Chirurgischen Klinik der Charité (Rust) zufällig beide im Jahr 1840 verstarben und somit die Posten neu zu besetzen waren. Die als Nachfolger in Frage kommenden Augenärzte Jüngken und Dieffenbach sahen keinen Vorteil in der Fortführung bzw. Übernahme der in Bevölkerung und Studentenschaft nur mäßig beliebten universitären Augenklinik. Jüngken trat die Nachfolge von Rust in der Chirurgischen Klinik der Charité an und war damit augenärztlich kaum mehr tätig[14]. Dieffenbach seinerseits verließ die Charité und besetzte die frei gewordene Stelle des Direktors der Chirurgischen Universitätsklinik. Er scheint diese Entscheidung nie bereut zu haben. Als liebenswerter, sportlicher und zudem äußerst charmanter Arzt, der sowohl die Studenten als auch die Damenwelt begeisterte, operierte er auch weiterhin augenärztlich bis zu seinem frühen Tod im Jahre 1847. Damit war das Konzept der Regierung wie auch der Medizinischen Fakultät, in der ersten Hälfte des 19. Jahrhunderts an der neuen Berliner Universität eine funktionsfähige universitäre Augenheilkunde zu etablieren, nicht aufgegangen[15]. Den Leser mag das Gerangel um die Posten verwundern. Aber bereits Wilhelm von Humboldt hatte 1810 beklagt: „Die Gelehrten sind die unbändigste und am schwersten zu befriedigende Menschenklasse – mit ihren ewig durchkreuzenden Interessen, ihrer Eifersucht, ihrem Neid, ihrer Lust zu regieren, ihren einseitigen Ansichten, wo jeder meint, dass nur sein Fach Unterstützung und Förderung verdiene."[16]

Nach Dieffenbachs Tod wurde die Frage nach Behandlungsmöglichkeiten für die an einem Augenleiden erkrankten Berliner Patienten immer dringlicher, denn sein Nachfolger Heinrich Adolf von Bardeleben war fast gänzlich auf die Chirurgie fixiert. Damit wurde die Medizinische Fakultät vor ein neues Problem gestellt: Carl F. von Graefes Sohn, Albrecht von Graefe, konnte noch nicht in die Fußstapfen des verstorbenen Dieffenbach treten; er habilitierte sich erst 1852. Zudem war er nicht sonderlich daran interessiert, das Ordinariat der Chirurgischen Universitätsklinik zu übernehmen. Lieber wollte er ausschließlich praktisch augenärztlich tätig sein, und eine universitäre Augenklinik gab es in Berlin nun einmal nicht.

[13]   NABIELEK (wie Anm. 2), S. 174.
[14]   Rolf WINAU, Die Chirurgie zwischen Universitätsklinikum und Charité, in: Die Medizin an der Berliner Universität (wie Anm. 2), S. 152–166, hier S. 157.
[15]   ARTELT (wie Anm. 12), S. 2591.
[16]   DAVID (wie Anm. 7), S. 43.

Königsberg – Hermann von Helmholtz und der Augenspiegel 1850

In diese „augenärztliche Vakanz" in Berlin platzte 1850 die Nachricht, dass in Königsberg der bisher in Berlin tätige Physiologe Hermann von Helmholtz (1821–1894) *(Abb. 3)* einen Augenspiegel nicht nur entwickelt, sondern gleich zum Gebrauch hatte anfertigen lassen[17]. Nicht 1851, wie allerorts beschrieben, sondern bereits am 11. November 1850 in der ersten Sitzung des in Königsberg von ihm neu gegründeten „Vereins für wissenschaftliche Heilkunde" stellte er das Konzept seines Augenspiegels vor *(Abb. 4)*, der ihn weltweit bekannt werden ließ[18]. Helmholtz wollte seinen Studenten im Kolleg „Sinnesphysiologie" das Augenleuchten der Tiere erklären. Dass es sich dabei um die Reflexion eines Lichtbündels durch die Netzhaut handelte, war allgemein bekannt. Als Physiker wollte Helmholtz nun die Frage beantwortet wissen, ob man nicht die von der Netzhaut des zu untersuchenden Auges reflektierten Strahlen in das Auge des Untersuchenden zurückleiten könne. Wollte man also den Augenhintergrund sehen, so musste das eigene Auge quasi zur Lichtquelle werden. Das schien nur möglich, wenn es gelang, die von der Lichtquelle ausgehenden Strahlen mit Hilfe eines Spiegels in die Sehrichtung des zu untersuchenden Auges umzulenken. Der Spiegel musste also „durchsichtig" sein.

Dabei war es für Helmholtz schwierig, einen Mechaniker zu finden, der seine Idee umsetzen konnte. Die Küsten- und Handelsstadt Königsberg mit ihrem pulsierenden Geschäftsleben hatte zwar zu Beginn des 19. Jahrhunderts von dem Aufblühen der Naturwissenschaften in ihren Mauern profitiert[19], aber noch in der Mitte des Jahrhunderts beklagte Helmholtz, dass in der Stadt vor allem gute Feinmechaniker fehlten, die Präzisionsinstrumente herstellen konnten[20]. Am 6. Dezember 1850 konnte er endlich die Physikalische Gesellschaft zu Berlin von der Erfindung des Augenspiegels in Kenntnis setzen[21]. „Da die Arbeit ‚Beschreibung eines Augenspiegels zur Untersuchung der Netzhaut im lebenden Auge' erst im Herbst 1851 im Verlag A. Förster, Berlin, erschien und das Verständnis dieser Arbeit auch einen gewissen Umfang mathematischer und physikalischer Kenntnisse voraussetzte, so ging die Verbreitung des Augenspie-

[17] Leo KOENIGSBERGER, Hermann von Helmholtz, Bd. 1, Braunschweig 1902, S. 143.
[18] Eberhard NEUMANN-REDLIN VON MEDING, Verein für wissenschaftliche Heilkunde, in: Königsberger Bürgerbrief 78 (2011), S. 49–52.
[19] Kathryn M. OLESKO, Civic Culture and Calling in the Königsberg Period, in: Universalgenie Helmholtz. Rückblick nach 100 Jahren, hg. v. Lorenz KRÜGER, Berlin 1994, S. 22–42, hier S. 22.
[20] Ebd., S. 23.
[21] KOENIGSBERGER (wie Anm. 17), Inhaltsübersicht S. VIII.

Abb. 4: Helmholtz-Augenspiegel, vorgestellt am 11. November 1850 im „Verein für wissenschaftliche Heilkunde" Königsberg (aus: Historische Instrumentensammlung an der Charité, Hrsg. Johannes Müller-Institut für Physiologie, Bonn/Berlin 2000, S. 60, mit Genehmigung des Johannes-Müller-Instituts der Charité Berlin).

Abb. 3: Hermann von Helmholtz (Aufnahme d. Verf. 2012, mit Genehmigung der „Berliner Medizinischen Gesellschaft")

gels sehr langsam vonstatten und man zögerte vielfach, ihn anzuwenden"[22]. Die späte Veröffentlichung lässt darauf schließen, dass die Entdeckung des Augenspiegels Helmholtz nicht vorrangig war. Ihm lag die Lehre mehr am Herzen, wie seine parallel veröffentlichte Arbeit „Ueber die Methoden, kleinste Zeittheile zu messen, und ihre Anwendung für physiologische Zwecke" (Vortrag in der Physikalisch-Ökonomischen Gesellschaft zu Königsberg, Dezember 1850) belegt. Auch führte er in diesem Jahr an der Universität Examina für Physiologie-Kurse ein, die zum Eintritt in die klinische Ausbildung berechtigten[23]. Die ersten Vorkammertiefenmessungen am lebenden Auge führte er erst 1855 durch; aus ihren Resultaten stammt die nach ihm benannte Helmholtz-Formel[24]. Nach fünfjähriger Tätigkeit in Königsberg ging er nach Bonn.

An dieser Stelle sei es erlaubt, die Weiterentwicklung des Augenspiegels zu verfolgen. Helmholtz selbst kam nach anfänglichen Versuchen mit verschiedenen Glasscheiben auf die Idee, ein Spiegelglas in den Strahlengang zu setzen, in

[22] Ebd., S. 135.
[23] Ebd., S. 133; OLESKO, Physics as a calling (wie Anm. 5), S. 203.
[24] Karl VELHAGEN, Geschichte der Augenheilkunde, in: Der Augenarzt, hg. v. Wolfgang MÜNCHOW, Bd. IX, 2. erg. u. überarb. Aufl. Leipzig 1983, S. 508 und 516.

Abb. 5: Graefe-Ruete-Augenspiegel um 1860, hergestellt von Paetz und Flohr, Feinmechaniker Berlin (Privatbesitz, Archiv der Franz Neumann-Stiftung, Berlin)

dessen punktförmiger Mitte der Spiegelbelag abgekratzt war[25]. Seine forschenden Gedanken weilten jedoch nicht mehr primär bei der Augenheilkunde. Vielmehr hatte der Göttinger Augenarzt Christian Georg Theodor Ruete (1810–1867) 1852 den Einfall, den Plan-Hohlspiegel zu durchbohren, um das gesamte vom Augenhintergrund reflektierte Strahlenbündel auf das Auge des betrachtenden Arztes vordringen zu lassen[26]. Ruetes „Demonstrationsspiegel" fing das umgekehrte Bild auf einer Gitterplatte mit Millimetereinteilung in einer geschwärzten Röhre auf[27]. Diese Modellvariante war nach Ansicht Harald Feldmanns[28] einem Hals-Nasen-Ohren-Spiegel (aus dem Jahre 1841) des HNO-Arztes Friedrich Hofmann aus Burgsteinfurt entlehnt. Dabei handelte es sich um einen Konvexspiegel, in dessen Zentrum ein Loch gestanzt war. Der Helmholtz-wie auch der Ruete-Spiegel dürften Albrecht von Graefe als Vorbild für den später nach ihm benannten Spiegel gedient haben. Der „Graefe-Spiegel" aus einer Berliner Werkstatt *(Abb. 5)* ist über einen Schüler Albrecht von Graefes, den Pathologen Ernst Neumann aus Königsberg, erhalten.

Angewandte Augenheilkunde in Königsberg und Berlin

Drei augenärztlich ausgebildete Ärzte erkannten die Chance, den Augenspiegel in ihren Praxiskliniken und damit bei modernen Operationsverfahren einzusetzen: Karl August Burow (1809–1874), Albrecht von Graefe (1828–1870) und Julius Hirschberg (1843–1925). Königsberg übernahm dabei eine Vorreiter-

---

[25] HOFFMANN (wie Anm. 6), S. 7.

[26] Ruete hatte 1833 in Göttingen promoviert, war dann Assistent bei Himly. Von 1841–52 war er Professor der Medizin in Göttingen. Die von ihm konstruierte Apparatur war ein Tischmodell, das sich mehr für die Forschung eignete als für den niedergelassenen Arzt.

[27] VELHAGEN (wie Anm. 24), S. 564 und 583.

[28] Harald FELDMANN, Helmholtz und die Sinnesphysiologie, in: Deutsches Medizinhistorisches Museum Ingolstadt 9 (1997), S. 55–77, hier S. 62.

Abb. 6: Karl A. Burow. Porträt
(aus: Scholz/Schroeder [wie Anm. 51]).

Abb. 7: Albrecht von Graefe in jüngeren
Jahren. Berlin (Aufnahme d. Verf. 2012,
mit Genehmigung der „Berliner Medizinischen Gesellschaft")

rolle: Karl August Burow *(Abb. 6)*, ein begeisterter Schüler Johann F. Dieffenbachs[29], kehrte bereits 1836 von Berlin nach Königsberg zurück. 1839 habilitierte er sich als Privatdozent für Chirurgie an der Albertina und wurde 1844 zum
a. o. Professor ernannt. Da die leitende Stelle an der Chirurgischen Universitätsklinik besetzt war, gründete er 1846 eine Privatklinik, in die 1849 aus räum-
lichen und organisatorischen Gründen die Chirurgische Poliklinik integriert
wurde. Mit Hilfe des neuen Augenspiegels wandte er sich bevorzugt der Behandlung von Augenkrankheiten zu, so dass seine Fähigkeiten weit über die
Grenzen Ostpreußens hinaus, besonders in den östlichen Nachbarländern einschließlich Russland, bekannt wurden. Als Erster führte er die erstmals von
Johann F. Dieffenbach beschriebene Schieloperation in Ostpreußen durch.

Eine weitere Schlüsselfigur der angewandten Augenheilkunde war Friedrich
Wilhelm Ernst Albrecht von Graefe *(Abb. 7)*. Schon vor seiner Habilitation 1852

[29] Eberhard NEUMANN-REDLIN VON MEDING, Karl August Burow (1809–1874). Ein ver-
kannter Wegweiser der preußischen Chirurgie und Augenheilkunde, in: Königsberger
Bürgerbrief 74 (2009), S. 45–47.

sah er in Berlin keine Zukunftsperspektiven als Kliniker, da die Chefposten
der Universität und der Charité wie erwähnt 1840 neu besetzt worden waren.
So entschloss er sich, es Burow in Königsberg gleichzutun, und richtete 1851
eine Praxisklinik in Berlin ein. Auf Geheiß der Behörden mussten die Vorlesun-
gen des Privatdozenten Albrecht von Graefe „private Veranstaltungen" bleiben.
Es existieren handschriftliche Vorlesungsaufzeichnungen seines Schülers, des
späteren Pathologen und Hämatologen Ernst Neumann (1834–1918), aus dem
WS 1856/57[30].

Graefe bekundete größtes Interesse an dem neuen Augenspiegel. Er richtete
am 7. November 1851 einen Brief an Helmholtz mit der Bitte, „möglichst bald
ein oder zwei genau nach Ihren Angaben verfertigte Augenspiegel nach Berlin
auf meine Adresse […] zu schicken"[31]. Er erhielt drei Exemplare. Somit haben
Burow und Graefe als erste praktizierende Ärzte das menschliche Auge untersucht und neue Behandlungsmethoden für Augenerkrankungen eingeführt[32].
1853 machte Graefe eine neue Methode der Schieloperation bekannt; 1854 folgte
die Beschreibung der bisher unbekannten Diphtherie an der Bindehaut. Weiterhin nutzte Graefe den Augenspiegel für eine neue Operationstechnik (1857)[33]
zur Behandlung des grünen Stars (Glaukom)[34]. 1866 verbesserte er die Operation auch des grauen Stars durch die Einführung eines sogenannten „linearen
Starschnitts"[35]. Dazu benutzte er das Star-Operationsmesser seines Schülers

[30] Ernst Christian NEUMANN, Vorlesungsnachschriften, Nachlass in der Niedersächsi-
      schen Staats- und Universitätsbibliothek Göttingen, Handschriftenabteilung und seltene
      Drucke, Cod. Ms. E. C. Neumann 2, 2a und 2b: Vorklinische Vorlesungen (WS 1856/57),
      gelesen von Hermann von Helmholtz und Albrecht von Graefe. Vgl. auch: Eberhard
      NEUMANN-REDLIN VON MEDING, Ernst Christian Neumann (1834–1918). Die Beschrei-
      bung der funktionellen Morphologie des Knochenmarks am Pathologischen Institut Kö-
      nigsberg und dessen Einfluss auf die Hämatologie des 19. Jahrhunderts, in: Die Albertus-
      Universität zu Königsberg und ihre Professoren, hg. v. Dietrich RAUSCHNING u. a., Berlin
      1995, S. 425–437.
[31] KOENIGSBERGER (wie Anm. 17), S. 137.
[32] VELHAGEN (wie Anm. 24), S. 516.
[33] Norbert JACHERTZ, Der Arzt als Heiland. Das schönste Denkmal eines Arztes ist Alb-
      recht von Graefe gewidmet, in: Deutsches Ärzteblatt 102 (2005), H. 38, S. B2125.
[34] Die Behandlung des Glaukoms erfolgte mittels Iridektomie: Graefe schnitt zur Augen-
      innendruckentlastung aus der Regenbogenhaut ein spitzwinkliges Stück, um einen di-
      rekten Zugang von der vorderen zur hinteren Augenkammer zu schaffen und so günsti-
      gere Abflussbedingungen für das Kammerwasser zu erzielen.
[35] In den „Verhandlungen der Berliner Medizinischen Gesellschaft" (Bd. 1 für 1865/66,
      Berlin 1867, S. 308) berichtet Graefe über Muskelstörungen im Auge bei Cholera. Im
      Übrigen wurden in den „Verhandlungen der Berliner Medizinischen Gesellschaft" der
      Jahre 1861–1873 Vorträge aus den wissenschaftlichen Sitzungen der Gesellschaft abge-
      druckt. Dies geht hervor aus der nicht veröffentlichten Chronik von Otto SOLBRIG, Die

und Freundes Julius Jacobson (s. u.). Graefe wurde so populär, dass er die seit 1840 verwaiste ehemalige Universitätsaugenklinik von 1866 bis 1870 übernahm und somit am Ende seines Lebens sein geheimer Wunsch erfüllt wurde, doch noch ein offizielles Ordinariat innezuhaben[36]. Bald nach seinem Tod wurden von dem Königsberger Bildhauer Rudolf Leopold Siemering (1835–1905)[37] eine überlebensgroße Bronzeplastik sowie eine Terrakotta-Relieftafel angefertigt. In den letzten Jahrzehnten des 19. Jahrhunderts wurden in Berlin kaum Anstalten zur Weiterentwicklung der Augenheilkunde als eigenständiges Fach getroffen, obwohl entsprechende Entwicklungen aus Sachsen (Leipzig 1853) und Bayern (München 1859) bekannt gewesen sein dürften[38].

Julius Hirschberg war 1868 Schüler Albrecht von Graefes. 1869 ließ er sich in einer eigenen Praxis nieder, habilitierte sich 1870, wurde 1900 Honorarprofessor an der Berliner Universität und ließ 1908 den Neubau einer „Augen-Heilanstalt" errichten. Parallel widmete er sich der Geschichte der Augenheilkunde und gab das „Handbuch der Augenheilkunde" von 1899 bis 1912 in einer ersten Auflage heraus. Der nach ihm benannte „Hirschberg-Test" dient zur Identifikation manifesten Schielens.

Königsberg – das Ringen um die Universitäts-Augenklinik

Dank der Persönlichkeiten dieser drei Spezialisten florierte die Augenheil-kunde in Königsberg und Berlin in der Mitte des 19. Jahrhunderts mehr im Bereich praktischer ärztlicher Anwendung. Ein neuerlicher Anstoß zur Be-gründung eines Lehrfachs der Augenheilkunde in Königsberg ging von einem weiteren Schüler Albrecht von Graefes aus: dem Chirurgen und Augenarzt

Geschichte der Berliner Medizinischen Gesellschaft von der Gründung 1860 bis 1935, Berlin 1935, S. 31–32.

[36] Zu Graefes Leistung heißt es: „Die Berliner Medizinische Fakultät hat gegenüber diesem Genius, der Berlin zum Brennpunkt der gesamten Augenheilkunde seiner Zeit machte […], eine traurige Rolle gespielt" (ARTELT [wie Anm. 12], S. 2591). 1866, zwei Jahre bevor Johann C. Jüngken von Heinrich Adolf von Bardeleben (1819–1895) abgelöst wurde, kam es doch noch zur Berufung Graefes auf den Lehrstuhl der seit 1840 verwaisten Augen-klinik des chirurgischen Charité-Klinikums. Die Medizinische Fakultät war froh, end-lich wieder eine Universitätsaugenklinik vorweisen zu können. Lange währte das Glück jedoch nicht: 1870 starb Graefe, und damit war die Phase der universitären Augenheil-kunde in Berlin beendet.

[37] Rudolf Leopold Siemering (1835–1905), ein Königsberger Bildhauer, studierte an der Berliner Akademie und leitete später das Berliner Rauch-Museum.

[38] ARTELT (wie Anm. 12), S. 2591.

Abb. 8: Julius Jacobson. Fotografie aus der „Ostpreußischen Arztfamilie"
(aus: Ostpreußische Arztfamilie, Sommerrundbrief 1966, S. 25, mit Genehmigung
der „Stadtgemeinschaft Königsberg")

Julius Jacobson (1828–1889)[39] *(Abb. 8).* Als Schüler des Chirurgen und Augenarztes Burow sowie ab 1849/50 des Physiologen Helmholtz erlebte er in Königsberg die Fortschritte in der Augenheilkunde hautnah, insbesondere die Erstbe-
schreibung und -konstruktion des Augenspiegels 1850. Die neue Fachdisziplin
„Augenheilkunde" und die operativen Fähigkeiten Burows faszinierten den

---

[39] Hinweise auf Julius Jacobson finden sich in folgenden Beiträgen der „Ostpreußischen
Arztfamilie": Hermann BERGER, Zur Kulturgeschichte des Arzttums in Ostpreußen, in:
Ostpreußische Arztfamilie, Sommerrundbrief (1966), S. 23–26 (Teil 1), und in: Ostpreu-
ßische Arztfamilie, Osterrundbrief (1967), S. 14–19 (Teil 2 – Reisebericht Italien); Klaus
GUTZEIT/Arthur BIRCH-HIRSCHFELD, Zur Erinnerung an das 50-jährige Bestehen der
Universitätsaugenklinik in Königsberg, Pr., in: Königsberger Allgemeine Zeitung (Mai
1927), Ndr. in: Ostpreußische Arztfamilie, Osterrundbrief (1977), S. 8–10. Vgl. auch:
Julius JACOBSON, Beiträge zur Pathologie des Auges (Inhalt: I. Die Ophthalmologie
der Gegenwart und Graefe's Intentionen – II. Beiträge zur Lehre von der folliculären
Conjunctivitis [granulöse Augenentzündung] – III. Der Intermarginalschnitt mit und
ohne Transplantation von Hautlappen in der Therapie der Krankheiten des Lidrandes –
IV. Glaucom), Leipzig 1888.

Studenten. Nach dem Vorbild seines Lehrers und Freundes Graefe richtete sich Jacobson um 1862/63 in Königsberg eine Praxisklinik ein[40] und führte sofort die Chloroform-Narkose bei Augenoperationen ein. Weiterhin konstruierte er eine neue Messerform (anstelle der herkömmlich üblichen Lanze) für das Operieren, besonders des grauen Stars. Während diese technische Verbesserung von seinem Lehrer Graefe in Berlin begrüßt wurde (es setzte sich irrtümlich die Bezeichnung „Graefe-Messer" durch), stieß die Chloroform-Narkose bei Eingriffen dort auf strikte Ablehnung[41].

Jacobson sah zu Beginn der 1860er-Jahre der weiteren Entwicklung der Augenheilkunde in Königsberg mit Sorge entgegen, nachdem selbst in Berlin nach 1840 keine eigenständige Universitätsaugenklinik mehr bestand. Daher ergriff er die Initiative: Am 24. September 1864 richtete der Kurator der Albertus-Universität den ersten Antrag zur Errichtung eines Lehrstuhls für Augenheilkunde mit Neubau einer augenärztlichen Poliklinik an das Ministerium für geistliche, Unterrichts- und Medizinalangelegenheiten in Berlin. Die Reaktion erfolgte prompt – in Form einer Rüge. Ein Regierungserlass vom 10. Dezember 1864 wies das Ansinnen strikt ab. Jacobson konsultierte daraufhin seinen Lehrer Graefe. Zu seinem Bedauern lehnte aber selbst dieser ab: Die Bedingungen für die Professoren seien so schlecht, dass sie für eine Tätigkeit als Ordinarius der Augenheilkunde zuzahlen müssten. Jacobson ließ sich jedoch nicht beirren. Hinter ihm standen die Heerscharen zufriedener Patienten. Außerdem konnte er sich auch vor Anfragen von Studenten, die bei ihm eine Ausbildung absolvieren wollten, kaum retten. Ein weiteres Argument Jacobsons für die Schaffung einer eigenen, staatlich anerkannten Augenklinik gibt Wolfgang Hoffmann wieder: „Denn wenn die Studenten in der neuen Augenheilkunde unterrichtet, aber von Chirurgen in diesem Fach geprüft würden, dann wüßten die Prüflinge mehr als die Prüfer [...]."[42]

So kam das Kuratorium der Universität Königsberg[43] gar nicht umhin, Jacobsons Drängen nach Ausbau der Augenklinik und Anerkennung des Fachs als eigenständiger Disziplin nachzugeben[44]. 1868 stellte der Kurator der Universität

---

[40] BERGER (wie Anm. 39), S. 25.

[41] HOFFMANN (wie Anm. 6), S. 7.

[42] Ebd.

[43] Vgl. GStA PK, I. HA Rep. 76, Va, Sekt. 11, Tit. X, Nr. 39, Bd. I (1866–1881), betr. Augenklinik, Bl. 50.

[44] Ebd. Um dem Leser einen Eindruck zu vermitteln, welche Operationen zu jener Zeit durchgeführt wurden und wie die damaligen Anträge der Professoren aussahen, sei hier ein Brief Jacobsons an das Kuratorium der Universität vom 7.12.1870 auszugsweise wiedergegeben: „Zur Motivierung meines Antrages habe ich Folgendes auszuführen: In jeder ophthalmologischen Poliklinik muß eine Anzahl kleinerer Operationen geleistet

erneut einen Antrag und erläuterte zur Begründung, welche Nachteile für die Augenheilkunde entstünden, sollte eine weitere Ablehnung aus Berlin folgen: „Prof. Jacobson wird durch diese Umstände genöthigt, seine augenärztliche Privatanstalt in einem Hause der Universität zu Michael d. J. aufzugeben und es fehlt ihm von da ab gänzlich an einem Lokal, in welchem die poliklinischen Augenkranken unter Zuziehung der Studierenden abgefertigt werden können."[45] Es war der Einfluss des bekannten Berliner Arztes und Abgeordneten Rudolf Virchow (1821–1902), der Jacobsons Plan erneut zu Fall brachte. Virchow argumentierte, Graefes Verdienste seien zwar nicht zu bestreiten – Jacobson wird nicht erwähnt –, das Fach aber sei viel zu unbedeutend für einen solchen Aufwand[46]. Daraufhin verfasste Jacobson eine Denkschrift vom 8. Juli 1868, in der er Virchows Argumente u. a. wie folgt widerlegte: „Es existiert an hiesiger Universität keine klinische Lehrstätte für Ophthalmologie. In der Chirurgischen Klinik können ophthalmologische Fälle für den Unterricht nicht behandelt werden. Ein anderer Ort für die Aufnahme von Augenkranken zum Zwecke der academischen Lehre ist nicht vorhanden. [...] Zur ophthalmologischen Poliklinik ist mir vor 2 Jahren zum ersten Male ein Local genannt worden, dessen Beschreibung ich mir in kargen Worten zu geben erlaube [...]." Es folgt die Schilderung winziger Räume neben dem Leichensaal im Pathologischen Institut[47].

Den Durchbruch brachte ein sechsseitiges Schreiben der Medizinischen Fakultät, das von sieben Ordinarien unterschrieben wurde[48]. Mit Regierungserlass vom 7. November 1870[49] wurden prinzipiell die Einrichtung eines ersten Lehrstuhls für Augenheilkunde (Prüfungsfach) in Königsberg und der Bau einer

werden, als das sind die Operationen des En- und Ectropiums, der Trichiasis, des Strabismus, der Punction der vorderen Augenkammer, der Peritomie, der Entfernung fremder Körper von der Hornhaut. Da der größte Theil dieser Operationen heutzutage unter Chloroform ausgeführt wird, und viele Kranke sich erst nach einigen Stunden von ihrer Narcose hiermit erholen, dass sie nach Hause befördert werden können, ist es wünschenswert, in der Poliklinik einige Betten zu haben in welcher Kranke einige Stunden lang gelagert werden können. – Ferner würde [...] [es] mir möglich gemacht werden, in der Poliklinik [...] die Blepharoplastik, die Iridectomie, selbst einige weitere Augenoperationen [...] auszuführen. [...] Die Verifizierung dieser Ansicht Eurer Excellenz zur Prüfung zu unterbreiten, werde ich auf Wunsch jederzeit bereit sein". Ebd., Bl. 50, Anm. 3.

[45]   Ebd., Bl. 2: Bericht der Universität Königsberg vom 24. September 1864.

[46]   HOFFMANN (wie Anm. 6), S. 7.

[47]   GStA PK, I. HA Rep. 76, Va, Sekt. 11, Tit. X, Nr. 39, Bd. I (1866–1881), Bl. 20: Denkschrift Julius Jacobsons vom 8. Juli 1868.

[48]   Ebd., Bl. 41: Bericht der Medizinischen Fakultät der Universität Königsberg vom 19. Juli 1870, unterzeichnet durch W. von Wittich, W. Cruse, E. Burdach, A. Wagner, E. von Leyden, O. Hildebrandt und E. Neumann.

[49]   Ebd., Bl. 49: Regierungserlass vom 7. November 1870.

Augenklinik auch für stationäre Patienten genehmigt. Im Schreiben des Kurators vom 24. September 1869 an das Ministerium in Berlin, das den Regierungserlass beeinflusst hatte, heißt es: „Mit der Fakultät stimme ich überein, daß weitere Maßnahmen für die Gründung und Ausstattung einer Poliklinik für Augenkrankheiten den eigentlichen Bedürfnissen nicht genügen, daß dagegen die Errichtung einer stationären Klinik nebst Gründung eines besonderen Lehrstuhls für das gedachte Fach hier umso dringlicher ist, als die weit überwiegende Mehrzahl der Ärzte in hiesiger Provinz ihre Ausbildung nur in hiesiger Universität erhalten und bei der weiteren Entfernung anderer Universitäten auch nur erhalten kann. (gez. Horn)."[50] Die Einführung des Prüfungsfachs Augenheilkunde wird von Harry Scholz/Paul Schroeder[51] und Kasimir Lawrynowicz[52] auf das Jahr 1873 datiert, obwohl Jacobson sein Lehramt bereits ab 1866 in zwei kleinen Zimmern im Leichenhaus des anatomisch-pathologischen Instituts wahrnahm[53]. Der Grund für das Umdenken der Regierung lag in der grassierenden Granulose-Epidemie der 1860er und 1870er Jahre, die durch den Deutsch-Französischen Krieg noch befördert wurde. 20–30 % der Truppenangehörigen litten an der Augengranulose, die Lider, Tränenabflusswege und Hornhaut befiel. Mit der Entlassung der Soldaten aus dem Militärdienst entstanden neue Infektionsherde in der Zivilbevölkerung, Schädigungen gingen bis hin zur Erblindung[54].

Die Vorbereitungen für den Bau der Augenklinik waren im Jahre 1874 abgeschlossen[55]. In einem Schreiben der Universität vom 26. September 1877 an die Regierung heißt es: „Eure Excellenz habe ich die Ehre gehabt in meinem Bericht vom 13. September 1877, davon Anzeige zu machen, daß ich dem dringenden Ersuchen des Professors Dr. Jacobson, die Augenklinik mit dem Beginn des Sommersemesters eröffnen zu dürfen, nachgegeben habe, obwohl damals noch einige bauliche Rückstände, insbesondere die Verblendungsarbeiten auszuführen waren. Der Universitätscurator Oberpräsident und Wirkl. Geheim Rath gez. Horn."[56] Das Krankenhaus befand sich Ecke Lange Reihe/Wagnerstraße[57] *(Abb. 9).*

---

[50] Ebd., Bl. 24, Anm. 2: Schreiben des Kurators der Medizinischen Fakultät Königsberg.

[51] Harry Scholz/Paul Schroeder, Augenheilkunde, in: dies., Ärzte in Ost- und Westpreußen, Würzburg 1970, S. 100–107.

[52] Kasimir Lawrynowicz, Albertina, Berlin 1995, S. 359.

[53] Wie Anm. 49.

[54] Leo Pollnow, Der Kampf gegen die Granulose in Ostpreußen. In memoriam Prof. Friedrich Heisrath, in: Ostpreußische Arztfamilie, Sommerrundbrief (1966), S. 18.

[55] GStA PK, I. HA Rep. 76, Va, Sekt. 11, Tit. XIX, Nr. 19, Bd. I (1873–1900), betr. Bauten Augenklinik, Bl. 6.

[56] Ebd., Bl. 47.

[57] Lawrynowicz (wie Anm. 52), S. 359.

Abb. 9: Universitäts-Augenklinik in Königsberg, erbaut 1877 (Aufnahme d. Verf. 2007)

Die Königsberger Augenheilkunde *(Abb. 10)* kam durch Julius Jacobson zu hohen Ehren. In Arthur von Hippels Nachruf auf ihn[58] finden sich dessen zahlreiche Veröffentlichungen[59]. Von Jacobson als einzigem Lehrstuhlinhaber für Ophthalmologie in Preußen zwischen 1873 und 1889 wurde nach seinem Tode von dem Bildhauer Johann Friedrich Reusch (1834–1906) eine Bronzebüste gefertigt. Sie stand links vor dem Eingang des Klinikgebäudes. Ob diese Büste des jüdischen Gelehrten bereits zu Kriegszwecken von den Nationalsozialisten eingeschmolzen wurde oder erst seit 1945 verschollen ist, bleibt ungeklärt. Das Gebäude der ersten preußischen Augenklinik hat jedoch den Krieg überstanden und beheimatet heute ein Wohnheim[60]. Über die weitere Entwicklung der Königsberger Augenheilkunde und Augenklinik berichtet ausführlich Eberhard Kunz[61].

---

58   Arthur VON HIPPEL, Julius Jacobson, in: Allgemeine Deutsche Biographie, Bd. 50, Leipzig 1905, S. 612–616.

59   Ebd., S. 612.

60   LAWRYNOWICZ (wie Anm. 52), S. 359.

61   Eberhard KUNZ, Geschichte der Universitätsaugenklinik Königsberg, in: Ostpreußische Arztfamilie, Sommerrundbrief (1973), S. 14–16 (Teil 1), Ostpreußische Arztfamilie, Adventsrundbrief (1973), S. 10–12 (Teil 2), und: Ostpreußische Arztfamilie, Osterrundbrief

Abb. 10: Siegel (Papieraufkleber) der Universitäts-Augenklinik in Königsberg (Aufnahme d. Verf. 2010, Archiv der Franz Neumann-Stiftung, Berlin)

Nach dem Tod Julius Jacobsons leitete zunächst Adolf Vossius (1855–1925)[62] kommissarisch die Klinik. Er verfasste ein Handbuch über Augenheilkunde mit dem Titel „Grundriß der Augenheilkunde" (1888), das in der 3. Auflage in die russische und japanische Sprache übersetzt wurde und hier wie dort als Standardwerk galt. Der eigentliche Nachfolger Jacobsons wurde 1890 Arthur von Hippel (1841–1916). Er hatte in Königsberg, Würzburg und Berlin studiert und sich bei Ferdinand von Arlt in Prag und Wien weitergebildet, bevor er nach Paris ging. 1868 habilitierte er sich, wechselte 1879 als Ordinarius nach Gießen und nahm 1890 einen Ruf an die Königsberger Augenklinik an. Dort blieb er nur bis 1892 und wirkte anschließend in Halle, danach in Göttingen. Er führte die Augendruckmessung in der Diagnostik für jeden älteren Patienten ein. Für seine Hornhauttransplantation 1891 erhielt er den Albrecht-von-Graefe-Preis der Berliner Medizinischen Gesellschaft. Seine Nachfolger waren von 1892 bis 1906 Hermann Kuhnt (1850–1925), von 1906 bis 1913 Emil Krückmann (1865–1913) und von 1913 bis 1914 Franz Schieck (1871–1945).

Von den beteiligten Persönlichkeiten und ihren Veröffentlichungen ausgehend, übte die Königsberger Ophthalmologie in der zweiten Hälfte des 19. Jahrhunderts zweifelsfrei einen überragenden Einfluss auf die Entwicklung der überregionalen Augenheilkunde aus. Das wurde in Berlin nicht übersehen. Rudolf Virchow revidierte seine frühere Meinung und forderte gegen Ende des

als Gedenkbrief (1974), S. 6–10 (Teil 3), mit vielen Abbildungen der Nachfolger Jacobsons. Dieser Aufsatz findet sich auch in HENSEL (wie Anm. 6), S. 302–308.

[62] Adolf Vossius war von April 1882 bis April 1887 Assistenzarzt bei Julius Jacobson in Königsberg, wo er sich 1882 für Augenheilkunde habilitierte. Seine Antrittsvorlesung hielt er zum Thema „Angeborene Farbenblindheit". 1887 wurde er Extraordinarius und erhielt 1890 den Ruf nach Gießen.

19. Jahrhunderts einen eigenen Lehrstuhl für Augenheilkunde auch für Berlin. Am 1. Oktober 1906 wurde das nach seinen Plänen erbaute und nach ihm benannte Rudolf-Virchow-Krankenhaus eröffnet. Erster Lehrstuhlinhaber der dortigen Universitäts-Augenklinik wurde Oscar Fehr (1871–1959), unter dessen Leitung die Universitäts-Augenklinik mit 25 Betten am 1. April 1907 ihren Betrieb aufnahm.

Einzelbiografien der vier bedeutendsten preußischen Augenärzte im 19. Jahrhundert

Johann Christian Jüngken (1794–1875)

Am 12. Juni 1794 in Magdeburg geboren, studierte Johann Christian Jüngken in Berlin, promovierte und habilitierte sich hier 1818 an der Friedrich-Wilhelms-Universität. Wenngleich Chirurg, spezialisierte er sich alsbald auf die operative Behandlung von Augenerkrankungen. 1818 wurde er von dem Leiter der Chirurgischen Klinik der Charité, dem ehemaligen Divisions-Generalchirurgus Johann Nepomuk Rust (1775–1840), eingestellt, um Augenkrankheiten operativ besser behandeln zu können. Von 1828 bis 1840 leitete er eine von der Medizinischen Fakultät anerkannte Ophthalmologische Klinik, die jedoch gegenüber dem klinisch-chirurgisch-augenärztlichen Institut der Chirurgischen Universitätsklinik unter Leitung des Chirurgen Carl Ferdinand von Graefe (1787–1840) keinen guten Ruf genoss. Nach dem Tod seines Chefs Rust übernahm Jüngken 1840 dessen nunmehr frei gewordene Stelle an der Chirurgischen Klinik und betätigte sich fast ausschließlich chirurgisch bzw. nahm die Aufgaben eines Hochschullehrers wahr, so dass die Augenklinik der Charité verwaiste. 1868 trat er in den Ruhestand. Seine Leistungen im Bereich der Augenheilkunde sind unbestritten. Im Jahr 1829 gab er „Die Lehre von den Augenoperationen", 1832 und 1836 „Die Lehre von den Augenkrankheiten" heraus. Jüngken verstarb am 9. September 1875 in Hannover.

Karl August Burow (1809–1874)

Karl August Burow studierte ab 1830 in Königsberg und Berlin, promovierte über das Thema „De Vasibus Sanguiferis Ranarum" (Über die Blutgefäße der Frösche) und arbeitete unter dem Ordinarius der Chirurgischen Klinik der Charité, Rust. An dieser Klinik wirkte auch Johann Friedrich Dieffenbach (1792–1847), von dem Burow die Operationen am Auge erlernte. Da er in Berlin keine Aufstiegschancen sah, kehrte er 1836 nach Königsberg zurück, habilitierte sich 1839 an der Albertina und gründete 1846 eine Privatklinik in dem bis zur

Jahrhundertwende bestehenden Haus „Am schiefen Berg Nr. 6". Nach der Beschreibung des Augenspiegels durch Helmholtz 1850 in der benachbarten Physiologie führte er als erster Augenarzt in Ostpreußen die Schieloperation ein und operierte das Glaukom (grüner Star) sowie den grauen Star. Auch seine wissenschaftliche Arbeit war allgemein anerkannt. Aus seiner Hand stammen 39 Publikationen. Für die Chirurgie entwickelte er eine Methode der offenen Wundbehandlung, wobei er hauptsächlich die von ihm empfohlene desinfizierende und desodorierende Lösung „Essigsaure Tonerde" verwandte. Von dieser Lösung berichtete er erstmals 1857 in einem Vortrag vor dem „Verein für wissenschaftliche Heilkunde" in Königsberg. Erst 25 Jahre später fand die „Essigsaure Tonerde" als „Liquor Burowi" Eingang in das Deutsche Arzneibuch. Ein langes Leben war Burow nicht vergönnt. Am Feldzug gegen Österreich 1866 nahm er im Rang eines Generalarztes als beratender Chirurg der Armee Edwin von Manteuffel teil. Im Krieg gegen Frankreich 1870/71 erkrankte er an Typhus, kehrte nach Königsberg zurück und starb dort am 15. April 1874.

Albrecht von Graefe (1828–1870)

Albrecht von Graefe, geboren am 22. Mai 1828 in Finkenheerd, gestorben am 20. Juli 1870 in Berlin, war Chirurg und Augenarzt. Nach Studium und Promotion 1847 in Berlin, u. a. bei seinem Vater, dem Chirurgen Carl Ferdinand von Graefe, unterbrach er seine Ausbildung für eine Studienreise zu namhaften europäischen Chirurgen und Augenärzten. 1850 nach Berlin zurückgekehrt, habilitierte er sich im selben Jahr, sah an der Universität oder der Charité jedoch keine Zukunftsperspektiven, da deren Chirurgische Kliniken seit 1840 von Johann F. Dieffenbach (Universität) und Johann C. Jüngken (Charité) geleitet wurden. Daraufhin richtete sich Graefe 1851 eine eigene augenärztliche Praxis in der Behrenstraße ein, gefolgt von der Eröffnung einer Praxisklinik mit einigen stationären Betten in der Karlstraße 46. Diese Klinik wurde zu einem Mekka der Augenheilkunde für den europäischen Kontinent. Enge Kontakte hielt Graefe zu Eugen Baumann (London), Franz Cornelis Donders (Utrecht) und Ferdinand Ritter von Arlt (Prag). Von ihm stammt eine große Anzahl von Veröffentlichungen, neben vielem anderen beschrieb er 1854 erstmals die Diphtherie an der Bindehaut. Er gab das „Journal für Chirurgie und Augenheilkunde" heraus, ab 1854 das „Archiv für Ophthalmologie" und gründete drei Jahre später die „Ophthalmologische Gesellschaft". Des Weiteren engagierte er sich für Forschung und Lehre, indem er 1860 die Berliner Medizinische Gesellschaft ins Leben rief, deren erster Vorsitzender er zehn Jahre lang war. Auf Initiative dieser Gesellschaft wurde zu Ehren des früh an Tuberkulose Verstorbenen 1882 ein Denkmal errichtet, das heute noch in der Luisenstraße nahe der Charité zu

Abb. 11: Albrecht-von-Graefe-Denkmal vor der Charité, Luisenstraße (Aufnahme d. Verf. 2010)

bewundern ist *(Abb. 11)*. Dafür fanden sich Sponsoren aus der ganzen Welt. Die überlebensgroße Bronzeplastik sowie die Terrakotta-Relieftafeln schuf der Königsberger Bildhauer Rudolf Leopold Siemering (1835–1905).

Julius Jacobson (1828–1889)

Julius Jacobson entstammte einer jüdischen Arztfamilie. Sein Vater war „Wundarzt", sein Bruder Heinrich lehrte als Physiologe an der Albertus-Universität in Königsberg. Bereits mit 14 Jahren machte Julius Jacobson als Klaviervirtuose auf sich aufmerksam. Er studierte Medizin in seiner Heimatstadt und wurde Schüler Burows sowie ab 1849/50 von Helmholtz. 1853 promovierte er über das Glaukom. Zur ophthalmologischen Ausbildung ging er 1854 an die Karl-Ferdinands-Universität nach Prag zu Ferdinand von Arlt und anschließend nach Berlin an die Charité zu Albrecht von Graefe. Von dem Letztgenannten wurde er als musisch und medizinisch höchst begabter Kollege entdeckt. 1856 kehrte er nach Königsberg zurück und wurde bis 1858 Assistent bei dem

Chirurgen Albert W. Seerig (1797–1862). Im selben Jahr habilitierte er sich und wurde 1861 Extraordinarius. Da es keine Augenklinik gab, unterrichtete er die Studenten in zwei provisorischen Räumen im Pathologischen Institut. Sein Leben war geprägt von dem Bemühen, ein Ordinariat für Augenheilkunde zu erhalten, was ihm mit Unterstützung der Medizinischen Fakultät 1873 gelang[63]. 1877 wurde das erste eigenständige Universitätsklinikgebäude für Augenheilkunde in Preußen errichtet. Jacobson war Mitglied in mehreren Gesellschaften und im Verein für wissenschaftliche Heilkunde Königsberg[64]. Er litt an einer Trigeminusneuralgie, verstarb am 14. September 1889 in Cranz und wurde auf dem Reformierten Friedhof vor dem Königstor in Königsberg beigesetzt.

Zusammenfassung

Die Geschichte der Augenheilkunde im 19. Jahrhundert wurde geprägt von den preußischen Universitäten Königsberg und Berlin bzw. von acht Chirurgen und Augenärzten, die aus ihnen hervorgingen. Ausgangspunkt der Entwicklung war die Humboldt'sche Bildungsreform mit der Neugründung der Berliner Universität 1810, an deren Chirurgischer Universitätsklinik Carl Ferdinand von Graefe – im Nebenfach – auch Augenheilkunde praktizierte. Parallel dazu existierte von 1828 bis 1840 eine erste von der Medizinischen Fakultät anerkannte Universitäts-Augenklinik an der Chirurgischen Klinik der Charité unter Johann Christian Jüngken, die später, von 1866 bis 1870, von Albrecht von Graefe weitergeführt wurde. Johann Friedrich Dieffenbach, der neben Jüngken an der Charité augenärztlich tätig war, wurde 1840 auf den Lehrstuhl der Chirurgischen Universitätsklinik berufen. Ein Schüler Dieffenbachs, Karl August Burow, ging von Berlin nach Königsberg und erlangte dort überregionales Ansehen.

1850 berichtete Hermann von Helmholtz in dem von ihm im selben Jahr gegründeten „Verein für wissenschaftliche Heilkunde" von der Fertigung eines Augenspiegels. Viele Erkrankungen konnten durch dessen Einsatz besser behandelt werden, wie u. a. die Trichiasis, der Strabismus, die Punktion der vorderen Augenkammer und das Glaukom durch Iridektomie. Burow in Königsberg und Albrecht von Graefe in Berlin erkannten sofort die Bedeutung des Spiegels. Als langjähriger Vorsitzender der Berliner Medizinischen Gesellschaft berichtete Graefe dort über seine operativen Errungenschaften und erlangte über seine Privatklinik internationale Anerkennung. In seinem Schüler und späteren Freund Julius Jacobson sah er seinen Nachfolger, jedoch ging dieser in seine

---

[63] Scholz/Schroeder (wie Anm. 51), S. 100.
[64] Neumann-Redlin von Meding (wie Anm. 18), S. 49.

Heimatstadt Königsberg zurück und wurde dort so populär wie Graefe in Berlin. Nach dessen Tod führte ein weiterer Schüler, Julius Hirschberg, ab 1876 für lange Jahre eine Augenheilanstalt in Berlin.

Bereits 1864 begann in Königsberg ein hartnäckiger Kampf um die Anerkennung der Augenheilkunde als Lehrfach. Antragsbegründungen und Denkschriften von Julius Jacobson geben einen guten Einblick in die konservativen und operativen Behandlungsmöglichkeiten am Auge, wie sie dort gehandhabt wurden. Widersacher dieser Entwicklung war Rudolf Virchow in Berlin. Ein Regierungserlass vom 7. November 1870 stellte schließlich die Weichen für die Einrichtung eines Ordinariats in Königsberg 1873. In Berlin wurde erst 36 Jahre später, 1906, eine eigenständige Augenklinik im Rahmen des „Virchow-Klinikums" verwirklicht. Aufgezeigt wird anhand der Darstellung der einzelnen Epochen, dass ab 1850 in Berlin und Königsberg weltweit die modernste konservative wie operative Augenheilkunde betrieben wurde.

„Judenreine" Kirchenmusik
Elimination der „nichtarischen" evangelischen Kirchenmusiker aus Reichsmusikkammer und Kirchendienst im Dritten Reich

Von Hans Huchzermeyer

1. Einleitung

Die Gleichschaltung des Kulturlebens nach der Machtübertragung auf Hitler schloss auch die evangelische Kirchenmusik nicht aus. Hingewiesen sei hier auf den komplizierten Bildungsprozess des Reichsverbandes für Evangelische Kirchenmusik, die Eingliederung der evangelischen Kirchenmusik in die Reichsmusikkammer (RMK) und nachfolgend in die Reichskulturkammer (RKK), die Regelung des neu eingerichteten kirchlichen Amtes der Organisten durch kirchliche und staatliche Richtlinien und die erzwungene Entlassung der evangelischen Kirchenmusiker jüdischer Herkunft aus ihrem Amt.

Von Seiten der Kirche war bei allen diesen Vorgängen Oskar Söhngen[1], Referent für Kirchenmusik und kirchliche Kunst beim Berliner Evangelischen Oberkirchenrat (EOK), federführend beteiligt. Auch nach dem Krieg behielt er seine Funktion als führender Sprecher der evangelischen Kirchenmusik bei. Er bearbeitete weiterhin kirchenmusikalische und liturgische Fragen, vor allem aber widmete er sich der Interpretation kirchenpolitischer Zusammenhänge. Allerdings beurteilten O. Söhngen und seine früheren Mitstreiter, die auch nach dem Krieg in der Ausbildung von Kirchenmusikern wieder führend tätig waren, die Position der Kirchenmusik in der NS-Zeit jetzt in einer völlig anderen Sichtweise[2]. Ihre eigene Verwobenheit mit dem Nationalsozialismus, ihre Aktionen,

---

[1] Oskar Söhngen (1900–1983) studierte seit 1919 Theologie, wurde 1922 zum Dr. phil. und 1924 zum Lic. theol. promoviert. Seit 1926 war er Pfarrer in Köln-Kalk. 1932 wechselte er als Referent für Kirchenmusik zum EOK Berlin. 1933 wurde er politisch bedingt vorübergehend in den Wartestand versetzt. 1935 Dozent für Liturgik an der Berliner Musikhochschule, 1936 Oberkonsistorialrat. Nach 1945 Vizepräsident und stellvertretender Leiter der Kirchenkanzlei der Ev. Kirche der Union in Berlin. Weiterhin Lehrer für Liturgik, 1959 Ernennung zum Honorarprofessor. Das Hauptinteresse Söhngens galt der Kirchenmusik und ihren Verbindungen zur Theologie. S. hierzu: Werner BOLLERT, Art. Oskar Söhngen, in: MGG 2, Personenteil 15, Kassel etc. 2006, Sp. 1003–1004.

[2] Genannt seien neben anderen: Wolfgang Auler, Otto Brodde, Wilhelm Ehmann, Herbert Haag, Wolfgang Reimann, Gerhard Schwarz.

ihre Treuebekenntnisse zu Hitler, aber auch ihr Mittun bei der „Entjudung" der
Kirchenmusik wurden jetzt verniedlicht, uminterpretiert oder verschwiegen.
Man sah sich nun als Opfer, forderte die nach dem Krieg entstandene „Kirchen-
kampflegende" auch für die Kirchenmusik ein, die gegen die Vereinnahmung
durch die NS-Diktatur erfolgreich Widerstand geleistet habe. Der Kampf ausschließlich gegen die Deutschen Christen (DC) um die Vorherrschaft in der Kirchenmusik und um die Frage des richtigen stilistischen Programms wurde jetzt
gedeutet als Kampf der kirchlichen Erneuerungsbewegung gegen das NS-Regime und dessen Kultursystem. Söhngen ließ nazistische Textpassagen in Erst-
veröffentlichungen in einer Neuausgabe, dem 1953 erschienenem Buch „Die
Wiedergeburt der Kirchenmusik", im Sinne der Selbst-Entnazifizierung weg
oder formulierte sie neu, ohne dies im Einzelnen kenntlich zu machen[3].

Nach dem Krieg wurde somit die Kirchenmusikgeschichte der NS-Zeit umgedeutet und verfälscht, eine Geschichtsverdrehung, die allgemein akzeptiert
wurde. Nur vereinzelt gab es kritische Nachfragen, die jedoch vehement be-
kämpft wurden. Theodor W. Adorno[4] übte 1954 und 1956 Kritik an Jugendmu-
sikbewegung und Kirchenmusik. Helmut Bornefeld[5] fragte 1963, warum sich
die Kirchenmusik damals nicht für die neue Musik eingesetzt habe, und Joseph
Wulf[6] legte 1963 eine belastende Materialsammlung zur Kirchenmusik in der
NS-Zeit vor. Schließlich warf Clytus Gottwald[7] 1969 den führenden deutschen
Kirchenmusikern, die wie vor dem Krieg auch jetzt die Schalthebel der musica
sacra bedienten, vor, sich allzu sehr mit der Naziherrschaft identifiziert zu haben. Eine „geharnischte Antwort" an ihn war die Reaktion O. Söhngens[8].

[3] Oskar SÖHNGEN, Die Wiedergeburt der Kirchenmusik. Wandlungen und Entscheidun-
     gen, Kassel/Basel 1953. Die Aussage bezieht sich auf die ersten vier zwischen 1932 bis
     1937 erschienen Arbeiten in diesem Buch (S. 9–68). Lediglich im Vorwort (S. 8) weist
     Söhngen auf vorgenommene Änderungen hin: „Deshalb sind die hier aufgenommenen
     früheren Aufsätze zwar in ihren Grundzügen erhalten geblieben, aber sie wurden doch
     zum Teil überarbeitet, – nicht anders, als das bei einem Buch üblich ist, das in neuer Auf-
     lage herauskommen soll. Gelegentliche Wiederholungen wurden gestrichen, ebenso der
     eine oder andere Gedanke, zu dem der Verfasser heute nicht mehr steht."
[4] Theodor W. ADORNO, Thesen gegen die „musikpädagogische Musik", in: Junge Musik,
     H. 4 (1954) S. 111–113; DERS., Kritik des Musikanten, in: Dissonanzen. Musik in der ver-
     walteten Welt, Göttingen 1956, S. 62–101.
[5] Helmut BORNEFELD, Hugo Distler und sein Werk, in: Musik und Kirche 33 (1963)
     S. 145–155, hier S. 148.
[6] Joseph WULF, Musik im Dritten Reich. Eine Dokumentation, Gütersloh 1963, S. 65–71.
[7] Clytus GOTTWALD, Politische Tendenzen der Geistlichen Musik, in: Württembergische
     Blätter für Kirchenmusik 36 (1969) S. 154–161, hier S. 158f.
[8] Oskar SÖHNGEN, Clytus Gottwalds Pamphlet „Politische Tendenzen der Geistlichen
     Musik". Eine geharnischte Antwort, in: Kerygma und Melos. Christhard Mahrenholz

In seiner Schrift „Kämpfende Kirchenmusik" von 1954 äußerte sich O. Söhngen auch zur Frage der „nichtarischen" Kirchenmusiker[9]. Zwar sei dieser Vorgang für die Kirche in ihrer Treuepflicht gegenüber bedrohten Mitarbeitern ein ernsthaftes Problem gewesen, nicht jedoch für die praktische kirchenmusikalische Arbeit, da 1933 nur zwei Volljuden und vier Halbjuden als Organisten beschäftigt gewesen seien. Bei den Volljuden (Söhngen nennt keine Namen) habe der erste (Julio Goslar, H. H.), durch Presbyterium, Partei, DC und Kirchenminister gedrängt, um seine Entlassung gebeten, beim zweiten (Ernst Maschke, H. H.) seien zurückliegende Vorgänge der Grund für den Rücktritt gewesen. Der EOK habe jedoch mit dem Gemeindekirchenrat in diesem Falle die Altersversorgung sichergestellt. O. Söhngen, der seine Rolle in dieser Angelegenheit weitgehend verschweigt, legt hier eine verkürzte und verfälschte Darstellung vor, wahrscheinlich in der Absicht, unangenehmen Fragen in dieser heiklen Sache bereits im Vorfeld den Boden zu entziehen.

Wolfgang Gerlach war der erste, der in seiner theologischen Dissertation von 1970, die die Stellung der Bekennenden Kirche zum Judentum im Dritten Reich behandelt, anhand der Stellungnahme O. Söhngens von 1954 auf die „nichtarischen Kirchenmusiker" sowie den „Fall Maschke" einging[10]. Allein an den von Söhngen zitierten Dokumenten und seiner selbstrechtfertigenden Darstellung brachte er entscheidende Korrekturen an. Allerdings wurde diese Arbeit auf Empfehlung „kompetenter Zeitzeugen" nicht publiziert, das geschah erst 17 Jahre später in einer überarbeiteten Fassung und unter neuem Titel[11]. Letztlich war es der Publizist Hans Prolingheuer[12], der sich unabhängig von W. Gerlach seit 1981 der Verstrickung der evangelischen Kirchenmusik in das judenfeindliche NS-System widmete, den Biographien der „nichtarischen" Kirchenmusiker, soweit das damals möglich war, und hier insbesondere dem Schicksal von Julio

---

70 Jahre, hg. v. Walter BLANKENBURG / Herwarth VON SCHADE / Kurt SCHMIDT-CLAUSEN unter Mitwirkung v. Alexander VÖLKER, Kassel 1970, S. 394–399.

[9] Oskar SÖHNGEN, Kämpfende Kirchenmusik: Die Bewährungsprobe der Evangelischen Kirchenmusik im Dritten Reich, Kassel 1954, S. 50–56.

[10] Wolfgang GERLACH, Zwischen Kreuz und Davidstern. Bekennende Kirche in ihrer Stellung zum Judentum im Dritten Reich, Diss. Hamburg 1970.

[11] DERS., Als die Zeugen schwiegen. Bekennende Kirche und die Juden, Berlin 1987, S. 194–200. Die 2. bearb. und ergänzte Auflage, Berlin 1993, weist keine Änderungen des Abschnitts „Nichtarische Kirchenmusiker" auf. – Persönliche Mitteilung.

[12] Herrn Hans Prolingheuer, Dortmund, ist der Autor zu tiefem Dank verpflichtet. Er führte nicht nur mit dem Autor zahlreiche stimulierende Diskussionen zum Thema Kirchenmusik in der NS-Zeit, sondern überließ ihm auch umfangreiches Dokumentationsmaterial zu dieser Problematik. Prolingheuer berichtete als erster über das Schicksal von acht jüdischstämmigen evangelischen Kirchenmusikern und sammelte die ersten biographischen Daten.

Goslar[13] nachging, aber auch erste Hinweise zu Ernst Maschke[14] gab und auch die publikatorische Auseinandersetzung mit dem „System Söhngen"[15] nicht scheute. Er initiierte wesentlich den Prozess der historischen Aufarbeitung zum Thema Nationalsozialismus und Kirchenmusik, der Mitte der achtziger Jahre einsetzte. Die Aufzeichnungen der vergangenen fünfzig Jahre wurden jetzt kritisch hinterfragt und Geschichtsverdrehungen aufgedeckt[16].

In diesem Beitrag wird der Umgang der evangelischen Kirche und einzelner ihrer Repräsentanten im „Dritten Reich" mit den judenchristlichen Kirchenmusikern näher betrachtet. Auch wenn es sich um eine kleine Gruppe von Ver-

[13] Hans PROLINGHEUER, Die judenreine deutsche evangelische Kirchenmusik. Dargestellt am Schicksal des Kölner Musikdirektors Julio Goslar im Dritten Reich, in: Junge Kirche – Eine Zeitschrift europäischer Christen (im Folgenden: Junge Kirche), Beiheft zu H. 11 (1981), S. 1–26; DERS., Ausgetan aus dem Land der Lebendigen. Leidensgeschichten unter Kreuz und Hakenkreuz, Neukirchen-Vluyn 1983, S. 99–145.

[14] DERS., Die judenreine deutsche evangelische Kirchenmusik. Leben, Wirken und Verfolgung des Königsberger Kirchenmusikdirektors Ernst Maschke, 2. Nachtrag zur gleichnamigen Studie, in: Junge Kirche 44 (1983), S. 262–268. Einige ergänzende Hinweise zu E. Maschke finden sich bei: Eberhard RÖHM/Jörg THIERFELDER, Juden, Christen, Deutsche 1933–1945, Band 2: 1935–1945, Teil 1, Stuttgart 1992, S. 247–288, hier S. 280–288. Keine neuen Informationen enthalten die Kurzmitteilungen von: Björn MENSING, Todesopfer des Nationalsozialismus, in: Mitmenschlichkeit, Zivilcourage, Gottvertrauen. Evangelische Opfer von Nationalsozialismus und Stalinismus, hg. v. DEMS./Heinrich RATHKE, Leipzig 2003, S. 18–189, hier S. 59f.; Claudia BENDICK, Maschke, Ernst Ludwig, in: „Ihr Ende schaut an …" Evangelische Märtyrer des 20. Jahrhunderts, hg. v. Harald SCHULTZE/Andreas KURSCHAT unter Mitarbeit v. Claudia BENDICK, 2. Aufl., Leipzig 2008, S. 377.

[15] Gerhard FISCHER/Oskar SÖHNGEN/Hans PROLINGHEUER, Kontroverse um „Die judenreine deutsche evangelische Kirchenmusik". Studie von Hans Prolingheuer, in: Junge Kirche, Beiheft zu H. 11 (1981); I. Kontroverse Dr. Gerhard FISCHER/Hans PROLINGHEUER, II. Briefwechsel Prof. D. Dr. Oskar SÖHNGEN/Hans PROLINGHEUER, in: Junge Kirche, H. 3 (1982) S. 139–151; Hans PROLINGHEUER, Die judenreine deutsche evangelische Kirchenmusik. Kirchliche Schuld konkret – Aus einem Briefwechsel, in: Junge Kirche 47 (1986), S. 352–361; Hans PROLINGHEUER, Die „Entjudung" der deutschen evangelischen Kirchenmusik zwischen 1933 und 1945. Vortrag in der Evangelischen Akademie Arnoldshain am 28.1.1989, in: Der Kirchenmusiker 8 (1989), S. 121–137. Nachdruck in: Kirchenmusik im Nationalsozialismus. Zehn Vorträge, hg. v. Dietrich SCHUBERTH, Kassel 1995, S. 40–55.

[16] Vgl. dazu umfassend: Jörg FISCHER, Evangelische Kirchenmusik im Dritten Reich. „Musikalische Erneuerung" und ästhetische Modalität des Faschismus, in: Archiv für Musikwissenschaft 46 (1989), S. 185–234; Dieter ZAHN, Der Organist Evaristos Glassner in Berlin-Neukölln und die evangelische Kirchenmusik im Dritten Reich. Eine Dokumentation, Beiheft Junge Kirche, Bremen 1988, S. 1–55; Dietrich SCHUBERTH (Hg.), Kirchenmusik im Nationalsozialismus. Zehn Vorträge, Kassel 1995 [Sammelband, Nachdruck von zehn seit 1989 in „Der Kirchenmusiker" erschienenen Referaten].

folgten handelt, lassen sich doch Hinweise zur Haltung von Kirche und Gesellschaft und zur Ausprägung antisemitischer Ressentiments gewinnen. Basierend auf neuen archivalischen Quellen wird die Elimination der „volljüdischen“ (E. Maschke und A. Altmann aus Königsberg, J. Goslar aus Köln) ebenso wie die der „halbjüdischen“ Kirchenmusiker aus ihren Ämtern dokumentiert. Es wird gefragt, unter welchen Voraussetzungen und zu welchem Zeitpunkt die ausgrenzenden Maßnahmen der kirchlichen und der NS-Behörden stattfanden, wie die Verdrängungsmechanismen im Einzelnen aussahen und ob sich im kirchlichen Verhalten gegenüber den sechs „halbjüdischen“ Organisten, die als „jüdische Mischlinge“ und somit „vorläufig als Reichsbürger“ anzusehen waren, Unterschiede feststellen lassen im Vergleich zu den drei „Volljuden“.

2. Neuorganisation des Kirchenmusikwesens

Im Rahmen des musikalischen Umbruchs zu Beginn des 20. Jahrhunderts entstanden verschiedene Erneuerungsbewegungen, die sich ab den zwanziger Jahren auch auf das Entstehen einer erneuerten Kirchenmusik auswirkten. Diese Entwicklung wurde wesentlich bestimmt durch die Sing- und Orgelbewegung. Einflüsse gingen aber auch von der Bach- und Schütz-Bewegung sowie der liturgischen Erneuerung aus. Die resultierende kirchenmusikalische Erneuerungsbewegung, die sich seit den zwanziger Jahren durch ein eher gemäßigtes völkisch-konservatives Denken ausgezeichnet hatte und die eine Verbindung der „alten Musik“ der Barock- und Vorbarockzeit mit der zeitgenössischen Musik anstrebte, geriet seit etwa 1927 in Gegensatz zur bisherigen kirchlichen Musikpraxis, die wesentlich in der romantischen Musik des 19. Jahrhunderts wurzelte. Die radikale nationalsozialistische Gruppierung der DC, die die Bildung einer einheitlichen Reichskirche und auf dem Gebiet der Kirchenmusik den Zusammenschluss aller hier Tätigen anstrebte, wollte jedoch gerade an der klassischen und romantischen Musik des vergangenen Jahrhunderts festhalten. Zu diesem Zweck wurde im April 1933 unter der Federführung der DC der Reichsverband Evangelischer Kirchenmusiker Deutschlands gegründet. Die Kompositionspraxis der kirchenmusikalischen Erneuerungsbewegung wurde als zu modern oder sogar als kulturbolschewistisch abgelehnt. In einer „Erklärung“ vom 18. Mai 1933 widersprachen Erneuerungs- und Orgelbewegung den Zielen und dem Alleinvertretungsanspruch des Reichsverbandes der DC[17], wie sie z. B. von

---

[17] Diese als Kampfschrift gedachte „Erklärung der deutschen Orgelbewegung“ wurde parallel als Flugblatt und in mehreren Zeitschriften wie z. B. in: Musik und Kirche 5 (1933) H. 4, S. 187–189 jeweils mit einer unterschiedlich großen Zahl von Unterschriften veröffentlicht. Zu den Unterzeichnern gehörten u. a. O. Söhngen, Ch. Mahrenholz, W. Gurlitt,

Hans-Georg Görner (1908–1984), Komponist und Musikdirektor der Berliner
Propstei, vertreten wurden. Es war nun im politischen Interesse, diesen innerkirchlichen Konflikt im Sinne der DC zu beenden. Zur Lösung des Problems
sollte der Kampfbund für deutsche Kultur (KfdK) beitragen, zu dessen Mitgliedern und Förderern auch Kirchenmusiker wie die Berliner Organisten Fritz
Heitmann (1891–1953)[18] und Wolfgang Reimann (1887–1971)[19] zählten. Diese
NSDAP-nahe Organisation wandte sich gegen moderne Kunstströmungen
sowie kritisch-reflexive Kulturformen im Bereich von Musik, Malerei, Architektur, Plastik, Literatur und Publizistik. Staatskommissar Hans Hinkel (1901–
1960)[20] beauftragte zwei Mitglieder des KfdK, den Leiter der Staatlichen
Hochschule für Musik in Berlin Fritz Stein (1897–1961)[21] und den Tübinger
Musikwissenschaftler Karl Hasse (1883–1960)[22], das Kirchenmusikwesen neu zu
organisieren. Die Erneuerungsbewegung kam dem jedoch zuvor, indem sie am
6. September 1933 den Reichsbund für Evangelische Kirchenmusik gründete. Es
gelang ihr sogar, Fritz Stein als Vorsitzenden zu gewinnen. Somit existierten
jetzt zwei kirchenmusikalische Verbände. Da die wesentlichen Fachvertreter die
Auffassung vertraten, dass der Reichsbund dem Reichsverband auf kirchen-
musikalischem Gebiet überlegen sei, sah sich jetzt auch Hans Hinkel veranlasst,
Reichsbischof Ludwig Müller aufzufordern, den Reichsbund als die führende
Organisation der evangelischen Kirchenmusik anzuerkennen. Da nicht beide
Organisationen in die RMK überführt werden konnten, erfolgte am 3. November 1933 der Zusammenschluss zum Reichsverband für Evangelische Kirchenmusik. Fritz Stein wurde auch dessen Präsident. Diese Niederlage der DC, die
zudem ab Ende 1933 zunehmend ihren kirchlichen Einfluss verloren, bedeutete
für die Erneuerungsbewegung, dass sie jetzt inhaltlich und organisatorisch für
die Führung der Kirchenmusik zuständig war. Ihre musikalischen und liturgischen Vorstellungen konnten nun verwirklicht werden, d.h. die „alte" (Musik
des 16. bis 18. Jahrhunderts, altes Instrumentarium, Barockorgel, reformatori-

H. Distler, aber auch die KfdK-Förderer W. Reimann und F. Heitmann, die sich somit
den Vorstellungen der Erneuerungsbewegung anschlossen.
[18] Ernst KLEE, Das Kulturlexikon zum Dritten Reich. Wer war was vor und nach 1945,
Frankfurt a. M. 2007, S. 231: Art. Heitmann, Fritz.
[19] EBD., S. 477 f.: Artikel: Reimann, Wolfgang.
[20] Hans HINKEL, Staatskommissar im Preußischen Ministerium für Wissenschaft, Kunst
und Volksbildung, Geschäftsführer der Reichskulturkammer, Leiter der Abt. „Besondere Kulturaufgaben", Leiter des „Kampfbundes für deutsche Kultur", NSDAP-Mitglied,
SS-Sturmbannführer. S. hierzu KLEE (wie Anm. 18), S. 249f.: Art. Hinkel, Hans.
[21] KLEE (wie Anm. 18), S. 588: Art. Stein, Fritz.
[22] EBD., S. 221: Art. Hasse, Karl.

sche Choräle, alte liturgische Formen) wurde ebenso wie die „zeitgenössische" Kirchenmusik gepflegt.

Oskar Söhngen ist es wesentlich zu verdanken, dass für eine Erneuerung der Kirchenmusik auch die äußeren Voraussetzungen geschaffen wurden. Seit Ende des 18. Jahrhunderts war der Kirchenmusiker zum „weltlichen Kirchendiener" herabgestuft worden, die nebenamtliche Pflege der Kirchenmusik oblag vorzugsweise den Schullehrern. Jetzt wurde durch kirchliche und behördliche Richtlinien das kirchenmusikalische Amt geschaffen, das neben das Predigtamt gestellt wurde. Ausbildungs- und Prüfungsordnungen sowie die Dienstaufgaben wurden durch Erlasse neu geregelt, eine Fachaufsicht trat begleitend hinzu. Zu diesem Zweck gründeten die Landeskirchen neue Kirchenmusikschulen, in denen auch besonderer Wert auf die Vermittlung theologisch-liturgischer Fragen gelegt wurde. Auch die Besoldung wurde durch Gesetze geregelt. Es entwickelte sich wieder ein Stand der Kirchenmusiker, der sich in hauptberufliche A- und B- und nebenberufliche C-Kirchenmusiker gliederte. Die mit neuem Ansehen versehenen Kirchenmusiker, denen jetzt ein vielfältiges Betätigungsgebiet sowohl im künstlerischen wie im kultischen Bereich zuwuchs, hatten nun die Aufgabe, die Intentionen der Erneuerungsbewegungen in die einzelnen Kirchengemeinden hineinzutragen[23].

Die nachfolgende Auflistung der wichtigsten Verordnungen und Erlasse vermittelt einen historischen Überblick der Zeit zwischen 1935 und 1942.

Chronologische Übersicht über die wichtigsten Erlasse auf dem Gebiet der evangelischen Kirchenmusik 1935–1942[24]

14. Februar 1935:	Pflichtorganisation der Kirchenmusiker im „Reichsverband für evangelische Kirchenmusik"
15. Juli 1935:	Grundsätze für die Vorbildung und Anstellungsfähigkeit von Kirchenmusikern
20. August 1935:	Prüfungsordnung für nebenberufliche Kirchenmusiker
11. Oktober 1936:	Vereinbarung zwischen der Deutschen Evangelischen Kirche und der Reichsmusikkammer
14. November 1936:	Staatliche Bestimmungen für die mittlere Kirchenmusiker-Prüfung in Königsberg
2. August 1937:	Staatliche Prüfungsordung für A-Kirchenmusiker

---

[23] Adam ADRIO, Erneuerung und Wiederbelebung, in: Geschichte der evangelischen Kirchenmusik, hg. v. Friedrich BLUME, Kassel 2. Aufl. 1965, S. 271–340, hier S. 281; Hans Joachim MOSER, Die evangelische Kirchenmusik in Deutschland, Berlin/Darmstadt 1954, S. 455–477.

[24] Modifiziert nach: MOSER (wie Anm. 23), S. 469.

20. Juli 1938:	Richtlinien für die Ausbildung und Prüfung der B-Kirchenmusiker
7. Oktober 1938:	Besoldungsordnung für die hauptberuflichen Kirchenmusiker
13. Oktober 1938:	Staatliche Ausführungsanweisungen zum Gesetz über Trennung von Schul- und Kirchenämtern
21. April 1939:	Rundschreiben der deutschen evangelischen Kirchenkanzlei betr. freiwerdender Kirchenmusikerstellen
27. September 1939:	Besoldungsordnung für hauptamtliche Kirchenmusiker im Angestelltenverhältnis
18. April 1940:	Erlaß des Reichserziehungsministers über nebenamtlichen Kirchendienst der Volksschullehrer
8. Juli 1940:	Amts- und Dienstbezeichnungen für Kirchenmusiker
1. Oktober 1940:	Berufungsordnung für das kirchenmusikalische Amt – Kirchenmusikalische Fachaufsichtsordnung
1. März 1941:	Anweisung für die Tätigkeit des Fachberaters für Kirchenmusik und die provinzialkirchlichen Ämter für Kirchenmusik
1. August 1941:	Allgemeine Dienstanweisung für hauptberufliche Kirchenmusiker
11. Februar 1942:	Der Hilfskirchenmusiker
18. März 1942:	Besoldung der nebenberuflichen Kirchenmusiker

3. Ausschluss der „nichtarischen" evangelischen Kirchenmusiker aus der RMK

Mit der Einführung des Gesetzes zur Wiederherstellung des Berufsbeamtentums am 7. April 1933 war die Grundlage geschaffen worden, Nichtarier und politische Gegner, d.h. auch unerwünschte Künstler, aus dem öffentlichen Leben zu entfernen. Der „Arierparagraph" (§ 3 des Berufsbeamtengesetzes)[25] sah vor, dass Nichtarier im öffentlichen Dienst mit wenigen Ausnahmeregelungen in den sofortigen Ruhestand zu versetzen seien. Die zunehmende Anwendung des „Arierparagraphen" in weiteren Bereichen des öffentlichen Lebens (wie die Zulassungsbeschränkung für jüdische Studenten an den Hochschulen oder der

---

[25] „§ 3 1. Beamte, die nichtarischer Abstammung sind, sind in den Ruhestand zu versetzen. [...]. § 3 2. Absatz 1 gilt nicht für Beamte, die bereits seit dem 1. August 1914 Beamte gewesen sind oder die im Weltkrieg an der Front für das Deutsche Reich oder für seine Verbündeten gekämpft haben [...]."

am 22. September 1933 erfolgte Ausschluss der Juden aus dem gesamten Kultur-
leben, d. h. Musik, Funk, Theater, Film, bildende Künste, Literatur etc.) und in
der Folge die Nürnberger Gesetze vom 15. September 1935 und der Ersten
Durchführungsverordnung zum Reichsbürgergesetz vom 14. November 1935
waren die weiteren Schritte einer systematischen Judenverfolgung, die im Holocaust endete. Auch in der evangelischen Kirche führte dieser „Arierparagraph"
zu heftigen Auseinandersetzungen. Die DC, die bei den Kirchenwahlen am
13. Juli 1933 die Zweidrittelmehrheit erzielt hatten, wollten in ihrem Bestreben,
alle jüdischen Einflüsse in der Kirche zu beseitigen, auch den „Arierpara-
phen" auf die Geistlichen und Kirchenbeamte angewendet wissen. Dagegen
vertrat der sich formierende oppositionelle Pfarrernotbund, einer der Wurzeln
der Bekennenden Kirche (BK), die Auffassung, dass der kirchliche „Arierparagraph" sich nicht mit dem christlichen Glauben vereinbaren lasse.

Als der entscheidende Vorgang, der letztlich über das Schicksal der „nichtarischen" Kirchenmusiker entschied, ist die Eingliederung sämtlicher Kirchenmusiker in den Reichsverband für Evangelische Kirchenmusik und folglich in
die RMK, was der Überstellung in die Fänge des NS-Regimes gleichkam, im
Februar 1935 anzusehen. Söhngen setzte sich besonders für eine derartige Eingliederung ein, so schrieb er beispielsweise 1935 im „Deutschen Pfarrerblatt":

„Umgekehrt hat die evangelische Kirche aber kein Interesse daran, eine völli-
ge Loslösung von der Reichsmusikkammer zu vollziehen, wie sie etwa die katholische Kirche vollzogen hat. Einmal aus ihrer grundsätzlich anderen Stellung
zum Staat und seinen Einrichtungen heraus, die eine Abkapselung schlechterdings nicht zuläßt; die evangelische Kirchenmusik wird sich vielmehr, im Rahmen ihrer Möglichkeiten, freudig für die Mitarbeit an den weitgreifenden mu-
sikkulturellen Bestrebungen des Dritten Reiches zur Verfügung stellen wollen."[26]

Die katholische Kirche hatte sich im Gegensatz zur evangelischen erfolgreich
einer Zwangsorganisation ihrer Organisten und Chorleiter in der RMK wider-
setzt. Diese blieben im Rahmen des Reichskonkordats (Artikel 31) vom 20. Juli
1933, da sie sich ausschließlich religiösen und kulturellen Dingen widmeten, den
kirchlichen Behörden unterstellt. Lediglich die nebenamtliche Ausübung des
Organistenamtes durch Lehrer wurde erst 1939 durch Erlass des Reichserzie-
hungsministers genehmigungspflichtig[27].

---

[26] Oskar SÖHNGEN, Kirchenmusik und Reichskulturkammer-Gesetzgebung, in: Deutsches
      Pfarrerblatt 19 (1935), S. 279.
[27] Vgl. dazu umfassend: Heribert SCHRÖDER, Anmerkungen zur Geschichte und zum
      Funktionswandel katholischer Kirchenmusik im Dritten Reich, in: Kirchenmusikali-
      sches Jahrbuch 72 (1988), S. 137–165.

Bereits 1933 hatte das Reichskartell der deutschen Musikerschaft einen Fragebogen entwickelt, in dem unter Punkt 8 die Frage der arischen Abstammung
beantwortet werden musste. Dieser Fragebogen wurde vom Reichsverband für
evangelische Kirchenmusiker Ende 1933 seinen Mitgliedern zugestellt, die zudem, um zukünftig ihren Beruf ausüben zu können, in die RMK eingegliedert
wurden. Im August 1935 stellte der Präsident der RMK in Anwendung des
„Arierparagraphen" den „nichtarischen" Kirchenmusikern die Bescheide über
die Ablehnung ihres Aufnahmeantrags bzw. ihren Ausschluss aus der RMK
amtlich zu[28], was gleichzeitig von Seiten der Kirche die Beurlaubung vom Organistenamt zur Folge hatte. Auf diese Daten konnte Hans Hinkel, den Joseph
Goebbels am 25. Juli 1935 zum „Sonderbeauftragten für die Überwachung der
Nichtarier auf kulturellem Gebiet" ernannt hatte, zurückgreifen, als er am
23. August 1935 vor Berliner SA-Leuten einen Vortrag zum Thema „Kampf den
Reaktionären und jüdischen Saboteuren" hielt und darin die für ihn unhalt-
baren Zustände in der Kirchenmusik geißelte:

„Wir haben dafür gesorgt, daß die Juden im Reichsverband jüdischer Kultur-
bünde ihr jüdisches Eigenleben auf kulturellem und künstlerischem Gebiet führen können. Auf der anderen Seite werden wir aber ganz logisch und streng und
mit aller Schärfe darüber wachen, ob sich auch nur ein Jude versteckt oder von
hinten herum anmaßt, sich weiterhin in das kulturelle Eigenleben des deutschen
Volkes einmischen zu wollen. Bei dieser Gelegenheit sind wir unter anderem,
was nicht verschwiegen werden darf, auf geradezu groteske, empörende Zustände in der kirchlichen Musikpflege gestoßen. Es gibt tatsächlich christliche Kirchen in Deutschland, in denen an Sonn- und Feiertagen und im Gottesdienst für
deutsche Menschen christlicher Konfession Vollblutjuden seit Jahren die Orgel
spielen. Ich bezeichne diese Tatsachen, ob sie sich nun in katholischen oder
evangelischen Kirchen ereignet haben und ereignen, ganz gleich, ob es Volljuden, Halb- oder Vierteljuden sind, als einen schamlosen Verrat am Christentum,
gegen den wir Nationalsozialisten das deutsche Volk beschützen werden, ebenso, wie wir das deutsche Volk vor Politikern im Priesterkleid beschützt haben
und beschützen werden, welche uns bekämpften, statt gegen Devisenschieber
vorzugehen und die Bekenntnisverräter lahmzulegen. Ein höherer Geistlicher

---

[28] Die RMK verlangte von ihren Mitgliedern zur Überprüfung der arischen Abstammung
      die Vorlage der Geburts- und Taufurkunden bis hin zu den Großeltern. Nach der Ersten
      Verordnung zum Reichsbürgergesetz vom 14. November 1935 galt als Volljude, wenn er
      mindestens drei jüdische Großeltern hatte. Als Mischling 1. Grades (Halbjude) wurde
      jene Person bezeichnet, die unter den Großeltern zwei Volljuden aufwies. Beim Misch-
      ling 2. Grades (Vierteljude) befand sich unter den Großeltern ein Jude. Als jüdisch ver-
      sippt galt der, der mit einem Juden verheiratet oder verwandt war.

der evangelisch-lutherischen Kirche aus einer kleinen Stadt in der Nähe Berlins[29] hat es z.B. soeben durch persönliche Vorsprache in der Reichkulturkammer fertiggebracht, für zwei Juden, die als Organisten in der christlichen Kirche spielen, eine Ausnahme von der für alle Deutschen bindenden und verpflichtenden Gesetzesbestimmung zu verlangen, welche die Musikausübung für jeden in Deutschland in Zukunft nur vor jüdischem Publikum gestattet. Daß ein deutscher Pfarrer, der in vollkommener Verblendung über seine Pflichten gegenüber dem christlichen Kirchenvolke die Worte Martin Luthers anscheinend nicht mehr kennt: ‚Traue keinem Fuchs auf grüner Weid' und keinem Jud' auf seinen Eid', müssen wir als ein bedauerliches Zeichen der Entfremdung sehr vieler kirchlicher Kreise von den Anschauungen des großen Deutschen, Martin Luthers, feststellen."[30]

Bereits wenige Tage später erfuhr man aus der Presse Familienname und Wohnort der nichtarischen Kirchenmusiker und ihren bereits erfolgten Ausschluss aus der RMK. So berichtete die „Deutsche Allgemeine Zeitung" am 29. August 1935:

„Aus der Reichsmusikkammer wurde eine Anzahl nichtarischer Kirchenmusiker und Organisten aus den Orten Königsberg i.Pr., Berlin-Friedenau, Köln-Nippes, Eberswalde, Offenbach am Main, Jever, Brandenburg und Berlin ausgeschlossen. Den aus der Reichsmusikkammer ausgeschlossenen Musikern wurde mit sofortiger Wirkung die Berechtigung zur Ausübung ihrer bisherigen Tätigkeit eines Organisten in christlichen Kirchen entzogen."[31]

„Das schwarze Korps" ergänzte am 5. September 1935:

„Reichsmusikkammer: Die Voll- und Halbjuden evangelisch-lutherischen Bekenntnisses: Altmann-Königsberg, Glaßner-Berlin-Friedenau, Goslar-Köln-Nippes, Grunmach-Eberswalde, Heil-Offenbach a.M., Hildebrand-Jever, Nutbohm-Brandenburg, Ostersetzer-Berlin, wurden mit sofortiger Wirkung ausgeschlossen und ihnen dadurch die weitere Möglichkeit genommen, sich als

---

[29] Gemeint ist Superintendent Karl Gelshorn, der zusammen mit dem Rat der Bekenntnissynode Berlin-Brandenburg bei J. Goebbels durchsetzen konnte, dass die halbjüdischen Organisten Otto und Ulrich Grunmach aus Eberswalde im Kirchenamt verbleiben konnten.

[30] Vgl. das Berliner Abendblatt „Der Angriff" vom 24. August 1935. Zitiert nach: SÖHNGEN, Kämpfende Kirchenmusik (wie Anm. 9), S. 50f.; ZAHN, Der Organist Evaristos Glassner (wie Anm. 16), S. 21; RÖHM/THIERFELDER (wie Anm. 14), S. 247.

[31] Deutsche Allgemeine Zeitung vom 29. August 1935, Berliner Kreuz-Zeitung und Völkischer Beobachter vom 1. September 1935. Zitiert nach: ZAHN, Der Organist Evaristos Glassner (wie Anm. 16), S. 21f.; RÖHM/THIERFELDER (wie Anm. 14), S. 249.

Organisten in christlichen Kirchen zu betätigen. Man sieht, die Reichsmusikkammer bemüht sich, die Kirche vor schädlichen Einflüssen zu bewahren."[32]

Am 2. September 1935 überreichte die Reichsmusikerschaft in der RMK dem Geschäftsführer des Reichsverbandes für evangelische Kirchenmusik Adolf Strube auf dessen „Anfrage betreffend Juden und Halbjuden als Kirchenmusiker" eine („notgedrungen noch unvollständige") Liste von 14 nichtarischen Organisten[33], die dieser am 7. September 1935 an die Deutsche Evangelische Kirche (DEK)[34] weiterleitete.

Liste der nichtarischen Organisten
Altmann, Arthur, geb. 7. 2. 1873, Königsberg/Pr., Hintertragheim 47
Blankenburg, Friedrich, geb. 19. 5. 1889, Bremen, Georg Gröningstr. 156
Dietzmann, Guido, geb. 3. 5. 1896, Haselbach üb. Schmölln, Th.-Land
Glassner, Evariston, geb. 26. 4. 1912, Bln.-Friedenau, Cranachstr. 16
Goslar, Julio, geb. 10. 8. 1883, Köln-Nippes, Siebachstr. 87
Grunmach, Ulrich, geb. 2. 11. 1891, Eberswalde, Augustastr. 4 II
Heil, Adolf, geb. 6. 6. 1871, Offenbach/M., Bleichstr. 28
Hildebrand, Karl, geb. 19. 11. 1889, Jever i. O., Elisabethufer 15
von Holten, Hans, geb. 14. 6. 1873, Rostock, Horst Wesselstr. 101
Dr. phil. Kobelt, Johannes, geb. 19. 5. 1877, Hildesheim, Freiherr v. Steinstr. 6
Maschke, Ernst, geb. 4. 10. 1867, Königsberg/Pr., Luisenallee 17
Nutbohm, Gerhard, geb. 4. 6. 1913, Brandenburg/Hav., Gutenbergstr. 38
Ostersetzer, Marie-Luise, geb. 25. 5. 1908, Bln.-Charl. 9, Westendallee 108
Ziegenhorn, Albert, geb. 25. 7. 1898, Ricklingen Hann., Auf der Papenburg Nr. 21

Derartige Verzeichnisse von „nichtarischen" Kirchenmusikern und die Angriffe auf sie in Zeitungen und Rundfunk markieren den Beginn der Auseinandersetzungen der in die RMK eingegliederten evangelischen. Kirchenmusik mit ihren jüdischstämmigen Organisten. Es fällt auf, dass von dieser 14 Namen umfassenden Liste nur acht Namen im „Schwarzen Korps" genannt werden und dass von den drei „Volljuden" A. Altmann, E. Maschke und J. Goslar der Name Maschke fehlt. Möglicherweise hatte Reichsbischof L. Müller, ehemaliger Wehrmachtspfarrer in Königsberg und enger Bekannter Maschkes, zu diesem Zeitpunkt die öffentliche Namensnennung noch verhindern können. Bisher liegen

---

[32] „Das schwarze Korps" in der Rubrik „Wir antworten" vom 5. September 1935. Zitiert nach: ZAHN, Der Organist Evaristos Glassner (wie Anm. 16), S. 22.
[33] Evangelisches Zentralarchiv in Berlin (im Folgenden abgekürzt: EZA) 7/ 2668.
[34] Die DEK, die Vereinigung der 28 deutschen evangelischen Landeskirchen, wurde im Juli 1933 in der Nachfolge des Deutschen Evangelischen Kirchenbundes gebildet. In dieser Zeit waren in den Kirchenleitungen der Landeskirchen Deutsche Christen führend tätig.

noch nicht zu allen der oben genannten aus der RMK ausgeschlossenen „nicht-arischen" Organisten klärende Angaben vor, es ist sogar fraglich, ob sie alle als „nichtarische" Kirchenmusiker anzusehen sind. So war z.B. Adolf Heil „Arier", der neben seinem Organistenamt an der Luther-Kirche in Offenbach/M. auch die Orgel bis zur Reichspogromnacht 1938 in der Synagoge spielte und wahrscheinlich aus diesem Grund in die Liste gelangte.

O. Söhngen ging aufgrund eigener Nachforschungen zu diesem Zeitpunkt davon aus, dass im Bereich der altpreußischen Union nur sieben Nichtarier, sechs jüdische Mischlinge und ein Volljude (der Kölner Goslar, H. H.), aktiv im Dienst evangelischer Kirchengemeinden standen[35]. In seinem Bemühen, diese „Problematik" zu lösen, ging es ihm zunächst vor allem darum, feststellen zu lassen, dass die kirchliche Unabhängigkeit bei Personalentscheidungen im Bereich der Kirchenmusik weiterhin unverändert bestehen bleiben müsse. In dem vorrangigen Bestreben also, eine Einmischung der RMK in innerkirchliche Angelegenheiten zu unterbinden, weniger aber um das Problem der bereits im August 1935 von der RMK ausgeschlossenen und von der Kirche beurlaubten nichtarischen Kirchenmusiker zu lösen, wurde von der DEK, vertreten durch den Reichskirchenausschuss[36], und der RMK, vertreten durch deren Präsidenten Peter Raabe, bereits am 23. Januar 1936 eine Vereinbarung geschlossen, die letztlich das vom EOK angestrebte Ziel festschrieb, dass Maßnahmen der RMK, die kirchliche Personalentscheidungen tangierten, nur mit Zustimmung der zuständigen Landeskirche möglich seien (§ 1, Ziffer 3)[37].

In einem Rechtsgutachten des EOK, das im Wesentlichen auf O. Söhngen zurückgeht und das am 3. Juli 1936 dem Präsidenten der RMK zugestellt wurde, setzte man sich nochmals mit den gesamten komplexen Verhältnissen auseinander.[38] Zu Beginn des Gutachtens kam Söhngen zunächst auf die von H. Hinkel im Sommer 1935 aufgeworfene Problematik der jüdischstämmigen Kirchen-

---

[35] Bei den sechs Halbjuden handelt es sich um E. Glassner, U. und O. Grunmach, K. Hildebrand, M.-L. Ostersetzer und U. Leupold. Von den drei bekannten Volljuden wird nur J. Goslar genannt, nicht dagegen E. Maschke und A. Altmann.

[36] Ein im Oktober 1935 von Reichskirchenminister Hanns Kerrl berufenes Leitungsorgan zur Befriedung des Kirchenkampfes, hier vertreten durch Christhard Mahrenholz und Oskar Söhngen.

[37] Diese Vereinbarung AZ 9906/35 wurde veröffentlicht in Nr. 2 der „Amtlichen Mitteilungen der Reichsmusikkammer" vom 25. Januar 1936. AEKR, Akte Köln-Nippes Bd. II. Zitiert nach: PROLINGHEUER, Die judenreine ev. Kirchenmusik, Julio Goslar (wie Anm. 13), S. 9.

[38] Die von Söhngen handkorrigierte Erstschrift dieses Gutachtens befindet sich im Ev. Zentralarchiv in Berlin. AEKR, Akte Köln-Nippes, Bd. II. Zitiert nach: PROLINGHEUER, Die judenreine ev. Kirchenmusik, Julio Goslar (wie Anm. 13), S. 11 f.

musiker zurück und stellte hierzu nicht ohne einen gewissen Stolz auf die „nahezu gänzliche Judenreinheit" der Kirchenmusik fest:

„Die Zahl der nichtarischen Kirchenmusiker in der Evangelischen Kirchenmusik der altpreußischen Union ist verschwindend gering; sie beträgt nach den bisherigen Ermittlungen der Reichsmusikkammer sieben. Was das bedeutet bei einer Gesamtzahl von über 10 000 (haupt- und nebenamtlichen) Kirchenmusikern, die innerhalb unseres Aufsichtsbereichs tätig sind, brauchen wir nicht auszuführen. Es ist festzustellen, daß sich das kirchenmusikalische Leben im Gegensatz zur systematischen Verjudung des öffentlichen Musiklebens nahezu gänzlich judenrein gehalten hat."

Da das damalige, vorläufige Kirchengesetz der DEK einen „Arierparagraphen" nicht enthielt, kam der EOK in Bezug auf die Rechtsverhältnisse der nichtarischen Kirchenmusiker zu folgender Bewertung:

„Die Kirchenmusiker, gleichviel ob sie auf Privatdienstvertrag oder als Kirchengemeindebeamte angestellt sind, unterstehen der Dienstaufsicht der Kirchenbehörde. Über die Anstellung und Entlassung von Kirchenmusikern kann darum auch allein die Kirchenbehörde maßgeblich entscheiden [...].

Die Evangelische Kirche glaubt bewiesen zu haben, daß sie sich den Notwendigkeiten der rassischen Erneuerung unseres deutschen Volkes nicht nur beugt, sondern zu freudiger Mitarbeit bereit ist. In Übereinstimmung mit dem Herrn Reichs- und Preußischen Minister für die kirchlichen Angelegenheiten müssen wir aber darauf hinweisen, daß, wenn überhaupt die Anwendung des Arierparagraphen im kirchlichen Raum in Frage kommt, das Maß und die Grenze dieser Anwendung durch das Gesetz zur Wiederherstellung des Berufsbeamtentums vom 7. April 1933 in Verbindung mit der Ersten Verordnung zum Reichsbürgergesetz vom 14. November 1935 (sog. Nürnberger Gesetze) bestimmt wird. Wir sehen uns darum nicht in der Lage, einer Anwendung des Arierparagraphen im Raume der Kirche zuzustimmen, die über den Rahmen dieser Gesetze hinausgeht [...].

Bei der Prüfung der uns bekannt gewordenen sieben Fälle von nichtarischen Kirchenmusikern hat sich herausgestellt, daß es sich bei sechs von ihnen um jüdische Mischlinge handelt, die nach § 2 in Verbindung mit § 1 der Ersten Verordnung zum Reichsbürgergesetz unter gewissen Voraussetzungen vorläufig als Reichsbürger gelten. Nur in einem Falle handelt es sich um einen Volljuden, der aber als Kriegsteilnehmer und Frontkämpfer unter die Ausnahmebestimmung des § 3 Absatz 2 des Gesetzes zur Wiederherstellung des Berufsbeamtentums fällt. Infolgedessen haben wir die zuständigen Konsistorien angewiesen, die von uns seinerzeit angeordnete Beurlaubung dieser Kirchenmusiker aufzuheben [...]."

Im Rahmen der bisherigen Vereinbarungen konnte somit von der Kirchenbehörde erreicht werden, dass der Ausschluss der „nichtarischen Organisten"
aus der RMK nicht gleichzeitig den Verlust der Stelle als Kirchenmusiker bedeutete. Es musste nun ein Weg gefunden werden, wie man die Anordnung der
kollektiven Eingliederung aller Kirchenmusiker in die RMK, von der Juden ausgeschlossen waren, umgehen konnte. Als Lösung bot der EOK im Schreiben
vom 3. Juli 1936 der RMK an, vor allem um zukünftig Kompetenzstreitigkeiten
zu vermeiden, die Tätigkeit der „nichtarischen Kirchenmusiker" von Seiten der
Kirche noch weiter einzuengen. Sie habe sich ausschließlich auf das gottesdienstliche Gebiet zu beschränken[39]. Diese Auflage gestattete es der Kirche, die
seinerzeit verfügten Beurlaubungen aufzuheben.

Es fällt auf, dass die Vertreter des EOK in ihrem Versuch, die wenigen „nichtarischen" Kirchenmusiker zu unterstützen, einer grundsätzlichen Diskussion
über die Anwendung des „Arierparagraphen" in der Kirche aus dem Wege gingen. Man hätte die Auseinandersetzung etwa im Sinne der BK führen können,
die im Kampf gegen die DC die Auffassung vertreten hatte, dass getaufte Juden
keine Juden mehr seien. Vielmehr zog man sich auf Ausnahmeregelungen zurück: von den sieben „nichtarischen" Organisten seien sechs „jüdische Mischlinge" und daher „vorläufig als Reichsbürger" anzusehen, und der einzige Volljude (von den drei „Volljuden" ist J. Goslar aus Köln gemeint, H. H.) falle als
Frontkämpfer des Weltkrieges unter die Ausnahmebestimmung des Gesetzes
zur Wiederherstellung des Berufsbeamtentums. „Um die gedeihliche Mitarbeit
der Deutschen Evangelischen Kirche im Rahmen der Aufgaben der Reichsmusikkammer zu gewährleisten und den besonderen Erfordernissen der Kirchenmusik Rechnung zu tragen", wurde am 11. Oktober 1936 zwischen der DEK,
vertreten durch C. Mahrenholz und O. Söhngen vom Reichskirchenausschuss,
und der RMK, vertreten durch P. Raabe, unter Aufhebung der Vereinbarung
vom 23. Januar 1936 eine neue Vereinbarung geschlossen. Hinsichtlich der
Rechtslage der nichtarischen Kirchenmusiker ergaben sich jetzt im Vergleich
zur Vereinbarung vom Januar keine neuen Gesichtspunkte. Einige Auszüge aus
dieser Vereinbarung vom Oktober belegen dies:

„§ 1 (1) Die im Beamtenverhältnis stehenden oder auf Privatdienstvertrag angestellten Berufskirchenmusiker werden auf Grund des Reichskulturkammer-
gesetzes vom 22. September 1933 [...] und der zu diesem Gesetz ergangenen
Durchführungsverordnungen vom 1. und 9. November 1933 [...] in die Fach-

---

[39] Schreiben des EOK an den Präsidenten der RMK vom 3. Juli 1936, in: AEKR, Akte
Köln-Nippes Bd. II. Zitiert nach: PROLINGHEUER, Die judenreine ev. Kirchenmusik,
Julio Goslar (wie Anm. 13), S. 10.

schaft „Evangelische Kirchenmusiker" (Fachschaft V der Reichsmusikerschaft) eingegliedert […].

§ 4 (1) Anordnungen und Verfügungen der Reichsmusikkammer dürfen nicht in die dienstliche Tätigkeit der beamteten oder angestellten Kirchenmusiker eingreifen. (2) Maßnahmen des Präsidenten der Reichsmusikkammer gegen beamtete oder angestellte Berufskirchenmusiker, insbesondere solche gemäß § 10 und § 28 der Ersten Durchführungsverordnung zum Reichskulturkammergesetz sind nur mit Zustimmung der zuständigen Landeskirchenbehörden zulässig. (3) Hinsichtlich der außerdienstlichen Tätigkeit unterstehen die Berufskirchenmusiker der Anordnungsbefugnis des Präsidenten der Reichsmusikkammer.

§ 13 Alle dieser Vereinbarung entgegenstehenden Anordnungen der Deutschen Evangelischen Kirche und der Reichsmusikkammer treten außer Kraft."[40]

Allerdings war den Vereinbarungen des Jahres 1936 in der Praxis der nachfolgenden Jahre wenig Erfolg beschieden. In ihrem Bestreben, jegliche jüdischen Einflüsse aus dem kirchlichen Leben zu eliminieren, waren die lokalen Parteiorganisationen, die Deutschen Christen der Gemeindekirchenräte, die gleichgeschaltete Presse, aber auch O. Söhngen als Vertreter des EOK in seinem Wunsch nach einer „judenreinen" Kirchenmusik, bemüht, die „nichtarischen" Kirchenmusiker aus dem Kirchendienst zu entfernen.

4. Schicksal der „volljüdischen" Kirchenmusiker

Im Jahre 1935, dem Beginn des Ausschlusses der evangelischen Kirchenmusiker jüdischer Abstammung aus der RMK, amtierten drei „Volljuden", die beiden Königsberger Ernst Maschke und Arthur Altmann sowie der Kölner Julio Goslar, im Bereich der altpreußischen Union.

4.1 Ernst Maschke

Ernst Maschke[41] wurde am 4. Oktober 1867 als Sohn des praktischen Arztes Dr. Abraham Maschke und seiner Ehefrau Therese in Königsberg geboren. Er

---

[40] Zitiert nach: Zahn, Der Organist Evaristos Glassner (wie Anm. 16), S. 16.

[41] Für die freundliche Überlassung zahlreicher Materialien (Dokumente, kompositorischer Nachlass, Briefe, Fotographien etc.) dankt der Autor der Tochter von E. Maschke, Frau Eva Kopp-Maschke (1919–2010), Minden, sehr herzlich. Eine nahezu vollständige neue Darstellung von Maschkes Leben und Werk findet sich in: Hans Huchzermeyer, Studien zur Musik- und Kulturgeschichte Berlins, Pommerns und Ostpreußens im 19. und frühen 20. Jahrhundert. Franz W. Ressel: Violinist in Berlin – Rohloff-Familie: Lehrerorganisten in Pommern – Ernst Maschke: Kirchenmusiker in Königsberg/Preußen –

wuchs in einem jüdischen Elternhaus auf. Nach dem Besuch des Königsberger Friedrich-Colleg konvertierte er mit fast 20 Jahren zum Protestantismus. Im April 1888 trat er als Schüler in das Königliche Conservatorium der Musik zu Leipzig ein. C. Reinecke und S. Jadassohn waren die Lehrer in seinem Hauptfach Komposition. Noch während des Studiums wurde den überdurchschnittlichen künstlerischen Leistungen Rechnung getragen durch die Verleihung des Mozart-Stipendiums. Nach der „ehrenvollen“ Entlassung im Dezember 1891 strebte Maschke eine Vervollkommnung seiner kompositorischen Fähigkeiten an und wurde von 1892 bis 1894 Meisterschüler von Max Bruch in Berlin. In diese Berliner Zeit fällt offensichtlich die Entscheidung Maschkes, sich hauptberuflich der Kirchenmusik zu widmen. Denn von 1894 bis zum Dienstende 1937 war er in verschiedenen Stellungen im Dienste der Evangelischen Kirche tätig. Nach Wanderjahren in der Berliner Region und in Rostock kehrte er 1910 nach Königsberg zurück und übernahm die Positionen als Organist und Kantor an der Schloßkirche, als Lehrer und Leiter des Königlichen Instituts für Kirchenmusik und als Orgelrevisor für Ostpreußen. Entsprechend seiner konservativen Ausbildung im 19. Jahrhundert verharrte Maschke zeitlebens bei einer romantischen Musikauffassung, was sich auch in seinem kompositorischen Werk, überwiegend Vokalkompositionen, zeigt. 1918 heiratete der 51-jährige Maschke die 20 Jahre jüngere Konzertsängerin Elisabeth Melletat, 1919 wurde die Tochter Eva geboren.

Unter dem von der Weimarer Republik verfolgten Ziel, Kirche und Staat zu trennen, und unter dem Zwang fehlender Gelder versuchte das Berliner Kultusministerium, allerdings erfolglos, sich der Unterhaltspflicht an der Schloßkirche zu entledigen. Mit der Festlegung, dass Maschke in seiner Tätigkeit Kirchen- und nicht Staatsbeamter sei, verweigerte es dessen Ruhegehaltsbezüge. Im Wissen um diese fehlende Ruhegehalts- und Hinterbliebenenversorgung und bei einer wenig vertrauensvollen Zusammenarbeit, die in erster Linie unterschiedliche Auffassungen in kirchenmusikalischen Fragen betraf, mit Paul Gennrich[42] sah sich Maschke veranlasst, 1931 die vakant gewordene Stelle als Organist und Kirchenchorleiter an der Königin Luise-Gedächtniskirche anzutreten in der Hoffnung, trotz seines Alters bessere berufliche Konditionen zu erhalten. Aller-

---

Maschke-Latte: Porträt einer jüdisch-christlichen Königsberger Familie, Minden 2013; DERS., Zur Geschichte der evangelischen Kirchenmusik in Königsberg/Preußen (1800–1845). Die kirchenmusikalischen Ausbildungsstätten, Minden 2013.

[42] Paul Gennrich (1865–1946) war seit 1917 Generalsuperintendent der Provinz Ostpreußen und erster Hofprediger an der Schloßkirche und somit unmittelbarer Dienstvorgesetzter Maschkes. Biographische Angaben in: Matthias WOLFES, Artikel: Gennrich, Paul, in: Biographisch-Bibliographisches Kirchenlexikon (BBKL), Bd. XV, Nordhausen 1999, Sp. 608–625.

dings erfolgte auch hier in einem Privatdienstvertrag nur die Anstellung auf Lebenszeit bzw. bis zum Eintreten der Dienstunfähigkeit. Die Kirchengemeinde verpflichtete sich, für die Ruhegehalts- und Hinterbliebenenversorgung aufzukommen.

Als im Sommer 1935 die Presse die Namen der in der evangelischen Kirchenmusik tätigen „nichtarischen" Musiker (sechs „Halbjuden", zwei „Volljuden") auflistete, fehlte durch die Einflussnahme des Reichsbischofs Müller der Name des dritten „Volljuden" Ernst Maschke. Ludwig Müller (1883–1945) war zum 1. September 1926 als Wehrkreispfarrer an die Schlosskirche in Königsberg versetzt worden. Da er der Kirchen- und der klassischen Musik gegenüber sehr aufgeschlossen war, entwickelte sich recht bald eine engere Beziehung zu E. Maschke, der neben den zivilen auch die Soldaten-Gottesdienste zu versehen hatte. In der konservativ-deutschnationalen politischen Einstellung ergaben sich ebenfalls Gemeinsamkeiten, eine Grundhaltung, die von vielen ostpreußischen Pfarrern, so auch von P. Gennrich, geteilt wurde und die erklärt, warum nicht wenige von ihnen der Deutschnationalen Volkspartei zuneigten. Ab 1927 geriet Müller unter den Einfluss Hitlers und wurde zu einem seiner wichtigen Förderer. Bereits seit 1931 Mitglied der NSDAP, war er 1932 Mitbegründer und Landesleiter der DC in Ostpreußen geworden. Nach dem Wahlsieg der DC bei den staatlich verfügten Kirchenwahlen wurde er zunächst zum preußischen Landesbischof und am 27. September 1933 zum Reichsbischof ernannt, was den Umzug von Königsberg nach Berlin bedeutete. Ende 1934 entzog Hitler allerdings Müller, dem u.a. die Gleichschaltung der Landeskirchen misslang, sein Vertrauen, im Herbst 1935 wurde er entmachtet und durfte sein Amt nur noch nominell weiterführen[43]. Zu diesem Zeitpunkt endete auch der Schutz, den Müller der Familie Maschke in der Vergangenheit zu geben versucht hatte.

Somit ging im November 1935 auch für E. Maschke die Schonfrist zu Ende, denn die RMK betrieb ab jetzt den Ausschluss aus der Kammer. Grundlage war der Aufnahmeantrag Maschkes, in dem er wahrheitsgemäß seine „nichtarische Abstammung" mitgeteilt hatte. Aufgrund der Vereinbarungen zwischen DEK und RKK vom Januar und Oktober 1936 war jedoch eine direkte Einflussnahme der RMK in innerkirchliche Belange ausgeschlossen. Entsprechend wandte sich die RMK am 19. Februar 1936 an den EOK in Berlin, ob Bedenken gegen den Ausschluss Maschkes bestünden. Zunächst erbat O. Söhngen vom Konsistorium in Königsberg einen Bericht über die persönlichen und dienstlichen Verhältnisse des Nichtariers Maschke. In der Antwort des Konsistoriums und des Luisengemeindekirchenrats vom 1. April 1936 wurde bestätigt, dass Maschke

---

[43] Thomas Martin SCHNEIDER, Reichsbischof Ludwig Müller. Eine Untersuchung zu Leben, Werk und Persönlichkeit, Göttingen 1993.

nichtarischer Abstammung sei und dass er mit Wirkung vom 1. April 1931 auf Lebenszeit als Organist und Kirchenchorleiter angestellt und ein Anschluss an die Versorgungskasse vom EOK wegen des fortgeschrittenen Alters abgelehnt worden sei.

Am 28. Mai 1936 wandte sich der Präsident der RMK in der Sache Maschke erneut an den Präsidenten des EOK, er sei auf sein Schreiben vom 19. Februar bisher ohne Antwort geblieben. „Ich sehe mich daher gezwungen, den Aufnahmeantrag des Ernst Maschke ohne Ihre Stellungnahme, falls diese nicht innerhalb von 8 Tagen eintrifft, abzulehnen." Mit der Antwort, die Ermittlungen seien noch nicht abgeschlossen und man komme, sobald das der Fall sei, auf die Sache zurück, gelang dem EOK vorläufig ein Aufschub dieser Angelegenheit. Von Bedeutung war in diesem Augenblick für Maschke der Hinweis des Königsberger Konsistoriums:

„Maschke dürfte unter die Ausnahmebestimmung § 3 Abs. 2 des Berufsbeamtengesetzes vom 7. 4. 1933 fallen, da er im Jahre 1910 durch ministerielle Bestallungsurkunde Organist an der Schloßkirche zu Königsberg geworden ist."[44]

Ohne Zweifel fiel Maschke durch den Anstellungsvertrag vom 18. Juli 1910, dem Dienstantritt an der Schlosskirche, unter die Ausnahmebestimmung § 3 Abs. 2. Damit hatte der EOK an sich genügend Handhabe, die Interessen Maschkes gegenüber der RMK zu vertreten und dessen Ausschluss aus der RMK mit konsekutivem Berufsverbot zu behindern oder sogar zu verhindern. Dazu kam es allerdings nicht, da die Sachlage plötzlich eine völlig andere Richtung erfuhr. Im Protokoll der Sitzung des Landeskirchenausschusses (LKA), dem jetzt die Leitung der preußischen Landeskirche oblag, vom 5. August 1936 findet sich folgender Passus:

„Söhngen berichtet über den Fall des nichtarischen Kirchenmusikdirektors Maschke in Königsberg und die Verfehlungen Maschkes in seinem Amt als Lehrer an der Kirchenmusikschule in Königsberg. Das Evangelische Konsistorium in Königsberg soll ersucht werden, die Entlassung Maschkes zu veranlassen. Die Altersversorgung Maschkes soll im Einvernehmen mit der Finanzabteilung durch einen Zuschuß aus zentralkirchlichen Mitteln sichergestellt werden."[45]

Weitere Einzelheiten zu diesen Anschuldigungen finden sich im Schreiben des EOK an das Konsistorium in Königsberg vom 25. August 1936:

---

[44] Schreiben des Konsistoriums Königsberg an EOK Berlin vom 18. Juli 1936. EZA 7/2668.
[45] Protokoll des Landeskirchenausschusses vom 5. August 1936. EZA 7/2688.

„Nach eingehenden Erwägungen halten wir zusammen mit dem LKA das weitere Verbleiben des Organisten Maschke in der Königin-Luise-Gedächtnis-Kirche in Königsberg nicht für tragbar. Zu dieser Entscheidung sind wir vor allem auch durch weiter zurückliegende Vorkommnisse während der Tätigkeit des Maschke an der dortigen Kirchenmusikschule bestimmt worden, auf die hier nicht näher eingegangen werden soll, auf die uns jedoch unser Musikfachberater aufmerksam gemacht hat."

Der Musikfachberater des EOK war Wolfgang Reimann. Dessen Hinweis vermerkte Söhngen handschriftlich auf der ersten Seite dieses Schreibens:

„Prof. Reimann hat den Unterzeichneten darüber unterrichtet, dass Klagen über das sittliche Verhalten Maschkes gegenüber Schülerinnen der Kirchenmusikschule den Sup. D. Gennrich s. Zt. veranlasst haben, die Entfernung Maschkes zu betreiben."[46]

Der im Erstentwurf vorhandene Passus, beide Eltern seien nichtarischer Herkunft, wurde von Söhngen durchgestrichen und somit als Begründung für die geplante Vertreibung Maschkes aus seinem Amt nicht mehr herangezogen. Ebenso wurde die Feststellung, dass vor allen Dingen andere weiter zurückliegende Vorkommnisse an der Kirchenmusikschule, auf die nicht näher eingegangen werden soll, „auf die uns jedoch Herr Kons. Rat Lawin bei seinem Besuch hier selbst aufmerksam gemacht hat", korrigiert, zum Informanten wurde jetzt W. Reimann. Im weiteren Verlauf dieses Schreibens erörterte O. Söhngen die Modalitäten der Entlassung und der Altersversorgung Maschkes.

„Wir ersuchen daher das Konsistorium, sich in geeignet erscheinender Weise mit dem Genannten und mit dem Gemeindekirchenrat der Kirchengemeinde ins Benehmen zu setzen mit dem Ziel, eine Kündigung des Anstellungsvertrages von Maschke entweder durch ihn selbst oder durch den Gemeindekirchenrat mit seiner Einwilligung herbeizuführen. Es ist Wert darauf zu legen, dass die Entlassung aus dem Amt ohne Härte und in freundlicher Form durchgeführt wird.
Wegen der Altersversorgung schlagen wir folgende Lösung vor: Maschke würde zunächst nach seiner Entlassung 75,– RM monatl. aus der Angestelltenversicherung erhalten, wie uns mündlich berichtet ist. Im Einvernehmen mit unserer Finanzabteilung sind wir bereit, ihm weitere 75,– RM monatl. aus zentral-kirchl. Mitteln als jederzeit widerrufliche Unterstützung auf Lebenszeit zu zahlen. Uns ist weiter berichtet worden, dass die Kirchengemeinde 4 000,– RM

---

[46] Schreiben des EOK Berlin an Kons. Königsberg mit Randnotiz von O. Söhngen vom 25. August 1936. EZA 7/2688.

als einmalige Abfindung bei seiner Entlassung für ihn angesammelt hat. Wir haben Grund zu der Annahme, dass eine Anregung beim Gesamtverband Königsberg weiter 2 000,– RM für Maschke zur Verfügung stellen zu wollen, nicht unfreundlich aufgenommen werden dürfte, sodass Maschke auf eine einmalige Abfindungssumme von 6 000,– RM rechnen könne. Damit wäre u. E. alles nur Mögliche für seine Altersversorgung geschehen.

Wir ersuchen, seine Entfernung aus dem Amt möglichst schnell durchzuführen; falls eine langfristige Kündigungsfrist vereinbart wurde, ist es zweckmässig, ihn alsbald zu burlauben. Auch ersuchen wir, zu der vorgeschlagenen Altersversorgung Stellung zu nehmen und sobald wie möglich zu berichten."[47]

Bereits am gleichen Tage informierte Söhngen den Reichs- und Preussischen Minister für die kirchlichen Angelegenheiten in Berlin, dass die Kündigung des Privatdienstvertrages des Organisten Maschke in die Wege geleitet sei und er voraussichtlich bis zu seiner Amtsentlassung beurlaubt werde. Am 24. September 1936 informierte der EOK den Präsidenten der RMK, dass nunmehr gegen den Ausschluss Maschkes aus der RMK keine Bedenken mehr bestünden. P. Raabe reagierte umgehend und verfügte am 8. Oktober 1936 den Ausschluss Maschkes aus der RMK. Bereits am 10. des Monats wurde dieser Sachverhalt von der Reichsmusikerschaft in Königsberg bestätigt, Maschke erhielt am 23. des Monats diese Information[48].

Durch das Schreiben Söhngens vom 25. August 1936 an das Konsistorium in Königsberg und durch den Ausschluss Maschkes aus der RMK am 8. Oktober 1936, was mit sofortiger Wirkung das absolute Berufsverbot bedeutete, wurde die Luisengemeinde, die bisher unbeugsam auf der Seite Maschkes stand, in eine prekäre Situation gebracht. Sie konnte sich der endgültigen Entscheidung der RMK nicht mehr widersetzen und musste nun mit Maschke, der einen Vertrag „auf Lebenszeit" besaß, die Konditionen seines Ausscheidens aushandeln. Dies gelang offensichtlich einvernehmlich. Der Gemeindekirchenrat legte im Einvernehmen mit Söhngen am 27. November 1936 folgende Altersversorgung Maschkes, der am 1. April 1937 aus dem Dienst scheide, fest:

1. Einmalige Kapitalabfindung von 10 000 RM, fällig am 31. März 1937. 6 000 RM habe die Luisengemeinde angesammelt, 4 000 RM zahle der Gesamtverband.

2. Monatliches Ruhegehalt von 200 RM, zahlbar aus zentralkirchlichen Mitteln, unter Anrechnung der Angestelltenversicherungsrente von 75,60 RM auf Lebenszeit.

---

[47] Schreiben des EOK Berlin an Konsistorium Königsberg vom 25. August 1936. EZA 7/2688.
[48] EZA 7/2688.

3. Zusicherung, dass die kirchliche Zentralbehörde im Falle seines Ablebens für die Witwe ausreichend sorge[49].

Allerdings änderte der EOK seine Auffassung und lehnte trotz wiederholter Anfragen aus Königsberg diesen Beschluss mit neuen Argumenten ab. Maschkes Ansprüchen, da er auf Lebenszeit angestellt worden sei, könne die Kirchengemeinde begegnen, indem sie sich auf das sofortige Kündigungsrecht des § 626 BGB[50] berufe. Maschke stamme zum einen väter- wie mütterlicherseits von Volljuden ab, und zum anderen stellten die erst jetzt bekannt gewordenen Verfehlungen gegenüber Schülerinnen der Kirchenmusikschule einen sofortigen Entlassungsgrund dar. Bei der Bemessung des Ruhegehaltes des jetzt freiwillig aus dem Dienst scheidenden Maschke habe man nicht von etwaigen Rechtsansprüchen, sondern von Billigkeitserwägungen auszugehen. Im Ergebnis handele es sich nun um eine „Gnadenpension". Daher seien die jetzt von der Luisenkirche in Königsberg genannten Beträge, die im Vergleich zu den Vorschlägen des EOK Berlin erhöht seien, nicht begründet. Bei der Gewährung der „Gnadenpension" müsse man die früheren und die jetzigen Bezüge berücksichtigen. Ein jährliches Ruhegehalt von 2 040 RM, entsprechend dem Vorschlag vom 25. August 1936, reiche aus, zumal Maschke 1927 aus der Schlosskirchenkasse nur 1 500 RM bezog (je 400 RM für die Tätigkeit im Institut für Kirchenmusik und für den Militärgottesdienst seien hier nicht zu berücksichtigen). Mit den neuen Vorschlägen seitens der Luisenkirche ergebe sich jedoch eine Gesamtsumme von 2 800 RM, das seien 500 RM mehr als die Gesamteinnahmen von 1927. Hinzu komme noch die Witwenversorgung. Eine derart hohe Ruhestandsversorgung sei in keiner Weise gerechtfertigt und werde auch von der Bevölkerung nicht verstanden, zumal Maschkes frühere Verfehlungen gegenüber Musikschülerinnen in weiten Kreisen bekannt geworden und vermutlich auch unter dem Gesichtspunkt der Rassenschande intensiv erörtert worden seien. Eine Erhöhung der monatlichen 75 RM werde daher zu unterbleiben haben. Ebenso sei eine Erhöhung der Kapitalabfindungen, die nach § 5 Ziffer 5 und 12 des Vermögensaufsichtsgesetzes genehmigungspflichtig sein dürften, dem Konsistorium in Königsberg zu untersagen. Im Falle einer erhöhten Kapitalabfindung könne die gesamtkirchliche Unterstützung von monatlich 75 RM etwas gesenkt werden.

---

[49] Beschluss des GKR der Luisengemeinde vom 27. November 1936. EZA 7/2688.
[50] § 626 BGB, Abs. 1 lautet: „Das Dienstverhältnis kann von jedem Vertragsteil aus wichtigem Grund ohne Einhaltung einer Kündigungsfrist gekündigt werden, wenn Tatsachen vorliegen, auf Grund derer dem Kündigenden unter Berücksichtigung aller Umstände des Einzelfalls und unter Abwägung der Interessen beider Vertragsteile die Fortsetzung des Dienstverhältnisses bis zum Ablauf der Kündigungsfrist oder bis zu der vereinbarten Beendigung des Dienstverhältnisses nicht zugemutet werden kann."

Am 8. April 1937 wurde Konsistorialrat Gerhard Lawin, in den Anfangsjah-
ren den DC zuzuordnen und seit 1936 Konsistorialrat an der Juditter Kirche in
Königsberg, beim EOK in Berlin vorstellig, um mit ihm die Sach- und Rechtslage in der Angelegenheit Maschke zu erörtern. Lawin sei es bis dahin nicht
bekannt gewesen, dass man das Vertragsverhältnis des Nichtariers Maschke auf
Grund von § 626 auflösen könne. Unter Berücksichtigung dieses Gesichtspunk-
tes sei auch Lawin der Auffassung, dass eine Kapitalabfindung von 6 000 RM
zutreffend sei. Man sei übereingekommen, das Konsistorium in Königsberg solle über diese Bedingungen mit Maschke verhandeln und über das Ergebnis berichten. Unmissverständlich teilte der EOK am 31. Mai 1937 dem Königsberger
Konsistorium mit:

„Falls Maschke nicht geneigt sein sollte, unter diesen vom EOK genannten
Bedingungen aus seiner Organistentätigkeit auszuscheiden, wird angesichts der
inzwischen durch Verfügung des Präsidenten der Reichsmusikkammer vom
8. Oktober 1936 ausgesprochenen Ablehnung seiner Aufnahme in die Reichsmusikerschaft eine Auflösung des Dienstverhältnisses aufgrund des § 626 BGB
zu erwägen sein." [51]

Maschke und Luisenkirche fügten sich den ihnen zudiktierten Konditionen,
zum 1. Oktober 1937 wurde der Vertrag zwischen Maschke und Luisenkirche
endgültig aufgelöst.

„Wir teilen dem Evangelischen Konsistorium mit, daß der Organist Ernst
Maschke bereit ist, zum 1. Oktober 1937 unter den vom Evangelischen Oberkirchenrat mitgeteilten Bedingungen aus dem Amte zu scheiden, und das Vertragsverhältnis zwischen ihm und der Luisengemeinde als aufgelöst zu betrachten." [52]

Am 30. August 1937 verfügte die Finanzabteilung beim EOK, dass dem Organisten Maschke die jederzeit widerrufliche Unterstützung aus gesamtkirch-
lichen Mitteln von monatlich 75 RM ab 1. Oktober 1937 zu zahlen und zu Ende
eines jeden Rechnungsjahres die Höhe des tatsächlich gezahlten Unterstüt-
zungsbetrages anzuzeigen sei[53]. Es ist bemerkenswert, wie sich in dieser schwierigen, letztlich aussichtslosen Lage nicht nur der Gemeindekirchenrat rück-
haltlos für ihren Organisten einsetzte, sondern auch der Kirchenchor der
Luisenkirche in Kenntnis der unsäglichen Pressionen gegenüber ihrem Dirigen-
ten im September 1937 ihm dankbar sein Vertrauen aussprach und ihm eine Ori-

---

[51] Schreiben des EOK Berlin an Kons. Königsberg vom 31. Mai 1937. EZA 7/2688.
[52] Schreiben von Pfarrer Segschneider vom Luisengemeindekirchenrat vom 13. Juli 1937 an
      den EOK in Berlin über das Ev. Konsistorium der Provinz Ostpreußen. EZA 7/2669.
[53] EZA 7/2669.

ginalradierung des Königsberger Schlosses, seiner ehemaligen Wirkungsstätte, schenkte.

Im Sommer 1939 verzog das Ehepaar Maschke nach Berlin, wo der Bruder von Frau Maschke eine Wohnung zur Verfügung stellte. Hier erlitt E. Maschke einen Schlaganfall, so dass er von seiner Frau gepflegt werden musste. Auf Grund einer Denunziation drangen Ende März 1940 Gestapobeamte ins Haus ein, um Maschke zum Verhör mitzunehmen. Dabei erlitt er erneut einen Schlaganfall, an dessen Folgen er am 29. März 1940 starb. Obwohl das Verhältnis der Familie Maschke zum Reichsbischof Müller wegen seines zunehmend radikaleren Antisemitismus und seines wiederholten Eintretens für den kirchlichen Arierparagraphen deutlich abgekühlt war, bestand Müller darauf, die kirchliche Trauerfeier am 2. April 1940 persönlich zu halten. Zu einem späteren Zeitpunkt wurde die Urne Maschkes in Königsberg beigesetzt. Nach dem Krieg nahmen Frau Maschke und ihre Tochter in Minden/Westf. ihren Wohnsitz. Die Witwe erhielt ab November 1948 eine monatliche Hinterbliebenenrente von 120 DM, die zusätzliche Gewährung einer Geschädigtenrente wurde abgelehnt, da sie nicht durch NS-Maßnahmen aus politischen, weltanschaulichen oder rassischen Gründen verfolgt oder unterdrückt worden sei. Eine künstlerische Betätigung, die 1935 aufgegeben werden musste, wurde bis zum Tod im Mai 1965 nicht mehr aufgenommen.

4.2 Arthur Altmann

Arthur Altmann wurde am 7. Februar 1873 als der älteste von drei Söhnen in einer jüdischen Familie im ostpreußischen Gumbinnen geboren. Der Vater, Nathan Altmann, war später als Kaufmann in Memel und ab 1908 in Breslau tätig, der Bruder Eugen (geb. 1876) war Handelsvertreter in Breslau, der Bruder Bruno (geb. 1884) wurde Journalist[54]. Noch vor der Jahrhundertwende absolvierte A. Altmann ein Studium zum Gesanglehrer am Konservatorium in Köln[55]. 1901 gelangte er nach Königsberg, wo er sich einen guten Namen als Schulmusiklehrer, Organist, Chorleiter, Komponist und Musikschriftsteller machte. Der Übertritt zum evangelischen Glauben erfolgte wahrscheinlich in diesen

---

[54] Ludwig ALTMAN, A well-tempered musician's unfinished journey through life, an oral history conducted in 1988 by Eleanor Glaser and Caroline Crawford, Berkeley: regional oral history office, The Bancroft Library, University of California, 1990, S. 1 f., 21–25; http://bancroft.berkeley.edu/ROHO/collections/subjectaria/artslit/music_dance.html. Neuere Hinweise zu Altmann finden sich in: HUCHZERMEYER, Geschichte der evangelischen Kirchenmusik in Königsberg/Pr. (wie Anm. 41).

[55] Paul FRANK/Wilhelm ALTMANN, Art. Altmann, Artur, in: Kurzgefaßtes Tonkünstler-Lexikon. Für Musiker und Freunde der Musik, Regensburg 14. Aufl. 1936, S. 10.

frühen Jahren. Der Königsberger Pfarrer Hugo Linck bemerkt im Jahre 1968 hierzu: „Er war, überwältigt von der christlichen Glaubenskraft in den Werken von J. S. Bach, zum Christenglauben, gekommen."[56] Um 1913 wurde er vom reformierten Burgkirchenkollegium gebeten, die hauptamtliche Organistenstelle zu übernehmen. Altmann willigte allerdings nur in eine nebenamtliche Organistentätigkeit ein, da ihm die Berufsausübung als Musiker und Musiklehrer mehr zusagte[57]. So war A. Altmann Lehrer an einem Lyzeum, am Königsberger Konservatorium und an der Musikalischen Akademie. Von den Chören, die er leitete, wurde die Altmannsche Madrigalvereinigung am bekanntesten. Altmann schrieb Kritiken u. a. für die „Hartungsche Zeitung", den „Königsberger Anzeiger" und für die „Signale für die Musikalische Welt" in Berlin. Er gehörte auch zu den Unterzeichnern des „Aufrufs" des 1919 in Königsberg gegründeten Bundes für Neue Tonkunst, in dem für das musikalisch Neue geworben wurde. E. Kroll beschreibt A. Altmann als langbärtige Persönlichkeit, „den wir bösen Buben wegen seiner ‚nazarenischen' Gestalt ‚Jesusgreifer' nannten"[58].

Eine besondere musikalische Begabung in der Familie Altmann findet sich außer bei Arthur Altmann auch bei seinem Neffen Ludwig Altmann, der am 2. September 1910 in Breslau als erstes von zwei Kindern seines Bruders Eugen und dessen Ehefrau Margot geboren wurde. L. Altmann genoss in Breslau nicht nur eine gediegene humanistische Schulausbildung, sondern auch eine exzellente musikalische Erziehung durch Lehrer wie Bronislaw von Pozniak und Edmund Nick[59]. Er studierte nach dem Abitur 1929 Germanistik und Musikwissenschaft in Breslau und anschließend in Berlin. Gleichzeitig besuchte er die Staatliche Akademie für Kirchen- und Schulmusik in Berlin-Charlottenburg. Für Hans Joachim Moser, dem damaligen Direktor, spielte er bei dessen Rundfunksendungen die Musikbeispiele. 1933 wurde Altmann noch während des Examens wegen seiner jüdischen Herkunft zwangsexmatrikuliert, so dass er keinen regulären Studienabschluss erreichen konnte[60]. Ende 1936 konnte er in die USA emigrieren, wo er in San Francisco neben seiner Organistentätigkeit an Synagogen vielfältige musikalische Aktivitäten entwickelte[61]. Auch seinen

---

[56] Hugo Linck, Der Kirchenkampf in Ostpreußen 1933–1945. Geschichte und Dokumentation, München 1968, S. 242.

[57] Schreiben des Königsberger Konsistoriums an den Berliner EOK vom 12. September 1935, EZA 7/2668.

[58] Erwin Kroll, Musikstadt Königsberg. Geschichte und Erinnerung, Freiburg i. Br. 1966, S. 57, 163 f., 185.

[59] L. Altman (wie Anm. 54), S. 1–4, 21–30, 71–81.

[60] Ebd., S. 82–96.

[61] Tina Frühauf, Orgel und Orgelmusik in deutsch-jüdischer Kultur, Hildesheim 2005, S. 99. Frühauf bemerkt zu den Kompositionen von Altman, dass in ihnen die Verbindung

Eltern und der Schwester gelang die Ausreise nach San Francisco. Ludwig Altman (Altmann) verstarb am 27. Nov. 1990[62].

Ludwig Altmann bewertet die Kompositionen seines Onkels Arthur in seinen „Lebenserinnerungen" als fein gearbeitete Werke mit konservativem Einschlag[63]. Das kompositorische Werk A. Altmanns muss nach derzeitigem Kenntnisstand als weitgehend verschollen gelten.

Der Ausschluss nichtarischer Organisten durch den Präsidenten der RMK, die Rede von Staatskommissar Hinkel zu den untragbaren Zuständen in der Kirchenmusik im August 1935 und die anschließende Nennung der Namen von neun jüdischen Kirchenmusikern, darunter auch A. Altmann, in Rundfunk und Presse, auch in der ostpreußischen Tagespresse, rief das Königsberger, von den DC dominierte Konsistorium auf den Plan, sich um die Entfernung von A. Altmann aus seinen Ämtern zu kümmern, zumal auch der EOK in Berlin in dieser Sache aktiv war. DC-Pfarrer Friedrich Werner als Berichterstatter des Konsistoriums berichtete im Schreiben an den EOK vom 12. September 1935 allerdings über Schwierigkeiten, die sich bei der Durchsetzung der Beurlaubung ergeben hätten. Das Burgkirchenkollegium habe sich dem Bruderrat der altpreußischen Union angeschlossen, nehme keine Weisungen vom Konsistorium an und werde die Frage einer Beurlaubung intern besprechen. Auch für die Landesmusikerschaft komme ein Eingreifen wie die Entfernung mit staatlicher Gewalt nicht in Frage, da man sich in Berlin noch nicht schlüssig sei über die Auswirkungen der Reichskulturkammergesetzgebung auf die Kirchen. Letztlich habe das Konsistorium dem Burgkirchenkollegium eröffnet, dass bei Altmann, der im Zuge des „nationalen Umbruchs" sämtliche Ämter verloren habe und auf das letzte ihm verbliebene Amt als Musiklehrer an einem Privatlyzeum zum 1. Oktober 1935 verzichte, mit dieser Beendigung seines Hauptberufs als Lehrer nunmehr die nebenamtliche Tätigkeit als Kirchenmusiker als hauptberufliche anzusehen sei und er deshalb ohne Zugehörigkeit zur RMK nicht mehr amtieren könne.

Auch dieser perfiden Argumentation schloss sich das Burgkirchenkollegium nicht an. Als dann allerdings am 23. September 1935 die RMK über das Konsistorium dem Gemeindekirchenrat der Burgkirche mitteilen ließ, dass Altmann endgültig aus der RMK ausgegliedert sei[64], und der politische wie kirchliche Druck offensichtlich derart zunahm, wurde Altmann einvernehmlich in den

---

von synagogalen und folkloristisch-traditionellen Themen mit zeitgenössischen Kompositionstendenzen zu beobachten sei.

[62] Ein eingehender Bericht über die Zeit in Amerika von 1936 bis 1990 findet sich ebenfalls in: L. ALTMAN (wie Anm. 54), S. 97–183.

[63] EBD., S. 2, 76.

[64] Schreiben der RMK an das Evangelische Konsistorium in Königsberg und den Gemeindekirchenrat der Burgkirche vom 23. September 1935, EZA 7/2668.

Ruhestand, etwa zwei Jahre vor dem regulären Ausscheiden mit 65 Jahren, versetzt. Beide Parteien wurden somit aus der Schusslinie genommen[65]. Die Vermutung Ludwig Altmanns, seine Onkel Arthur und Bruno[66] seien im Holocaust umgekommen, trifft für A. Altmann nicht zu. Wie Zeitzeugen berichten, war A. Altmann, mit einer „arischen" Frau kinderlos verheiratet, zu Beginn des Krieges in einen kleinen Ort des Samlandes in der Nähe der See verzogen, wo beide eines natürlichen Todes starben[67]. Die kinderlose „Mischehe" der Eheleute Altmann, in der der männliche Teil Jude war, galt nach den NS-Verordnungen als nicht privilegiert. A. Altmann erhielt somit zwar gewisse Vergünstigungen, was die antijüdischen Maßnahmen betraf, die Lage blieb für ihn jedoch stets unsicher. Als die Verfolgungsmaßnahmen 1941/42 eskalierten und die Deportationen einsetzten, verzog Altmann ins Samland, in der Hoffnung, hier etwas sicherer zu sein. Der letzte Wohnort und das Sterbedatum (zwischen 1941–Anfang 1945) konnten bisher nicht ermittelt werden.

4.3 Julio Goslar

Julio Goslar[68] wurde am 10. August 1883 in Siegen in einer jüdischen Familie geboren. Der Vater war Tuchgroßhändler, die Mutter Musiklehrerin und Schriftstellerin. Er studierte nach humanistischem Abitur in Köln zunächst Philosophie, Germanistik, Geschichte und Neuere Sprachen in Berlin, um dann von 1909 bis 1912, seiner eigentlichen Berufung folgend, am Kölner Konservatorium Musik zu studieren. Zu Beginn des Ersten Weltkriegs, an dem er als Frontsoldat

[65] Linck (wie Anm. 56), S. 242.
[66] Dr. phil. Bruno Altmann, am 11. Dezember 1878 in Gumbinnen geboren, lebte bis zur NS-Machtergreifung in Berlin, wo er, der der SPD nahestand, 1928 zusammen mit Paul Kampffmeyer „Vor dem Sozialistengesetz. Krisenjahre des Obrigkeitsstaates" publizierte. Dieses Buch wurde in der NS-Zeit verboten. Altmann musste nach Frankreich emigrieren, 1937 wurde ihm die deutsche Staatsbürgerschaft entzogen, März 1943 wurde er ins KZ Majdanek deportiert und ermordet.
[67] Persönliche Mitteilung von Frau Christel Dlugokinski vom 22. März 1982. Eine Kopie dieses Schreibens wurde dem Autor freundlicherweise von Herrn Hans Prolingheuer, Dortmund, überlassen. Frau Dlugokinski ist die Tochter von Wilhelm Schmidt, der von 1912–1945 Pfarrer an der Burgkirche in Königsberg war.
[68] Prolingheuer, Die judenreine ev. Kirchenmusik, Julio Goslar (wie Anm. 13), S. 3–26; Ders., Berufsverbot für einen Kirchenmusiker, in: Ders., Ausgetan aus dem Land der Lebendigen (wie Anm. 13), S. 99–145; Röhm/Thierfelder (wie Anm. 14), S. 266–279. Die neueste Abhandlung mit Hinweisen zu den publizistischen und kompositorischen Aktivitäten stammt vom Autor: Hans Huchzermeyer, Gleichschaltung der evangelischen Kirchenmusik während der NS-Diktatur. Anmerkungen zu Leben und Werk des nichtarischen Kirchenmusikers Julio Goslar (1883–1976) aus Köln, in: Mitteilungen der Arbeitsgemeinschaft für rheinische Musikgeschichte 93 (2011), S. 8–28.

teilnahm, ließ er sich als 30-jähriger taufen. 1916 heiratete er die evangelische Christine Waimann aus Köln, 1918 wurde der Sohn Hans Günter geboren. Goslar, der der Sozialdemokratie nahe stand, beteiligte sich nach dem Krieg am Aufbau von Arbeitergesangvereinen. Einen besonderen Ruf erlangte er mit der Leitung des Allgemeinen Konzertvereins „Volkschor Köln", dessen Mitgliederzahl unter seiner Ägide auf etwa 300 anstieg.

Seit 1921 war Goslar als Angestellter Organist und Chorleiter an der Luther-Kirche in Köln-Nippes. Die radikale Gruppe der DC des Nippeser Presbyteriums forderten bereits Juli 1933 die Entlassung des Volljuden aus rassischen Gründen[69]. Die Ausnahmeregelung des Berufsbeamtengesetzes (§ 3, Abs. 2) verhinderte dies jedoch zunächst, da Goslar als Frontsoldat am Weltkrieg teilgenommen und noch 1934 hierfür das „Ehrenkreuz für Frontkämpfer mit Schwertern" erhalten hatte. Die Situation änderte sich 1935 schlagartig nach den Angriffen Hinkels auf die jüdischen Krchenmusiker und nach der Ablehnung des Aufnahmeantrags Goslars im August dieses Jahres durch die RMK. Am 9. September 1935 wandte sich O. Söhngen an das Konsistorium der Rheinprovinz in Düsseldorf mit der Bitte, einen Bericht über Goslar zu erstellen. Gleichzeitig veranlasste er die vorläufige Beurlaubung Goslars von seinem Amt unter Fortzahlung seiner Bezüge bis zur Klärung der Frage, ob er die Bedingungen des Berufsbeamtengesetzes erfülle. Goslar legte gegen den Ausschluss aus der RMK Widerspruch ein, und Pfarrer Friedrich Geß als Präses der Gemeinde Köln-Nippes bestätigte, dass die Bedingungen des Berufsbeamtengesetzes erfüllt seien. Gleichzeitig bemängelte Geß die Kompetenzüberschreitung der RMK gegenüber den selbständigen kirchlichen Organisationen. Entsprechend den oben zitierten Abmachungen zwischen Kirche und RMK von 1936, die die Einflussnahme der RMK in innerkirchliche Angelegenheiten einschränkte, wurde die Beurlaubung Goslars aufgehoben, allerdings unter der vereinbarten Auflage, nur im innerkirchlichen Raum und nicht mehr öffentlich tätig zu sein.

Ungeachtet dessen versuchten die DC erneut mit allen Mitteln, nicht zuletzt mit Hilfe der Nürnberger Gesetze, Goslar vollständig seine Kirchenarbeit zu nehmen. Es begann eine verleumderische Hetzjagd, die in der Aussage gipfelte, Goslar habe aus einer außerehelichen Beziehung mit einer Arierin ein uneheliches Kind. Alle Verleumdungen, die von der Kirche und sogar von der Gestapo überprüft wurden, erwiesen sich als haltlos. Trotzdem wurden sie im Wochen-

---

[69] Goslar nahm zur gleichen Zeit kritisch Stellung zu den NS-Bemühungen, das ev. Gesangbuch von Judaismen zu reinigen: Julio GOSLAR, Zu Prof. D. Casparis „Alttestamentlichen Bezugnahmen", in: Monatsschrift für Gottesdienst und kirchliche Kunst (1933), S. 334–336. S. hierzu auch: HUCHZERMEYER, Gleichschaltung der evangelischen Kirchenmusik (wie Anm. 68), S. 21–23.

blatt „Der Stürmer" erneut in reißerischer Form wiederholt. Hiermit deutete sich der Anfang vom Ende an. Das rheinische Konsistorium in Düsseldorf brach das bereits eingeleitete Disziplinarverfahren ab, das Goslar selbst gegen sich angestrengt hatte, mit der Begründung, Goslar könne dies nur als Beamter, nicht als Angestellter tun. Weiterhin ließ (wider besseres Wissen) das gleiche Konsistorium verlauten, dass die Vereinbarung zwischen EOK und RMK, die die Suspendierung der vorläufigen Beurlaubung begründet hatte, keine Rechtswirksamkeit erlangt habe. Der „Stürmer-Artikel" veranlasste auch den Präsidenten der RMK, das Reichskirchenministerium auf den Fall Goslar aufmerksam zu machen. Der dortige Referent vermerkte, man solle die Vorwürfe überprüfen und, falls sie zuträfen, den Juden Goslar sofort entfernen. Als dann auch noch die DC drohten, man wolle Goslar am sonntäglichen Orgelspiel mit Gewalt hindern, resignierte das Nippeser Presbyterium und beurlaubte ihn erneut bis auf Weiteres. Da auch Goslar keinen Ausweg mehr sah, reichte er im Oktober 1936 seine Kündigung ein, die vom Presbyterium jetzt umgehend angenommen wurde. Man billigte dem fristlos Entlassenen noch bis März 1937 eine monatliche Zahlung von 150 RM zu. Eine Rente stand Goslar nicht zu, da die Gemeinde es versäumt hatte, für die fünfzehnjährige Tätigkeit Beiträge zur Sozialversicherung abzuführen. Laut Gerichtsurteil waren Goslars Ansprüche zwar begründet, jetzt jedoch verjährt. Am 22. Dezembr 1936 konnte O. Söhngen dem Reichskirchenminister mitteilen:

„Betr. den nichtarischen Organisten Goslar in Köln-Nippes beehren wir uns dem Herrn Reichs- und Preußischen Minister mitzuteilen, daß Goslar aufgrund einer Prüfung der gegen ihn erhobenen Vorwürfe, die seine sittliche Eignung für den Organistenberuf zweifelhaft erscheinen ließen, ein Entlassungsgesuch eingereicht hat. Die Kirchengemeinde hat dieses angenommen. Damit ist Goslar aus dem kirchlichen Dienst ausgeschieden."[70]

Aus den Unterlagen ergibt sich eindeutig, dass die vom EOK hier beschriebene Prüfung nicht stattgefunden hat. Man hätte sonst zur Kenntnis nehmen müssen, dass in Köln entsprechende Untersuchungen die Diffamierungen bereits längst als unwahr eingestuft hatten. Offenbar nur das Ziel der endgültigen Entfernung Goslars aus dem Kirchendienst im Auge, bezog sich der EOK ausschließlich auf die verleumderischen Angaben im „Stürmer". In der Folgezeit wurde Goslar in einer aus Juden bestehenden Sonderkolonne zu körperlichen Arbeiten eingeteilt. Im letzten Kriegsjahr gelang ihm und seiner Frau die Flucht in den Untergrund, wo sie, von Christen beider Konfessionen versorgt, den NS-

---

[70] Schreiben des EOK an RKM vom 22. Dez. 1936. Bundesarchiv Berlin, 51. 01/23891, Bl. 281. Zitiert nach: Röhm/Thierfelder (wie Anm. 14), S. 277.

Terror überlebten. Von Ende 1945 bis Ende 1951 war Goslar wieder an seiner alten Wirkungsstätte als Organist und Chorleiter tätig. Hochbetagt starb er am 22. Januar 1976.

5. Schicksal der „halbjüdischen" Kirchenmusiker

Karl Hildebrand, geb. am 19. November 1889 in Jever/Oldenburg, studierte bis 1914 am Konservatorium in Sondershausen Klavier, Orgel und Chorleitung und war anschließend als Musiklehrer in seiner Heimatstadt Jever tätig. Seine besondere Liebe galt der Orgel, wiederholt vertrat er den Organisten der Stadtkirche. 1931 verfasste er anlässlich der Restaurierung der 1756 erbauten Orgel von Johann Adam Berner einen Bericht über die Geschichte dieses Instruments, das zwar den Zweiten Weltkrieg überstand, aber bei dem schweren Kirchenbrand 1959 völlig zerstört wurde[71]. Am 20. Mai 1932 beschloss der Kirchenrat, die frei gewordene Stelle des Organisten an der Stadtkirche aus finanziellen Gründen nicht mehr zu besetzen, und bestellte Hildebrand zum Verwalter mit der Kündigungsmöglichkeit „zum Schluß eines jeden Kalendervierteljahres". Seine Bitten um endgültige Übertragung der Stelle und um Gehaltserhöhung wurden 1934 abgelehnt. Die Bestrebungen des Kirchenrats, den „Halbjuden" wieder zu entlassen, waren zunächst ohne Erfolg. Dies gelang erst unmittelbar nach dessen Ausschluss aus der RMK am 22. August 1935. Hildebrand wurde jetzt vom Oldenburger Oberkirchenrat Johannes Volkers (1878–1944), einem eifrigen Verfechter der NS-Ideologie, sofort ohne Einhaltung der vereinbarten Kündigungsfrist und ohne Bezüge entlassen. Im antisemitischen Hetzblatt „Der Stürmer" stellte man Hildebrand öffentlich an den Pranger. Da er auch nicht als Klavierlehrer arbeiten durfte, war die Familie praktisch mittellos. Als Volkers um Unterstützung gebeten wurde, erklärte er am 6. September 1935, er sehe sich nicht in der Lage, sich für Hildebrand zu verwenden.

Nach dem Kriege, den er mit der Hilfe der Familie und von Freunden überlebte, sah sich der Gemeinderat gezwungen, Hildebrand ab 1. August 1945 wieder (nebenamtlich) einzustellen. Gleichzeitig bestellte er (nebenamlich) den Schulmusiklehrer Franz Freese (1893–1981) zum Kantor. Dieser war in der NS-Zeit städtischer Musikbeauftragter gewesen, der das kulturelle Leben im Sinne der NS-Forderungen zu kontrollieren hatte. Als der Gemeindekirchenrat beschloss, zukünftig Freese auch das Organistenamt zu übertragen, stellte

---

[71] Karl HILDEBRAND, Die Jeversche Kirchenorgel und ihre Geschichte. Zum Einbau der neuen Prospektpfeifen, in: Historien-Kalender auf das Schaltjahr 1932, Jever [1931], S. 37–39.

Hildebrand den Antrag, ihm allein die hauptamtliche Stellung zu geben. Hier kam es zu jahrelangen Auseinandersetzungen. Im Gemeindekirchenrat dominierten offensichtlich immer noch die Kräfte, die in der Diktatur das Geschehen bestimmten, während mit dem neuen Oberkirchenrat Heinrich Kloppenburg (1903–1986) ein Vertreter der Bekennenden Kirche amtierte. Hildebrand obsiegte, und ab 1. Januar 1948 wurde er endgültig als Organist und Kantor (nebenamtlich) angestellt bis zum Erreichen der Altersgrenze 1954[72]. Hildebrand starb mit 86 Jahren am 16. Dezember 1975 in Jever.

Ulrich Siegfried Leupold wurde am 15. Januar 1909 als Sohn des Organisten an der St. Petri Kirche in Berlin Anton Wilhelm Leupold und der jüdischstämmigen Sängerin Gertrud, geb. Igel, in Berlin geboren. Der Vater war ausschließlich sein Lehrer in Orgel- und Klavierspiel wie in der Chorerziehung. Leupold studierte nach dem Abitur 1927 in Berlin Musikwissenschaft und Theologie. Nach Abschluss des musikwissenschaftlichen Studiums und der Promotion bei H. J. Moser 1932[73] brach er nach der Machtübernahme durch die Nationalsozialisten zunächst im November 1933 das Theologiestudium ab. Er schrieb Beiträge für Zeitungen und Zeitschriften, als Mitarbeiter am „Handbuch der Deutschen Evangelischen Kirchenmusik", Göttingen 1935 ff. durfte jedoch sein Name (er war in der NS-Terminologie als „Halbjude" einzustufen) nicht auf dem Titelblatt erscheinen. Seine Kontakte zur Bekennenden Kirche ließen ihn 1935/36 das Theologiestudium an der illegalen Kirchlichen Hochschule abschließen. Nach dem 1. Theologischen Examen am 30. Juni 1937 und nach sechs Monaten Vikariat emigrierte U. Leupold, der seine Lage als aussichtslos ansah, über England und die USA nach Kanada. Im Bundesstaat Ontario amtierte er zunächst als Pfarrer, seit 1945 war er Professor für Neues Testament und Kirchenmusik am Waterloo Lutheran Seminar (heute: Wilfrid Laurier University).[74] Zugleich war er hier Kirchenmusikdirektor, ab 1957 Dekan und ab 1968 Leiter des Seminars. Mitten im Berufsleben stehend – er publizierte unermüdlich über theologische und kirchenmusikalische Themen –, erkrankte er an amyotropher Lateralsklerose und verstarb am 9. Juni 1970.

---

[72] Günter MAURISCHAT, Hundert Jahre Musik in der Stadtkirche Jever. Beiträge zur jeverschen Musikgeschichte, in: Ein Blick zurück. Beiträge zur Geschichte des Jeverlandes, hg. v. Jeverländischer Altertums- und Heimatverein, Jever 1986, S. 72–89, hier S. 81 f.

[73] Ulrich LEUPOLD, Die liturgischen Gesänge der evangelischen Kirche im Zeitalter der Aufklärung und der Romantik, Diss., Kassel 1933.

[74] Erich R. W. SCHULTZ, Vita laudanda: Essays in Memory of Ulrich S. Leupold, Waterloo 1976. In dieser Veröffentlichung findet sich eine Auflistung der Publikationen Leupolds seit 1939; Dieter ZAHN, Ulrich Leupold, in: Musik und Kirche 63 (1993), S. 328–332; DERS., Ulrich Leupold. Zwei Hälften eines Lebens, in: Archivbericht der Ev. Kirche in Berlin-Brandenburg, Nr. 2, Berlin 1994, S. 5–25.

Marie-Luise Ostersetzer (1908–1953), verheiratete Bechert, schloss 1930 ihr Studium an der Hochschule für Musik in Berlin ab und trat anschließend an der Berliner Lazaruskirche eine Stellung als Organistin und Kantorin an. Als „Halbjüdin" – ihr Vater war evangelischer Jude – wurde sie im August 1935 aus der RMK ausgeschlossen, ebenso verlor sie ihre kirchliche Stelle. 1935 heiratete sie im Münsterland Julius Bechert. Um 1937 zog das Ehepaar wieder nach Berlin, wo sie – war es der Schutz durch den „arischen" Ehemann, waren es einflussreiche Freunde – von 1941–1945 eine Vertretungsstelle als Organistin an der Johanneskirche am Zeltinger Platz übernahm und auch wieder öffentlich auftrat. Erst 1949 erhielt sie wieder an der Kirche St. Katharinen in Hamburg eine feste Anstellung als Organistin und Kantorin[75].

Evaristos Glassner wurde am 26. April 1912 als Sohn des österreichischen jüdischstämmigen Mathematikers und Privatlehrers Dr. Joseph Glassner und seiner Ehefrau, der aus einer Pfarrersfamilie stammenden Elisabeth Glassner, geb. Gutjahr, in Leipzig geboren. Die Mutter musste als Lehrerin und Dolmetscherin den Lebensunterhalt für die Familie aufbringen, da Joseph Glassner im Ersten Weltkrieg 1915 fiel. 1919 zog sie nach Berlin, wo der Sohn am Friedenauer Gymnasium Abitur machte. Nach zwei Semestern Philosophie und Musikwissenschaft in Freiburg i. Br. besuchte Evaristos Glassner von 1931 bis zur staatlichen Prüfung 1934 als Organist und Chorleiter die Berliner Hochschule für Musik. Probeweise wurde er – es handelte sich um die erste Stelle, und er hatte das 25. Lebensjahr noch nicht vollendet – ab 1. Oktober 1934 für ein Jahr als Organist und Chorleiter an der Martin-Luther-Kirche in Berlin-Neukölln mit 75 % der Anfangsbezüge für Organisten angestellt. Anschließend war die Anstellung im Angestelltenverhältnis vorgesehen. Auch hier im Zusammenhang mit der Hinkel-Rede erhielt er als „Halbjude" am 19. August 1935 noch in der Probezeit die Standard-Mitteilung der RMK, dass sein Aufnahmeantrag abgelehnt sei, da er die erforderliche Eignung im Sinne der nationalsozialistischen Staatsführung nicht besitze. Mit dieser Entscheidung habe er auch das Recht zur weiteren Berufsausübung ab sofort verloren. Entsprechend kündigte der Gemeindekirchenrat am 27. September 1935 Glassner zum 1. November 1935 und beurlaubte ihn bis zu diesem Termin. Mit der Vertretung für die Organisten- und Chorleiterstelle ab November wurde ein Musikstudent im Angestelltenverhältnis mit gegenseitiger 14-tägiger Kündigung betraut. Vereinbarungen zwischen DEK und RMK im Jahre 1936, nach denen Maßnahmen der RMK gegen Kirchenmusiker nur mit Einverständnis der Landeskirchenbehörde möglich sind, führten dazu, dass auch bei Glassner im September 1936 die Beurlaubung

---

[75] Sophie FETTHAUER, Art. Marie-Luise Bechert, in: Lexikon verfolgter Musiker und Musikerinnen der NS-Zeit, http.//www.lexm.uni-hamburg.de (Stand: 13.08.2014)

zurückgenommen wurde unter der Voraussetzung, dass er nicht öffentlich, sondern ausschließlich im gottesdienstlichen Bereich tätig sei. Entsprechend wurde der entlassene Glassner zum 16. Oktober 1936 im Angestelltenverhältnis wieder eingestellt, erneut mit einer Probezeit von einem Jahr und einem um 25% gekürzten Gehalt. Der zum 15. Oktober 1936 gekündigte Vertreter wehrte sich vehement (Es sei ein Unding, dass ein Arier seine Stelle verliere zu Gunsten eines Halbjuden.) auf allen Ebenen – allerdings erfolglos – gegen die Kündigung. Da nach der Probezeit die Verbeamtung anstand, beschloss der Gemeindekirchenausschuss, Glassner, auch wegen seiner guten Leistungen, zum 1. Oktober 1937 in ein bis September 1940 befristetes Beamtenverhältnis zu berufen. Diese Verbeamtung eines „Halbjuden" stieß allerdings auf Bedenken des Konsistoriums der Mark Brandenburg. Schließlich fomulierte Friedrich Werner, Präsident des Evangelischen Oberkirchenrats, am 27. April 1938 in zynischem Ton eine Absage:

„Wir teilen die Bedenken gegen die Einberufung Glassners als Kirchengemeindebeamten. Darüberhinaus halten wir es für nicht vertretbar, eine Gemeindebeamtenstelle mit einem Angestellten zu besetzen, nur weil der Bewerber abstammungsmäßig nicht die Voraussetzungen erfüllt, die für die Berufung in das Beamtenverhältnis gegeben sein müßten.

Wir sehen uns daher nicht in der Lage, der Weiterbeschäftigung Glassners im Vertragsverhältnis auf unbeschränkte Zeit zuzustimmen. Aus diesem Grunde ersuchen wir, ihm zu eröffnen, daß er seine derzeitige Stellung längstens noch bis zum 31. März 1939 bekleiden kann. Innerhalb dieses Zeitraumes ist es Glassner möglich, sich nach einer anderen Beschäftigung umzusehen, gegebenenfalls auch einen anderen Beruf zu ergreifen, was ihm im Blick auf sein Alter zumutbar wäre."[76]

Glassner wartete den Zeitpunkt der zweiten Entlassung nicht ab, sondern benutzte einen Urlaub, den er am 10. Dezember 1938 antrat, dauerhaft nach Amsterdam zu emigrieren. Dort überlebte er mit der Hilfe von Freunden die Kriegszeit. 1946 wurde er Organist an der „Freien Gemeinde" in Amsterdam, später außerdem Lehrer für Orgel und Klavier (Beifach) am Konservatorium. Er verstarb am 9. Mai 1988[77].

---

[76] Schreiben des EOK (E. O. I 172/38) vom 27 April 1938 an das Evangelische Konsistorium. Zitiert nach: ZAHN, Der Organist Evaristos Glassner (wie Anm. 16), S. 44.

[77] ZAHN, Der Organist Evaristos Glassner (wie Anm. 16), S. 1–55; Dieter ZAHN, „Solange ich hier bin". Evaristos Glassner und die evangelische Kirchenmusik im Dritten Reich, in: Musik und Kirche 59 (1989), S. 129–137; RÖHM/THIERFELDER (wie Anm. 14), S. 258–265.

Als ein Beispiel, dass in dieser Zeit die Entlassung von Halbjuden aus dem Kirchendienst auch erfolgreich verhindert werden konnte, seien die Gebrüder Grunmach aus Eberswalde genannt. Ulrich Grunmach (1891–1966), Organist und Kantor an der Maria-Magdalenen-Kirche, sowie sein Bruder Otto Grunmach (geb. 1897), Flötist, Organist und Chorleiter an der Kirche Westend-Kupferhammer, konnten in der NS-Zeit ihren Dienst durch das couragierte Eintreten des Superintendenten Karl Gelshorn und des Eberswälder Bekenntnispresbyteriums weiterhin versehen. Ulrich Grunmach hatte von 1911–1914 in Berlin Musikwissenschaft und am Stern'schen Konservatorium bei E. E. Taubert und A. Mendelssohn Theorie und Kirchenmusik studiert und trat auch als Komponist von kirchenmusikalischen Werken hervor. Nach dem Krieg war er weiterhin Organist in Eberswalde.

6 „Lexikon der Juden in der Musik"

Um die Werke jüdischer Komponisten der Vergangenheit und Gegenwart zu identifizieren und aus dem Musikleben zu eliminieren und um die in Deutschland und in den okkupierten Gebieten lebenden jüdischen Musiker zu verfolgen, konnte das NS-Regime auf verschiedene Nachschlagewerke zurückgreifen[78]. Beginnend bei dem von Erich H. Müller 1929 herausgegebenen „Deutschen Musiker-Lexikon" (ein Werk ohne antisemitische Tendenzen), in dem – soweit Müller eruieren konnte – die Konfession, somit auch die mosaische, der Künstler angegeben wurde, über das von Theodor Fritsch 1935 herausgegebene „Handbuch der Judenfrage" und das von Hans Brückner und Christa Maria Rock edierte Werk „Judentum und Musik - mit einem ABC jüdischer und nichtarischer Musikbeflissener" (drei Auflagen von 1935–1938) bis hin zum „Standardwerk", dem „Lexikon der Juden in der Musik", bearbeitet von Th. Stengel und H. Gerigk, das von 1940 bis 1943 vier Auflagen erlebte[79].

---

[78] Vgl. dazu umfassend: Annkatrin Dahm, Der Topos der Juden. Studien zur Geschichte des Antisemitismus im deutschsprachigen Musikschrifttum, Göttingen 2007, S. 307–324; Eva Weissweiler, Ausgemerzt – Das Lexikon der Juden in der Musik und seine mörderischen Folgen, Köln 1999.

[79] Erich H. Müller (Hg.), Deutsches Musiker-Lexikon, Dresden 1929; Theodor Fritsch (Hg.), Handbuch der Judenfrage, München 38. Auflage 1935; Hans Brückner / Christa Maria Rock (Hg.), Judentum und Musik – mit einem ABC jüdischer und nichtarischer Musikbeflissener, München 1. Aufl. 1935, 2. Aufl. 1936, 3. Aufl. 1938; Theo Stengel / Herbert Gerigk, Lexikon der Juden in der Musik. Mit einem Titelverzeichnis jüdischer Werke. Zusammengestellt im Auftrag der Reichsleitung der NSDAP auf Grund behördlicher, parteiamtlich geprüfter Unterlagen, Berlin 1940.

Als das „Lexikon der Juden in der Musik" im Dezember 1940 erschien, sah sich O. Söhngen umgehend veranlasst, dieses Lexikon einer ersten Prüfung zu unterziehen und erneut die Zahl der judenchristlichen evangelischen Kirchenmusiker zu eruieren. In einem „Vermerk" vom 5. Februar 1941[80] formuliert er seine erste Bewertung:

„Im Unterschied von ähnlichen Lexika beruht das <Lexikon der Juden in der Musik> auf sehr eingehenden und verantwortlichen Erhebungen [...]. Wird man die Zahl der in dem Lexikon aufgeführten Juden und Halbjuden mit 10 000 eher zu niedrig als zu hoch beziffern, so muß es als um so erfreulicher bezeichnet werden, daß das Lexikon nur die nachstehenden 19 Juden und Halbjuden aufführt, die auf dem Gebiet der Kirchenmusik bzw. des Orgelspiels tätig waren [...]. Es wird sich empfehlen, die Angaben des Lexikons im einzelnen nachzuprüfen, um festzustellen, wieweit die genannten Männer und Frauen auf dem Gebiet der evangelischen Kirchenmusik tätig waren [...]."

Das Ergebnis der ein Dreivierteljahr dauernden und bis ins Ausland reichenden Nachforschungen über die 19 im „Lexikon" genannten Juden und Halbjuden konnte im November 1941 dem Reichskirchenminister, dem Präsidenten der RKK J. Goebbels, dem Leitungsgremium der DEK und auch dem Eisenacher Institut zur Erforschung des jüdischen Einflusses auf das deutsche kirchliche Leben mitgeteilt werden. Im Jahre 1933 seien nur zwei bzw. drei Juden und vier Halbjuden innerhalb der evangelischen Kirchenmusik tätig gewesen. Von den drei Juden seien die aus Königsberg und Köln stammenden Organisten (gemeint waren A. Altmann und J. Goslar, E. Maschke wird verschwiegen, H. H.) bereits vor Jahren in den Ruhestand versetzt worden, beim dritten Juden handele es sich um KMD Arnold Mendelssohn aus Darmstadt mit drei jüdischen Großelternteilen, der im Jahre 1933 verstorben sei. Von den Halbjuden seien E. Glassner und U. Leupold zwischenzeitlich ausgewandert, und auch M.-L. Ostersetzer übe ihr Amt nicht mehr aus. Keine Erwähnung finden der auch im „Lexikon" vergessene Karl Hildebrand, der 1935 entlassen wurde, und die Brüder Grunmach, die in Eberswalde trotz aller Angriffe ihren Dienst weiter versahen. O. Söhngen schließt seinen „Vermerk", nachdem die ersten Prüfungsergebnisse vorlagen, zurückgreifend auf seine Aussage im Rechtsgutachten der EOK vom Juli 1936, mit einer Feststellung, die keiner Kommentierung bedarf:

„Im ganzen ist das Ergebnis hocherfreulich, beweist es doch eindeutig, wie judenrein sich die Kirchenmusik gehalten hat. Hätten sich die anderen Gebiete

---

[80] Oskar Söhngen, Vermerk vom 5. II. 1941, EZA Berlin, Bestand 1/ C 3/ 131. Dieser Vermerk wird vollständig zitiert in: ZAHN, Der Organist Evaristos Glassner (wie Anm. 16), S. 1–55, hier S. 48 f.

LEXIKON DER JUDEN
IN DER MUSIK

Mit einem Titelverzeichnis
jüdischer Werke

Zusammengestellt im Auftrag der Reichsleitung
der NSDAP. auf Grund behördlicher, parteiamtlich
geprüfter Unterlagen

bearbeitet von

Dr. Theo Stengel
Referent in der Reichsmusikkammer

in Verbindung mit

Dr. habil. Herbert Gerigk
Leiter der Hauptstelle Musik beim Beauftragten des Führers
für die Überwachung der gesamten geistigen und weltanschaulichen
Schulung und Erziehung der NSDAP.

BERNHARD HAHNEFELD VERLAG / BERLIN

Altmann, Arthur, * Gumbinnen 7. 2. 1873, Komp, Org, ML — Königsberg/Pr.
Altmann, Richard, * Dramburg/Pom. 18. 6. 1888, Org, Komp — Berlin.
Altmann, Wilhelm (H), * Adelnau (Posen) 4. 4. 1862, Prof., Dr. phil., MSchr, 1915—1927 Dir. der MAbt. d. Preuß. Staatsbibliothek Berlin; Herausgeber des von Paul Frank begründeten Tonkünstler-Lexikons.

Goslar, Julio, * Siegen 10. 8. 1883, Org, Pian, Komp — Köln.
Gosztonyi, Tera, Ps. für Guttmann, Therese.

Masbach, Fritz, * Mainz 23. 4. 1867, ML (K), Komp — Berlin.
Maschke, Ernst Ludwig (H), * Königsberg/Pr. 4. 10. 1867, Org, ChLtr, Komp — Königsberg/Pr.
Maschkowki, Martin, * Ossik. Kr. Pr.-Stargard 13. 12. 1904. UntM (Fl, Klar, TenHr, V, K) — Bernsee/NM.

„Lexikon der Juden in der Musik" (Titelblatt). Beispielhaft werden die Namen der evangelischen „Volljuden" A. Altmann (Sp. 18), J. Goslar (Sp. 92) und E. Maschke (Sp. 177) aufgeführt. Maschke wird irrtümlich als Halbjude (H) bezeichnet.

der Musikpflege auch nur annähernd in demselben Maße von jüdischen Einflüssen freigehalten, wäre es niemals zu einem solchen Niedergang unseres öffentlichen Musiklebens gekommen."

7. Epilog

O. Söhngen vertrat nach dem Krieg die Auffassung, die evangelische Kirchenmusik habe allen Vereinnahmungsversuchen widerstanden, sie habe sich an die RMK nur an-, nicht jedoch eingliedern wollen, sie habe ihre Selbständigkeit behalten und den Abwehrkampf erfolgreich bestanden. Auch wollte er von einer Mittäterschaft bei der „Entjudung" der Kirchenmusik nichts wissen[81]. Im Rahmen der „Kontroverse um die judenreine Kirchenmusik" ließ er H. Prolingheuer wissen, dass die nichtarischen Kirchenmusiker, soweit sie ihn persönlich kannten, großes Vertrauen in ihn setzten, da sie davon überzeugt waren, dass er alles tun werde, um ihnen zu helfen. Der EOK habe sich mit Nachdruck und durch alle Instanzen für diesen Personenkreis eingesetzt. Im gleichen Kontext findet sich erstmals als diskreter Hinweis auf eigenes Fehlverhalten der folgende Satz Söhngens:

„Daß daneben auch das Stuttgarter Schuldbekenntnis recht hat, weiß ich so gut wie Sie, und ich schließe mich darin ein. Das gilt vor allem für die Anpassung an den NS-Sprachgebrauch im internen Schriftwechsel mit den politischen Stellen."[82]

Aber auch diese Feststellung entspricht nicht der vollen Wahrheit, der NS-Sprachgebrauch erfolgte eben nicht nur intern, sondern auch öffentlich.

Nach jetzigem Kenntnisstand bietet die „Entjudung" der evangelischen Kirchenmusik von ihren jüdischstämmigen Mitarbeitern jedoch ein anderes als das von Söhngen und seinen Mitstreitern entworfene Bild. Unnachgiebig ging die Kirche gegen ihre „Volljuden" vor. J. Goslar aus Köln wurde, nachdem er nach entwürdigenden Vorfällen (Denunziation wegen „Rassenschande") in aussichtsloser Position Oktober 1936 seine Kündigung eingereicht hatte, sofort fristlos ohne dauerhafte Rente entlassen. Von den beiden Königsberger Organisten ließ sich A. Altmann als Folge der auf ihn und die ihn stützende Burgkirchengemeinde ausgeübten Pressionen 1936 zwei Jahre vor dem regulären Termin pensionieren, so dass der EOK in Berlin die Angelegenheit Altmann auf sich beruhen lassen konnte. E. Maschke musste nach einem perfiden Kesseltreiben (auch hier Denunziation wegen „Rassenschande") trotz großen Widerstands des Luisengemeindekirchenrats zum 1. Oktober 1937 seinen Dienst quittieren und erhielt, da nicht rentenversichert, eine Abfindung und eine niedrige „Gnadenpension" von 200 RM monatlich. Gleich unnachgiebig wie die „Volljuden" (ausgenommen die Brüder Grunmach aus Eberswalde) wurden die „Halbjuden"

[81] SÖHNGEN, Kämpfende Kirchenmusik (wie Anm. 9), hier S. 50–56.
[82] FISCHER/SÖHNGEN/PROLINGHEUER, Kontroverse (wie Anm. 15), S. 139–151, hier S. 145.

behandelt. K. Hildebrand aus Jever sowie M.-L. Ostersetzer aus Berlin wurden bereits 1935 von den Kirchenleitungen fristlos und ohne jegliche Bezüge entlassen. Die Berliner U. Leupold, Theologe und Kirchenmusiker, und E. Glassner, dessen Vertrag zum 31. März 1939 gekündigt war, sahen sich 1938 gezwungen, nach Kanada bzw. Holland zu emigrieren.

Söhngens „hocherfreuliches Ergebnis" einer „judenreinen Kirchenmusik" ist somit das Resultat: 1. der Pflichtorganisation der Kirchenmusiker im Reichsverband für ev. Kirchenmusik und dessen Überführung in die RMK, 2. des seit 1935 betriebenen Ausschlusses der „Volljuden" wie der „Halbjuden" aus der RMK mit nachfolgendem Berufsverbot und 3. der konsequenten Anwendung des „Arierparagraphen" auf diesen Personenkreis, wobei der Einsatz jedes Mittels, auch der Diffamierung und Denunziation, für die angestrebte Entlassung recht war.

Man ging der Diskussion über die Einführung des kirchlichen „Arierparagraphen" von vornherein aus dem Wege und zog sich bei den „Volljuden" Maschke und Goslar auf die Verbeamtung vor dem 1. August 1914 bzw. das Frontkämpferprivileg als Ausnahmebestimmungen des Berufsbeamtengesetzes von 1933 zurück, Ausnahmen, die bereits mit den Nürnberger Gesetzen entfielen. Die Vereinbarungen zwischen DEK und RMK von 1936 dienten vor allem dazu, Interventionen der RMK in innerkirchlichen Dingen zu verhindern, weniger um den Status der beurlaubten „nichtarischen" Kirchenmusiker zu klären. Die Abmachung, dass der Ausschluss dieser Kirchenmusiker aus der RMK nicht gleichzeitig deren Stellenverlust bedeutete, wenn sich ihre Tätigkeit zukünftig ausschließlich auf das gottesdienstliche Gebiet beschränkte, wurde von keiner Seite eingehalten. Auch der Hinweis Söhngens auf die Erste Verordnung zum Reichsbürgergesetz von 1935, dass „jüdische Mischlinge ersten Grades" unter gewissen Voraussetzungen vorläufig noch Reichsbürger seien, war bereits im gleichen Jahr hinfällig, da selbst die „jüdischen Mischlinge" von allen Berufen ausgeschlossen wurden, die eine Mitgliedschaft in der RKK voraussetzten. Gerade die „jüdischen Mischlinge ersten Grades", sofern sie nicht der RMK angehörten, erlitten erst mit einer zeitlichen Verzögerung die gleichen Verfolgungsmaßnahmen wie vorher die „Volljuden". 1937 war diese „Schonfrist" für sie allerdings zu Ende, denn nach dem Deutschen Beamtengesetz vom 26. Januar 1937 waren „jüdische Mischlinge jeden Grades" aus dem Beamtenverhältnis zu entfernen. Auch die Deutsche Evangelische Kirchenkanzlei hielt sich an diese Anordnung, sie entließ aber erst 1939 die Geistlichen und Kirchenbeamten, die einen jüdischen Großelternteil hatten.

Die von Beginn an konsequente Elimination der „nichtarischen" Kirchenmusiker durch Söhngen, wobei die strukturelle Gleichförmigkeit der Verfolgung ins Auge sticht, und zwar sowohl der Voll- wie der Halbjuden, war wesentlich von der Motivation bestimmt, den kirchlichen wie den staatlichen Behörden eine „judenreine" Kirchenmusik zu präsentieren. Söhngen organisierte 1937 das „Fest der deutschen Kirchenmusik" in Berlin. Dieses Fest, das er auch noch nach dem Kriege als seine wichtigste Lebensleistung von geschichtlicher Bedeutung ansah, bot erstmals die Gelegenheit, umfassend die seit Beginn des Dritten Reiches erzielten Ergebnisse der kirchenmusikalischen Arbeit den staatlichen und kirchlichen Instanzen sowie der Öffentlichkeit vorzuführen. „Die freudige Mitarbeit der ev. Kirche an der notwendigen rassischen Erneuerung des deutschen Volkes" zeigte hier erste Früchte. Das Problem der jüdischstämmigen Kirchenmusiker war gelöst, für in der Kirche anerkannte Künstler wie den Liederdichter Jochen Klepper (mit einer jüdischen Frau verheiratet) oder den Komponisten Günter Raphael („Halbjude") gab es keinen Platz mehr in den Programmen des Kirchenmusikfestes.

Preußenland und Preußen. Polyzentrik im Zentralstaat 1525–1945

Bericht über die Internationale Jahrestagung der Historischen Kommission für ost- und westpreußische Landesforschung vom 29. bis 31. Mai 2014 in Berlin

Von Dieter Heckmann

Auf Einladung des Vertreters des Fördernden Mitglieds der Historischen Kommission für ost- und westpreußische Landesforschung konnte die diesjährige Jahrestagung in den Räumen des Geheimen Staatsarchivs Preußischer Kulturbesitz in Berlin-Dahlem stattfinden. Der Einladung folgten besonders viele ausländische Kommissionsmitglieder und Gäste, die der Direktor des Geheimen Staatsarchivs, Prof. Dr. Jürgen Kloosterhuis, und Prof. Dr. Arno Mentzel-Reuters, der 1. Vorsitzenden der Historischen Kommission für ost- und westpreußische Landesforschung, am 29. Mai 2014 willkommen hießen.

Den Auftakt der Tagung, in die um 15 Uhr von Jürgen Kloosterhuis eingeführt wurde, gestaltete Bernhart Jähnig (Berlin) mit seinem Vortrag zu dem Thema „Herzogshut und Königskrone". Nach der Aussprache eröffnete Christian Gahlbeck (Berlin) die von Arno Mentzel-Reuters geleitete 1. Sektion „Landesherr und Staatsverwaltung" mit seinem Beitrag über die Stellung der Neumark im 16. Jahrhundert zwischen der Kurmark und Preußen. Auf die Diskussion und der Pause folgte der Beitrag von Susanne Brockfeld (Berlin) über „Provinziale Selbstverwaltung und regionale Selbstbehauptung". Eva Börsch-Supan (Berlin) beendete mit ihrem Vortrag über die „Staatliche Baupolitik in Ost- und Westpreußen in der ersten Hälfte des 19. Jahrhunderts" die Sektion, die im Anschluss an die Aussprache gegen 19 Uhr geschlossen wurde.

Die 2. Sektion, die sich provinzialen Selbstverwaltungsformen widmete, moderierte Wulf Wagner am Folgetag. Den ersten Vortrag um 9 Uhr bestritt Bernd Sösemann (Berlin) zu dem Thema „Die Oberpräsidenten: Der Primat der Provinz". Nach der Diskussion referierte Monika Wienforth (Berlin) über „Frauen im Verein. Formen gesellschaftspolitischer Mobilisierung in den provinzialen Strukturen Ostpreußens, 1860 bis 1914". Es folgten Aussprache und Pause, welche Jürgen Sarnowsky mit der Eröffnung der 3. Sektion zu Wirtschafts- und Infrastrukturen gegen 11 Uhr beendete. Den 1. Vortrag der Sektion über „Ökonomische Entwicklung und wirtschaftliche Interessensvertretung durch den Verband Ostdeutscher Industrieller von 1914" bestritt Lutz Oberdörfer (Greifswald). Im Anschluss an die Diskussion und die Mittagspause sprach Herbert

Liman (Berlin) über den Bromberger Kanal als Wasserweg zwischen Oder und Weichsel aus wasserbaulicher Sicht. Gegen 14.45 Uhr übernahm Marie-Luise Heckmann die Moderation der 4. Sektion zu „Residenzlandschaften". Einziger Beitrag blieb der lebhaft diskutierte Vortrag von Wulf Wagner (Berlin) über die landesherrlichen Jagd- und Lustschlösser in Ostpreußen. Das im Tagungsprogramm angekündigten Referat von Guido Hinterkeuser (Berlin) zu „Von der Peripherie ins Zentrum. Zur temporären Residenzfunktion brandenburgischpreußischer Schlösser" wurde kurz vorher abgesagt. Der ebenfalls vorgesehene Vortrag von Molly Taylor-Poleskey (USA) zu „Alternative Residenzkarrieren: Kleve und Königsberg im Vergleich" fiel allerdings ohne vorherige Benachrichtigung aus. Stattdessen unterhielt Jürgen Kloosterhuis (Berlin) die Anwesenden mit seiner Erzählung über die näheren Umstände des Erwerbs einer Kabinettsordre, die er für das Geheime Staatsarchiv unlängst ankaufen ließ.

In der von Bernhart Jähnig geleiteten letzten Sektion am 31. Mai ging es um kulturpolitische Aspekte. Joseph Kohnen (Luxemburg) gelang es, sein Referat über „Die Albertus-Universität aus der Sicht der Dichter aus der Kant-Zeit" derart kurzweilig zu gestalten, dass die ihm zugestandene Dreiviertelstunde Redezeit beinahe unbemerkt verstrich. Gegen 9.45 Uhr ergriff Manfred Komorowski (Düsseldorf) das Wort und stellte Studenten der Albertina zwischen 1829 und 1922 anhand der Matrikel, amtlichen Verzeichnissen, Promotionen und Biographien vor, auf die er dank seiner umfangreichen Datenbank zugreifen konnte. Auf die Aussprache der beiden Vorträge folgte gegen 11 Uhr ein 15-minütiges Referat von Nadežda Ermakowa (Kaliningrad) über das Ansehen der Königsberger Gelehrtenfamilie Hagen-Bessel-Neumann. Die Gelehrtenfamilie war Gegenstand einer Kaliningrader Ausstellung geworden, an der die Referentin mitgewirkt hatte. Die halbstündige Redezeit danach füllte Stefan Samerski (Berlin) mit seinem Vortrag über den Kulturkampf in den preußischen Ostprovinzen aus. Im Anschluss an die Diskussion der Beiträge unterzog Christian Tilitzki (Berlin) im letzten Vortrag der Tagung die kulturpolitischen Standorte der Universität Königsberg und der TH Danzig vor und nach dem Ersten Weltkrieg einem Vergleich. Nach der Aussprache lud der Direktor des Geheimen Staatsarchivs um 15 Uhr zur Besichtigung der Ausstellung „Klosterstraße 36. Sammeln, ausstellen, patentieren. Zu den Anfängen Preußens als Industriestaat" ein, die das Tagungsprogramm als Exkursion auswies.

Die Mitgliederversammlung gedachte ihres ältesten Mitglieds, Otto Wank, der Anfang Mai 2013 im Alter von 95 Jahren aus dem Leben geschieden war. Sein von Bernhart Jähnig verfasster Nachruf konnte noch im Jahrbuch Preußenland 4 (2013) erscheinen. Die Versammlung hat Dr. Dr. Ulrich Müller (Berlin) und Prof. Dr. Jan Gancewski (Allenstein/Olsztyn) zu neuen Mitgliedern hinzu gewählt.

Bericht über die Mitgliederversammlung der Copernicus-Vereinigung für Geschichte und Landeskunde Westpreußens e.V. am 27. September 2014 in Warendorf

Von Astrid Kaim-Bartels

Ebenso wie in den vergangenen Jahren führte die Copernicus-Vereinigung für Geschichte und Landeskunde Westpreußens e.V. ihre jährliche Mitgliederversammlung 2014 im Rahmen des Westpreußen-Kongresses der Landsmannschaft Westpreußen durch. Die Veranstaltung fand vom 26. bis 28. September 2014 erstmals in Warendorf, Deula-Bildungszentrum, statt. Ihr übergreifendes Thema lautete „Integration – Aufarbeitung – Verständigung. Die Westpreußen im neuen Zuhause".

Am zweiten Kongresstag, dem 27. September, veranstaltete die Copernicus-Vereinigung zwei Vorträge, die beide von CV-Vorstandsmitgliedern bestritten wurden. Eingebettet in den Kongressablauf referierte am Vormittag Dr. Peter Letkemann in einem öffentlichen Vortrag über den „Beginn des 1. Weltkrieges in Westpreußen – Aufnahme ostpreußischer Flüchtlinge – Vorwegnahme des späteren eigenen Schicksals". Im Rahmen der nichtöffentlichen Mitgliederversammlung am Nachmittag sprach Hans-Jürgen Kämpfert über „Nicolaus Copernicus – ein europäischer Wissenschaftler".

Am Nachmittag des 27. September fand von 14.00 bis 16.10 Uhr die nichtöffentliche Mitgliederversammlung der Copernicus-Vereinigung e.V. statt. Nach der Begrüßung und Eröffnung der Versammlung durch den Vorsitzenden Dr. Sven Tode gedachten die Anwesenden der im vergangenen Jahr verstorbenen fünf Mitglieder. Sie ehrten in einer Gedenkminute Hartmut Saenger, Hans-Dieter Schnorrenberg, Dr. Wilhelm Krüger, Peter Haerting und Hans-Joachim Am Wege. Anschließend führte Dr. Tode durch die Vereinsregularien und erstattete Bericht über die Tätigkeiten des Vorstandes im vergangenen Jahr. Dabei erläuterte er den aktuellen Mitgliederstand: Die Copernicus-Vereinigung zählt insgesamt 261 Mitglieder, die sich in 237 persönliche und 24 korporative aufteilen. Den Bericht beschloss ein Ausblick auf die Planungen für das kommende Jahr.

Außerdem standen in diesem Jahr die turnusmäßigen Vorstandswahlen auf der Tagesordnung. Der bisherige geschäftsführende Vorstand stellte sich geschlossen zur Wiederwahl und wurde von der Mitgliederversammlung in seinen Ämtern bestätigt. Von den sieben Beisitzern standen die bisherigen Amtsinhaber Dr. Jan-Erik Beuttel und Dr. Peter Letkemann nicht mehr zur Verfügung. Statt ihrer wurden PD Dr. Marie-Luise Heckmann und Prof. Dr. Jürgen Sarnowsky als Beisitzer hinzu gewählt. Durch die Wahl der Mitgliederversammlung setzt sich der Vorstand wie folgt zusammen: Vorsitzender: Dr. Sven Tode; Stellvertretende Vorsitzende: Prof. Dr. Bernhart Jähnig und Barbara Kämpfert M. A.; Schatzmeister: Armin Fenske; Schriftführerin: Astrid Kaim-Bartels M. A.; Beisitzer: Dr. Gisela Borchers, Jürgen Gojny M. A., Reinhard M. W. Hanke, PD Dr. Marie-Luise Heckmann, Hans-Jürgen Kämpfert, Prof. Dr. Jürgen Sarnowsky, Hans-Jürgen Schuch. Zu Rechnungsprüfern wurden Ulrich Bonk, Sieghard Drews und Friedrich Johannes Jabs von der Mitgliederversammlung bestellt.

Abschließend verabschiedete Dr. Tode den aus dem Vorstand scheidenden Dr. Peter Letkemann und dankte ihm für seine langjährige Tätigkeit im Dienste der Copernicus-Vereinigung. Dr. Letkemann, der 43 Jahre dem Vorstand angehört und sich vielfältige Verdienste erworben hat, will auch weiterhin unserer Vereinigung mit Rat und Tat zur Seite stehen.

Friedrich Wilhelm Benninghoven zum Gedenken

* Berlin 9. März 1925, † Berlin 22. Oktober 2014

Von Dieter Heckmann

Nach langen Jahren zunehmender Krankheit und des „Zerfalls seines Körpers zum Wrack", so wie er sich dem Nachrufer bei dessen letzten Besuch am 18. Mai 2014 gegenüber noch in seiner ihm eigenen humorvollen Art ausgedrückt hatte, ist Friedrich Wilhelm Benninghoven im 90. Lebensjahr heimgegangen. Die Erinnerungen an die am 17. April 2010 verstorbene Ehefrau und Archivarskollegin Ursula verdunkelten seine letzten Jahre. Der Verstorbene, der bis zu seinem Tode über einen scharfen Verstand verfügte, war der jüngere Sohn des gebürtigen Barmers und Prokuristen des Berlin-Tegeler Borsigwerks, Paul Benninghoven, und seiner Frau Else geb. Landmesser aus Konitz in Westpreußen. Friedrich Benninghoven wuchs in Berlin-Frohnau in einem protestantisch geprägten Elternhaus auf, das sowohl die Grundlagen für seine Gottesfurcht als auch für sein Pflichtbewusstsein und sein Arbeitsethos legte.

Nach der Volksschulzeit besuchte Benninghoven von Ostern 1935 an die Karl-Peters-Oberschule in Berlin-Pankow, die er am 2. März 1943 mit bestandener Reifeprüfung verließ. Im selben Jahr begann er mit dem Studium der Geschichtswissenschaften, Anglistik und Philosophie an der Berliner Friedrich-Wilhelms-Universität. Im Frühsommer 1944 zog ihn die Wehrmacht als Soldat ein. Friedrich Benninghoven diente im Infanterieregiment 313 der im September 1944 aufgestellten 337. Volksgrenadierdivision und nahm im Mittelabschnitt an den Abwehrkämpfen gegen die Rote Armee südlich und westlich von Warschau, an der Bzura, im Kulmerland, in der Tucheler Heide und im Raum Danzig teil, wurde verwundet und geriet nach erneutem Feldeinsatz am 30. März 1945 bei Groß Walddorf südlich von Danzig in sowjetische Kriegsgefangenschaft. Die Sowjets verbrachten ihn in ein deutsches Lager der Bergbaustadt Nižnij Tagil im Ural. Dort erkrankte er an Ruhr und Typhus schwer und wurde infolgedessen am 5. November 1945 frühzeitig in die Heimat entlassen. Unter den unmittelbaren Nachwirkungen der in der Kriegsgefangenschaft zugezogenen gesundheitlichen Schäden litt Benninghoven noch bis 1950. Sie hielten ihn jedoch nicht davon ab, im Winter 1946 sein Studium in Berlin wiederaufzunehmen. An der 1949 in Humboldt-Universität umbenannten Berliner Hochschule studierte Friedrich Benninghoven bis 1951 unter den schwierigen Bedingungen der politischen Auseinandersetzungen zwischen der von der SED gesteuerten Studenten- und Dozentenschaft und den sich für die Freiheit der wissenschaftlichen

Lehre und Forschung einsetzenden Universitätsangehörigen, die auch vor den Seminarräumen nicht Halt machten. Benninghovens tiefes Misstrauen gegen jedermann mag in dieser Lebensphase seine Prägung erhalten haben, seine Gegnerschaft zum Sozialismus und Kommunismus alle Mal. In diese Zeit fiel die Begegnung mit dem an der Humboldt-Universität lehrenden Archivar und Hanseforscher Fritz Rörig, die für Friedrich Benninghoven richtungsweisend wurde. Rörig regte ihn nämlich zur Beschäftigung mit der Chronik Heinrichs von Lettland an, die zu den wesentlichen Vorarbeiten für Benninghovens Dissertation über „Rigas Entstehung und der frühhansische Kaufmann" wurde. Nach Rörigs plötzlichem Ableben († 29. April 1952) wechselte Benninghoven im Jahre 1953 zur Universität Hamburg, wo Paul Johansen die weitere Betreuung der Dissertation übernahm. Diese schloss Benninghoven 1957 ab. Die von der Deutschen Forschungsgemeinschaft (DFG) und der Joachim-Jungius-Gesellschaft der Wissenschaften mitfinanzierte Druckfassung erschien 1961 in der von Johansen herausgegebenen Reihe „Nord- und osteuropäische Geschichtsstudien". Da Benninghoven tief aus den Quellen schöpfte und es überdies verstand, die daraus gewonnenen Erkenntnisse zu einem einheitlichen Bild zusammenzusetzen und zu vermitteln, ist seine Erstlingsarbeit bis heute unverzichtbarer Ausgangspunkt für jede weitere Beschäftigung mit der Frühzeit Rigas und dem damaligen Ostseegebiet geblieben. Daneben bearbeitete er die handschriftlichen Nachträge von Leonid Arbusow jun. zu Friedrich Georg von Bunges „Liv- und Est- und Kurländische(n) Urkundenregesten bis zum Jahr 1300", die er im Umdruck des Historischen Seminars der Universität Hamburg 1959 veröffentlichte. Die Beschäftigung mit den livländischen Urkunden erleichterte es Benninghoven, ein Angebot der Baltischen Historischen Kommission anzunehmen, sich mit der Geschichte des Schwertbrüderordens als selbstgewähltes Thema zu beschäftigen. Die DFG unterstützte das Vorhaben von 1958 bis 1961 mit einem Stipendium. Herausgekommen ist dabei das 1965 im Druck erschienene Buch „Der Orden der Schwertbrüder". In diesem reich bebilderten monumentalen Werk, das sich in weiten Teilen wie eine livländische Kriegsgeschichte der 1. Hälfte des 13. Jahrhunderts liest, besticht Benninghoven sowohl durch seine Quellentreue als auch durch eine zur Meisterschaft herangereifte Darstellungsweise. Sein schriftsprachlicher Ausdruck, besonders wenn er nicht frei von Polemik ist, ließ ihn in der Folgezeit zu einem geachteten, aber auch durchaus gefürchteten Rezensenten werden. Die Anerkennung der Schwertbrüdermonographie als Habilitationsschrift blieb Benninghoven indes versagt, nicht zuletzt wegen des frühen Todes von Paul Johansen († 19. April 1965). Der Zerfall der Sowjetunion brachte es mit sich, dass Benninghoven doch noch eine späte Ehrung durch die Berufung als Auswärtiges Mitglied in die Akademie der Wissenschaft Lettlands im Jahre 1993 zuteilwurde. Der mittelalterlichen Stadtgeschichte und dem Wehr-

und Schifffahrtswesen im Ostseegebiet schenkte Benninghoven viel Aufmerksamkeit, die in eine Reihe grundlegender Aufsätze mündete wie seine Beiträge
zu den Gotlandfeldzügen des Deutschen Ordens, zum Aufgebotswesen oder
zum Burgenbau.

Nach dem Erwerb des Staatsexamens am 27. Juli 1962 hob Benninghovens
beruflicher Werdegang an, zunächst als niedersächsischer Angestellter am Staatlichen Archivlager Göttingen vom 1. November 1962 bis zum 30. September
1963. Es folgte die Ausbildung für den Höheren Archivdienst von 1963 bis 1965
in der Archivschule Marburg und im Niedersächsischen Staatsarchiv Osnabrück. Im Jahre 1965 kehrte Benninghoven als Archivassessor an das Staatliche
Archivlager zurück, wurde 1968 zum Archivrat und 1970 zum Archivoberrat
ernannt. Bereits 1971 ging Benninghoven als Wissenschaftlicher Direktor nach
Berlin zurück, und zwar an das Geheime Staatsarchiv Preußischer Kulturbesitz,
dessen Leitung er von 1974 bis zu seiner Versetzung in den Ruhestand im Jahre
1990 innehatte.

Friedrich Benninghoven war Verfechter des Gedankens eines Forschungsver-
bundes zwischen dem Archiv und den außeruniversitären historischen Einrichtungen, allen voran den historischen Kommissionen für landesgeschichtliche
Ziele. Seine Mitgliedschaften im Hansischen Geschichtsverein (seit 1956), in der
Baltischen Historischen Kommission (seit 1960), in der Historischen Kommission für ost- und westpreußische Landesforschung (1963–1994), in der Copernicus-Vereinigung (seit 1968), im Johann-Gottfried-Herder-Forschungsrat (1969–
1996), im Kuratorium für vergleichende Städtegeschichte zu Münster (1971–1984),
in der Arbeitsgemeinschaft zur preußischen Geschichte (1973–1986), im Beirat
der Kulturstiftung der deutschen Vertriebenen (1985–1990) und im Beirat des
Deutschordensmuseums Bad Mergentheim (seit 1987) waren nicht als imaginäre
Zierde seines Ausgehrocks gedacht. Vielmehr gestaltete er die Arbeit in diesen
Einrichtungen engagiert mit. So gehörte Benninghoven bis 1985 dem Vorstand
der Copernicus-Vereinigung – bis 1982 sogar als deren Präsident – an. Zwischen
1968 und 1976 war er Vorstandsmitglied der Baltischen Historischen Kommission und zwischen 1980 und 1989 Vorstandsmitglied der Historischen Kommission für ost- und westpreußische Landesforschung, für die er zudem zwischen
1974 und 1977 als 2. Vorsitzender amtierte. Es wäre allzu einfach, sein Ausscheiden aus der Arbeitsgemeinschaft zur preußischen Geschichte, aus der Preußischen Historischen Kommission, der Historischen Kommission für ost- und
westpreußische Landesforschung oder dem Johann-Gottfried-Herder-Forschungsrat alleine mit den zweifelsohne vorhandenen Mängeln an Selbstkritik
und Kompromissfähigkeit erklären zu wollen. Sicherlich trugen Loyalitätskon-
flikte wegen der im Jahre 1979 stattgefundenen Verlagerung der Königsberger
Archivbestände von Göttingen nach Berlin und Zweifel an der wissenschaft-

lichen Eignung von zur Kooptation vorgeschlagenen Kandidaten wie bei der Historischen Kommission für ost- und westpreußische Landesforschung oder auch die Furcht vor politischer Gängelei wie beim Johann-Gottfried-Herder-Forschungsrat zu diesen Schritten bei. Die Beweggründe für Benninghovens Austritt aus dem Herder-Forschungsrat tat er sogar der Öffentlichkeit mittels seiner im Jahre 1996 im Samizdat erschienenen Schrift „Zur Geschichte des Deutschen Ordens, der Stadt Danzig, des Klosters Oliva und zur Eroberung Ostpreußens 1945. Unzensierte Nachträge zur Ostforschung" kund.

Seine Hauptaufgabe im Archiv sah Benninghoven darin, die nur mit dem Vatikanischen Archiv und den großen Kronarchiven vergleichbare europäische Bedeutung der mittelalterlichen und frühneuzeitlichen Bestände des Staatsarchivs Königsberg bekannt und zugänglich zu machen. Damit reihte er sich in die unmittelbare Nachfolge von Kurt Forstreuter und Hans Koeppen ein. Benninghoven trieb die ihm unterstellten Archivare an, die noch in Königsberg begonnene Verzeichnung des Bestandes Etatsministerium zu vollenden und die Tiefenerschließung des Herzoglichen Briefarchivs (HBA) in Angriff zu nehmen und stieß dabei nicht nur auf Gegenliebe. Wissenschaftliche Leistung, die bei ihm keine beliebige Definitionssache war, erkannte er an. Er selbst fühlte sich getrieben von den ihm auferlegten Ausstellungen, etwa zu Immanuel Kant, Friedrich dem Großen oder zum Deutschen Orden im Mittelalter, die – wie er sich wiederholt dem Nachrufer gegenüber geäußert hat – seine ohnehin von Allergien beeinträchtigte Gesundheit ruiniert hätten. Benninghoven bestach mit einer Fülle von Anstößen besonders für die archivische Grundlagenforschung. Die daraus erwachsenen Früchte, wie z.B. die Editionen des Scharnhorst-Nachlasses und der Schriften Hermanns von Boyen, der Tagebücher Theodors von Schön oder die Herausgabe der mittelalterlichen Stadtbücher von Kulm, zeitigen zumeist spät und reifen zum Teil bis heute nach. Für anderes wie die von ihm begonnene und von seiner Frau weitergeführte Bearbeitung der mittelalterlichen Siegel Livlands suchte Benninghoven vergeblich nach einem geeigneten Nachfolger. In dem modern ausgebildeten Archivar sah er ihn nicht mehr. Der seiner Meinung nach vom deutschen Bundesarchiv gesteuerte Berufswandel des akademisch vorgebildeten Archivars, weg vom Forscher und Wissenschaftler, hin zu einem Wolpertinger aus Funktionär, Verwalter und Techniker, schmerzte ihn bis zuletzt, weil er ihn als Verfall ansah, den er ungeachtet seiner Stellung als Direktor des Geheimen Staatsarchivs alleine nicht aufzuhalten vermochte. Seine Verdienste, nicht nur für den puren Erhalt, sondern auch für die Erschließung und die wissenschaftliche Aufbereitung vornehmlich der Bestände des Preußischen Staatsarchivs Königsberg, wird die kundige Nachwelt hoch zu schätzen wissen. *Stansque super clypeum solus pugnavit ad hostes* (Heinr. XXX, 4).

Quellen und Literatur von und zu Friedrich Benninghoven:

- Bernhart Jähnig, Ursula Benninghoven, * Bonn 30. November 1952, † Berlin 17. April 2010, Jahrbuch Preußenland 1 (2010), S. 144.
- Kürschners Gelehrten-Kalender, München ²⁰2005, S. 208 f.
- GStA PK, I. HA, Rep. 224 F Hist. Kommission für ost- und westpreußische Landesforschung (Dep.), Nr. 215.
- Hans Jürgen Pantenius, Letzte Schlacht an der Ostfront. Von Döberitz bis Danzig 1944/1945. Erinnerungen und Erfahrungen eines jungen Regimentskommandeurs, hg. von Friedrich Benninghoven, Hamburg, Berlin, Bonn 2002.
- Heinrichs Livländische Chronik, bearb. von Leonid Arbusow (†) und Albert Bauer, Hannover ²1955 (Scriptores rerum Germanicarum in usum scholarum ex Monumentis Germaniae Historicis).
- Friedrich Benninghoven, Rigas Entstehung und der frühhansische Kaufmann, Diss. phil. masch. 1957, Universitätsbibliothek Hamburg, HBG D.PHIL MSCR 633EX1.
- Liv- und Est- und Kurländische Urkundenregesten bis zum Jahr 1300 von Friedrich G. von Bunge, mit Ergänzungen von Leonid Arbusow jun., neu hg. von Friedrich Benninghoven Hamburg 1959 (Umdruck des Historischen Seminars).
- Friedrich Benninghoven, Rigas Entstehung und der frühhansische Kaufmann, Hamburg 1961 (Nord- und osteuropäische Geschichtsstudien, Bd. 3).
- Friedrich Benninghoven, Die Gotlandfeldzüge des Deutschen Ordens 1398–1408, Zeitschrift für Ostforschung 13 (1964), S. 421–477.
- Friedrich Benninghoven, Der Orden der Schwertbrüder. Fratres Milicie Christi de Livonia, Köln, Graz 1965 (Ostmitteleuropa in Vergangenheit und Gegenwart, 9).
- Friedrich Benninghoven, Der livländische Ordensmeister Konrad von Mandern, Hamburger Mittel- und Ostdeutsche Forschungen 4 (1967), S. 137–161.
- Friedrich Benninghoven, Die Kriegsdienste der Komturei Danzig um das Jahr 1400, in: Acht Jahrhunderte Deutscher Orden in Einzeldarstellungen, hg. von Klemens Wieser, Bad Godesberg 1967, S. 191–222.
- Hansestadt Reval. Siebenhundert Jahre nordosteuropäische Geschichte im Spiegel eines Stadtarchivs. Eine Ausstellung. Göttingen 1968 (Veröffentlichungen der Niedersächsischen Archivverwaltung, Beiheft 8).
- Friedrich Benninghoven, Zur Technik spätmittelalterlicher Feldzüge im Ostbaltikum, Zeitschrift für Ostforschung 19 (1970), S. 631–651.
- Friedrich Benninghoven, Das Stadtbuch von Schwetz 1374–1454, Zeitschrift für Ostforschung 21 (1972), S. 42–69.
- Friedrich Benninghoven, Ein Aufgebotsverzeichnis der Stadt Reval um 1425, Zeitschrift für Ostforschung 21 (1972), S. 619–630.
- Friedrich Benninghoven, Die Vitalienbrüder als Forschungsproblem, in: Acta Visbyensia 4, Visby 1973, S. 41–52.
- Immanuel Kant. Leben – Umwelt – Werk. Katalog der Ausstellung des Geheimen Staatsarchivs Preußischer Kulturbesitz aus Beständen der Stiftung Preußischer Kulturbesitz, der Bayerischen Staatsbibliothek München, des Hauses Königsberg in Duisburg und anderer Leihgeber, Berlin 1974.
- Friedrich Benninghoven, Gedanken Hermann Ludwig Boyens zur preußisch-polnischen Frage, Jahrbuch der Albertus-Universität zu Königsberg/Prß. 24 (1974), S. 136–155.

– Friedrich Benninghoven, Die Burgen als Grundpfeiler des spätmittelalterlichen Wehrwesens im preußisch-livländischen Deutschordensstaat, in: Die Burgen im deutschen Sprachraum: ihre rechts- und verfassungsgeschichtliche Bedeutung, Bd. 1, hg. von Hans Patze, Sigmaringen 1976 (Vorträge und Forschungen des Konstanzer Arbeitskreises für mittelalterliche Geschichte, 19), S. 565-601.
– Der Berliner Kongreß 1878. Ausstellung des Geheimen Staatsarchivs Preußischer Kulturbesitz zur 100. Wiederkehr zur Eröffnung des Berliner Kongresses am 13. Juni 1978, Berlin 1978.
– Friedrich Benninghoven, Hans Koeppen zum Gedächtnis, in: Neue Forschungen zur Brandenburgisch-Preußischen Geschichte 1, hg. von Friedrich Benninghoven und Cécilie Lowenthal-Hensel, Köln, Wien 1979 (Veröffentlichungen aus den Archiven Preußischer Kulturbesitz, 14), S. 365–369.
– Friedrich und Ursula Benninghoven, Die Schiffsordnung der Flotte der Herzöge in Preußen im 16. Jahrhundert, Zeitschrift für Ostforschung 34 (1985), S. 385–420.
– Friedrich der Große. Ausstellung des Geheimen Staatsarchivs Preußischer Kulturbesitz anläßlich des 200. Todestages König Friedrichs II. von Preußen (Katalog von Friedrich Benninghoven, Helmut Börsch-Supan und Iselin Gundermann), Berlin 1986.
– Unter Kreuz und Adler. Der Deutsche Orden im Mittelalter. Neue ständige Ausstellung des Deutschordensmuseums Bad Mergentheim. Ausstellung des Geheimen Staatsarchivs Preußischer Kulturbesitz anläßlich des 800jährigen Bestehens des Deutschen Ordens, Berlin 1990.
– Friedrich Benninghoven, Zur Geschichte des Deutschen Ordens, der Stadt Danzig, des Klosters Oliva und zur Eroberung Ostpreußens 1945. Unzensierte Nachträge zur Ostforschung, (Selbstverlag) Berlin 1996.
– Das Kulmer Gerichtsbuch 1330–1430. Liber memoriarum Colmensis civitatis, bearb. von Carl A. Lückerath und Friedrich Benninghoven, Köln, Weimar, Wien 1999 (Veröffentlichungen aus den Archiven Preußischer Kulturbesitz, 44).
– Friedrich Benninghoven, Anlage und Entstehung des Kulmer Gerichtsbuches 1330–1430, Archiv für Diplomatik 45 (1999), S. 87–118.
– Friedrich Benninghoven, Zur Lebensführung und Finanzkraft der Kulmer Oberschicht in der Zeit der Schlacht von Tannenberg. Der Nachlaß des Franczke Hartmann 1411–1424, Archiv für Diplomatik, 46 (2000), S. 293–324.

Buchbesprechungen

Maksymilian GRZEGOSZ, Słownik historyczno-geograficzny komturstwa świeckiego w średniowieczu [Historisch-geografisches Wörterbuch der Komturei Schwetz im Mittelalter]. Wydawnictwo Uniwersytetu Kazimierza Wielkiego. Bydgoszcz 2012, 107 S., 1 Kt. i. Anh., ISBN 978-83-7096-856-4.

Die hier angezeigte Veröffentlichung ist nach den die Komtureien Schlochau, Mewe und Tuchel behandelnden Bänden, die bereits in der Zeitschrift bzw. im Jahrbuch Preußenland vom Rezensenten besprochen worden sind, die vierte der Öffentlichkeit präsentierte Studie im Rahmen des von G. bearbeiteten „Historisch-geografischen Wörterbuches von Pommerellen im Mittelalter". Diesmal bildet das Gebiet der Deutschordenskomturei Schwetz die räumliche Grundlage, deren Siedlungen – insgesamt 144 – nach dem für die gesamte Serie geltenden Schema erfasst sind. Die Informationen sind in acht Abschnitte gegliedert, die hier kurz skizziert werden sollen: 1. die administrative, politische und kirchliche Zugehörigkeit der Ansiedlung mit den im Laufe der Zeit eingetretenen Veränderungen, 2. die Grenzen der Siedlung und die sich in ihrem Bereich befindenden physiographischen und für den Verkehr wichtigen Objekte, 3. die Eigentumsverhältnisse und Bevölkerungsdichte der Siedlung wie auch die sozialen, beruflichen und rechtlichen Verhältnisse ihrer Bewohner, 4. Angaben zum Lokationsrecht und die damit verbundene Umwandlung oder Gründung von Siedlungen, wobei auf den Wechsel zwischen polnischem und deutschem Recht Bezug genommen wird, 5. Daten über Kirchen, Kapellen, Klöster, Patrozinien, Spitäler, Schulen und religiöse Neuerungen, 6. historische Informationen über die Siedlung und ihre Bewohner, z.B. politische Ereignisse, Naturkatastrophen, Kriegsschäden und die Auseinandersetzungen zwischen dem Orden und Polen im 15. Jahrhundert, die in der Niederlage des Ersteren in der Schlacht bei Tannenberg und der Gründung des Preußischen Bundes und des nachfolgenden Dreizehnjährigen Krieges gipfelten und deren negative Folgen in den von G. zahlreich aufgeführten Quellenbelegen auch für das Schwetzer Gebiet sichtbar werden, 7. Hinweise auf nicht berücksichtigte Quelleninformationen – hier fehlt die Erwähnung der Ordens- und vor allem Ostpreußischen Folianten im Geheimen Staatsarchiv Preußischer Kulturbesitz in Berlin, die für die Siedlungsgeschichte des 16. Jahrhunderts unverzichtbar sind – und die Nennung der wesentlichen historischen Regionalliteratur, 8. Verweis auf die Ergebnisse archäologischer Forschungen im Untersuchungsgebiet.

Positiv hervorzuheben ist, dass sich der Vf. nicht auf die Ordenszeit beschränkt, sondern auch Quellen und Daten aus der Zeit der pommerellischen Herzöge und des Markgrafen Albrecht von Brandenburg-Ansbach, des ersten Herzogs in Preußen, berücksichtigt. Die frühesten Belege stammen vom Fürsten Grzymisław und dem Schwetzer Herzog Warcisław am Anfang des 13. Jahrhunderts, um sich dann unter den bedeutendsten Angehörigen des Samboridenhauses Swantopolk II. und Mestwin II. zu verdichten. Breiter Raum wird der Eroberung Pommerellens durch den Deutschen Orden 1308/09 gewidmet, der 1320 auf dem Gebiet der Kastellaneien Schwetz und Serock die Komturei Schwetz begründete. Bezüge finden sich auch zur neuen Verwaltungsordnung dieses Distrikts nach der Eingliederung Pommerellens in die Krone Polen 1454, als deren Folge die Starostei Schwetz entstand, deren Grenzen fast identisch mit denen der bisherigen Komturei waren. Der von G. verwendete Begriff „Inkorporation" ist insofern missverständlich, als das nunmehr als „Königliches Preußen" bezeichnete Gebiet über zahlreiche autonome Rechte verfügte, die bei den sog. „Großen Städten" Danzig, Elbing und Thorn am ausgeprägtesten waren. Wie die vorausgegangenen Bände des „Słownik" verfügt auch die hier präsentierte Studie über eine Einleitung und ein detailliertes Abkürzungsverzeichnis, das über die benutzten Quellen und die herangezogene Fachliteratur Aufschluss gibt. Die Ortsnamen sind ausschließlich nach der polnischen Version angeordnet, was deutschen Historikern die Orientierung erschwert. Hier könnte die Aufnahme der deutschen Entsprechungen in das Inhaltsverzeichnis Abhilfe schaffen. Besonders umfassend sind die Angaben zu Schwetz als dem zentralen Verwaltungssitz der Region. Erwähnenswert sind u. a. die Verleihung des Stadtrechts auf Grundlage der Kulmer Handfeste 1338, die Verlegung der Ordensburg und Siedlung vom hohen Weichselufer ins Tal auf einer Halbinsel neben der Mündung des Schwarzwassers in die Weichsel zwischen 1338 und 1375 – zu ergänzen ist, dass die Rückverlegung der Stadt auf die Höhe in der zweiten Hälfte des 19. Jahrhunderts erfolgte –, die Rolle des Schwetzer Komturs und späteren Hochmeisters Heinrich von Plauen im Krieg des Ordens mit Polen 1409–1411 und der wiederholte Besitzwechsel der Stadt im Dreizehnjährigen Krieg, der zu ihrer teilweisen Zerstörung führte, wobei nach dem Zweiten Thorner Frieden 1466 ihr langsamer Aufschwung einsetzte.

Es bleibt zu hoffen, dass die vom Vf. angekündigten folgenden Bände über einzelne Verwaltungseinheiten der weit ausgedehnten Komturei Danzig und die kleineren Bezirke der Komturei Dirschau bald erscheinen können, um intensivere und quellennahe Studien zur Siedlungsgeschichte Pommerellens im Mittelalter zu ermöglichen. Nützlich ist im Anhang eine Karte vom Gebietsumfang der Komturei Schwetz an der Wende des 14./15. Jahrhunderts, in der die Siedlungen im Besitz des Ordens, der Ritterschaft, des Erzbistums Gnesen, des Bistums Leslau und der Klöster Oliva und Zuckau besonders gekennzeichnet sind.

Stefan Hartmann

Stefan SAMERSKI (Hg.), Cura animarum. Seelsorge im Deutschordensland Preußen (Forschungen und Quellen zur Kirchengeschichte Ostdeutschlands. 45), Köln, Weimar, Wien, Böhlau-Verlag 2013, 249 S., € 32,90.

Dieser Sammelband beruht auf der Jahrestagung des Instituts für Kirchen- und Kulturgeschichte e.V., die der Hg. vom 6. bis 9. September 2010 als internationale 47. Arbeitstagung in Danzig-Oliva maßgeblich organisiert hat. Zu Recht macht er darauf aufmerksam, dass die Seelsorgethematik in der ost- und westpreußischen Landesforschung ein Desiderat darstellt, obwohl sich die Forschung gerade in jüngerer Zeit verstärkt mit der Spiritualität in ihrem Arbeitsraum beschäftigt habe. Der Band richtet sich nach dem geradezu „klassischen" Aufbau eines Sammelwerks mit der Abfolge von zuerst allgemeinen und dann spezifisch gehaltenen Referaten. Zuerst thematisiert Arno Mentzel-Reuters als ausgewiesener Literaturwissenschaftler den Deutschen Orden als geistlichen Orden aus germanistischer Sicht. Ihm geht es v. a. darum, das Spannungsverhältnis zwischen den Vorschriften der Ordensstatuten und der Lebenswirklichkeit anhand der vorgeschriebenen Rituale und ihrer Umsetzung in personeller Organisation, Architektur und Literatur zu beleuchten[1]. Für den Orden sei es wichtig gewesen, den Adel, aus dem er sich rekrutier-

---

[1] Nach der Veröffentlichung dieses Sammelbandes erschien die Dissertation von Marcus Wüst: Studien zum Selbstverständnis des Deutschen Ordens im Mittelalter (Quellen und Studien zur Geschichte des Deutschen Ordens. 73), Weimar 2013.

te, für seine Ziele zu gewinnen. Von daher versuchte er, das an den Statuten ausgerichtete Idealbild des „miles christianus" über Lyrik und Prosa, über die Organisation der Seelsorge und des Spitalwesens sowie der Orthogonität seiner Bauten zu verbreiten. Der Kapitelsaal, in dem regelmäßig die Statuten verlesen wurden, war deshalb „kein Ort des Kampfgeistes, sondern stand in der Tradition des abendländischen Mönchtums" (S. 41). An diesem hohen geistlichen Anspruch habe der Orden während des gesamten Mittelalters festzuhalten versucht. Im anschließenden Beitrag versucht Roman Czaja, sich der Identität des Deutschen Ordens in Preußen zu nähern. Für C. ist dabei wichtig, auf die relevanten Eigenschaften und Merkmale hinzuweisen, anhand derer sich der Deutsche Orden oder einzelne Ordensmitglieder von anderen unterscheiden lassen. C. greift die Chronistik heraus, um an ihrem Beispiel die Aussagekraft hinsichtlich der eigenen Identität zu überprüfen. Klar im Vordergrund für die Identität des Ordens als Korporation steht der Gedanke des mit der Kreuzzugsvorstellung verknüpften Heidenkampfes. Noch am Ende des 14. Jhs. sei deswegen Preußen als das gelobte Land wahrgenommen worden, in dem der Orden auch Partikel vom wahren Kreuz aufbewahrte, eines in der Burg Elbing und ein anderes in der Danziger Marienkirche[2], wenn in dieser Hinsicht auf die Danziger Chronik Eberhard Böttichers Verlass ist. Peter von Dusburg und mehr noch Wigand von Marburg schildern in ihren Chroniken den Kampf des Ordens gegen die Heiden als Heiligen Krieg und vermitteln somit eine Sichtweise, die der Orden noch bis ins frühe 16. Jh. im Reich verbreitete. Daneben habe die Ausübung der Landesherrschaft sowohl für die Selbstwahrnehmung als auch für die -darstellung des Ordens immer mehr an Bedeutung gewonnen. Dem wirkten aber die Ausformung von Gruppenidentitäten, die Verbreitung von Privatvermögen und die zunehmenden Verstöße gegen die Ordensvorschriften im ausgehenden Mittelalter entgegen.

Im dritten Beitrag liefert Radosław Biskup einen Bericht über die neuesten Forschungen zu den Bistümern im Deutschordensstaat Preußen bis 1525 und stellt die an der Thorner Nicolaus-Copernicus-Universität in Gang gesetzten Forschungsvorhaben vor. Der Rolle der Bettelorden im Ordensland Preußen widmet sich danach Rafał Kubicki. Auch diese mit einer Karte der Klöster des 15. Jhs. versehene Darstellung vermittelt im Wesentlichen einen Überblick der geleisteten Forschungsarbeit auf dem Gebiet. Im Anschluss daran geht Piotr Oliński der Frage nach, welche Auswirkungen die Franziskaner und ihre missionarische und friedensstiftende Aktivität im Deutschordensland Preußen im 13. Jh. hatten. Ausgehend von ihren ersten Gründungen in Thorn um 1239 und in Kulm von 1258, unterstützten die Bettelmönche die Eroberungen des Ordens in zweifacher Weise, indem sie einmal durch ihre Predigten die kämpfenden Truppen zu mäßigen und andermal durch ihre Seelsorge die Heiden zu bekehren versuchten. Die missionarische Tätigkeit der Franziskaner beschränkte sich nicht auf die unterworfenen Heiden. Durch ihre nachweislich in den 40er Jahren unternommenen Reisen in weit entfernte heidnische Länder betonten sie den friedlichen Charakter ihrer Mission. In den christlich gewordenen Gebieten sahen die Franziskaner ihre Hauptaufgabe in friedensstiftenden Maßnahmen. So waren sie maßgeblich an den Übereinkünften zwischen polnischen Fürsten und Bischöfen und dem Deutschen Orden in den Jahren 1257, 1258, 1263 und 1268 beteiligt.

---

[2]   Chronik der Marienkirche in Danzig. Das „Historische Kirchen Register" von Eberhard Bötticher (1616). Transkription und Auswertung, bearb. von Christofer HERRMANN und Edmund KIZIK (Veröffentlichungen aus den Archiven Preußischer Kulturbesitz. 67), Köln/Weimar/Wien 2013, S. 345 f.

In dem darauf folgenden Beitrag beschäftigt sich Edith Feistner mit der Katechese der Ritterbrüder in den Anfängen des Deutschordensstaates am Beispiel der Bibeldichtungen. Die Fragen, auf welche Weise in den Texten der Bezug zum Deutschen Orden hergestellt wird, wie Kommunikationssituationen hervorgerufen wurden und wo sich die Bibeldichtungen im Spannungsfeld zwischen „Literalsinn des Erzählten", Exegese, Erzählung und Kommentierung einordnen lassen, stehen dabei im Mittelpunkt. F. unterteilt die Bibeldichtung in die Gruppe der ältesten Versdichtungen mit der „Judith" von 1254, der „Hester" und der sog. Apokalypse des Heinrich von Hesler von um 1260 und in die Gruppe aus der ersten Hälfte des 14. Jhs. mit den „Makkabäern", dem „Daniel", den zu 1338 datierten „Hiob", „Esra und Nehemia" und den „Historien der alten ê". Nach seiner Lektüre ihrer in quälendem Wissenschaftsdeutsch abgefassten Analyse glaubt der Rez. immerhin soviel verstanden zu haben, dass beiden Gruppen der Bezug auf die Kriegsthematik gemeinsam ist. Welch ein Erkenntnisgewinn! Im siebten Beitrag möchte Michael Neecke die Frage beantworten, ob eine Identitätsstiftung im Deutschen Orden durch Bibelepik am Beispiel der „Judith" möglich war. N. will dies zunächst mit der Darstellung seiner eigenen Position „zum Verhältnis der ‚Judith von 1254' zum Deutschen Orden", der er danach die abweichende Position der jüngsten Deutung von Henrike Lähnemann gegenüberstellt, und schließlich mit der Präsentation der Gemeinsamkeiten der beiden Interpretationen leisten. Für N. ist der Deutsche Orden Rezipient und zugleich Nutznießer der ‚Judith', die für Lähnemann allerdings keine heroische Lektüre zu Anwendungszwecken sei (S. 129). Dies widerlegt N. zum Teil mit Beispielen aus der Chronik Peters von Dusburg und ihrer Übertragung in die Volkssprache durch Nikolaus von Jeroschin. Hieraus leitet er die Forderung nach einer Re-Interpretation der ‚Judith'-Dichtung ab. Im Anschluss daran fasst Christofer Herrmann unter dem Titel „Die Architektur der mittelalterlichen Kirchen in den preußischen Bistümern" die wesentlichen Ergebnisse seiner 2007 erschienenen Habilitationsschrift zusammen. H. gliedert die Zusammenfassung hierarchisch nach Dombauten, Stadtpfarrkirchen und Pfarrkirchen auf dem Lande und schließt mit der Sonderrolle der samländischen Sakralarchitektur mit ihren großen Zentralkirchen, die zur geistlichen Versorgung einer nur oberflächlich christianisierten Bevölkerung errichtet wurden. 30 z. T. farbige Abb. illustrieren seine Ausführungen. Mit der Liturgie des Deutschen Ordens in Preußen beschäftigte sich Anette Löffler im neunten Beitrag. Ausgehend von der Adaption der Liturgie der Dominikaner i. J. 1244 durch den Deutschen Orden, suchte sie zunächst nach Hinweisen in den Statuten des Ordens. Jene sind in den drei Teilen der Statuten, nämlich in den Regeln, den Gesetzen und in den Gewohnheiten, hinreichend belegt, sodass die Vfin. z. B. die Hochfeste in die totum duplex-, die duplex-, die semiduplex-Feste, in die Feste nach Gewohnheit des Landes, in die nach den Gesetzen der späteren Hochmeister etc. untergliedern konnte. L. gelingt es zwar, die Liturgie als Rahmen für die Seelsorge in Preußen herauszustellen, die naheliegende Frage nach der Übernahme einer preußischen Liturgie oder Teilen davon in den hochmeisterlichen Kammerballeien beantwortet sie aber nur mittelbar mit dem Hinweis auf die Tiroler Pfarrei Schlanders.

Unter dem Titel „Himmelskönigin und Geburtshelferin" beschäftigt sich Cordelia Heß mit der Marienverehrung im spätmittelalterlichen Preußen. Ihr geht es v. a. darum zu zeigen, dass die dortige spezifische Marienverehrung mehr oder weniger privaten Andachtscharakter hatte und sich somit von der politischen Repräsentation absetzte. Beides verkörperte die Marienburg, die besonders nach 1400 in einen inneren Frömmigkeitsbereich für die Ordensbrüder und einen für die Bevölkerung aufgeteilt wurde. Die Marienwallfahrtsorte in den Dom- und Pfarrkirchen belegen zudem, dass die Marienverehrung in der breiten Bevölkerung beliebt war. Wenig überzeugend ist der Versuch der Vfin., den Bischof von Ermland als Konkurrenten des Deutschen Ordens aufzubauen, insbesondere wenn es gilt, die Haltung von Bischof Franz Kuhschmalz am Vorabend des 13-jährigen Krieges in die Erwägung einzubeziehen. Für die Absicht der Vfin., die Gottesmutter als Geburtshelferin zu qualifizieren, bedarf es übrigens mehr als eines einzigen Quellennachweises. Der elfte Beitrag stammt vom Hg. Unter dem Titel „Dorothea und kein Ende" macht Stefan Samerski „Bemerkungen zur Prozess- und Kultgeschichte der hl. Dorothea von Montau" bekannt, die darauf hinauslaufen, dass der bald nach ihrem Tod einsetzende Kanonisationsprozess nach der Schlacht von Tannenberg lange Zeit zum Erliegen kam. Der Prozess kam erst am 9. Januar 1976 durch die Heiligsprechung Dorotheas durch Papst Paul VI. zum Abschluss, nachdem vornehmlich die katholisch gebliebenen ermländischen Preußen beharrlich an der Verehrung der am 26. Juni 1394 als Reklusin im Dom zu Marienwerder gestorbenen Dorothea festgehalten hatten. Im vorletzten Beitrag thematisiert Klaus Militzer die verzögerten Wirkungen der Bruderschaften im Osten während des Mittelalters. Priesterbruderschaften und Zünfte gehören allerdings nicht zum Gegenstand seiner Ausführungen. Für die durch die Predigten der Bettelmönche geförderte Ausbreitung der Laienbruderschaft macht M. „die Entstehung einer bürgerlichen Lebensweise" (S. 218) wesentlich verantwortlich, die wegen der späten Entwicklung der Städte im Osten mit entsprechender zeitlichen Verzögerung zur Entfaltung kam. Der Hauptzweck der Bruderschaften bestand im Totengedächtnis für die eigenen Mitglieder. Auf die Ablehnung der Bruderschaften durch die meisten Reformatoren folgte bald auch dort ihre Abschaffung, wo die Reformation siegreich war. Unter dem Titel „Der Deutschordensstaat als literarischer Katecheseschauplatz" greift Edith Feistner im letzten Beitrag des Sammelwerks die Erzählung „Der Litauer" des alemannischen Autors Schondoch auf, um nicht zuletzt mittels Übertragung von Schondochs Verse in die moderne Sprache „zum interdisziplinären Dialog" beizusteuern. Schondoch verortet seine Geschichte in Thorn, also in der Nähe der preußisch-litauischen Heidenfront. Obwohl die von ihm vermittelte Verbindung eines Konsekrationswunders mit dem außenperspektivischen Blick eines Heiden in der Reihe einer langen lateinischen und volkssprachlichen Tradition stehe, sei die Verwandlung des Jesusknaben in die „,trinitarische' Erscheinung dreier hünenhafter Kämpfer" allein aus Schondochs dichterischem Werk bekannt. Ein Abbildungsverzeichnis und ein gemeinsames Orts- und Personenregister beschließen den Band.

Dieter Heckmann

Jürgen Sᴀʀɴᴏᴡꜱᴋʏ, Die Johanniter. Ein geistlicher Ritterorden in Mittelalter und Neuzeit. München (C. H. Beck) 2011 (C. H. Beck Wissen, ohne Nr.). 128 S., 6 Abbildungen, 3 Karten, Taschenbuch. ISBN 978-3-406 62239-7.

Nach den Bänden über den Deutschen Orden (2007) und die Templer (2009) hat der Hamburger Historiker Jürgen Sarnowsky in der Reihe C. H. Beck Wissen nunmehr auch einen Band über den dritten der großen Ritterorden, die Johanniter, publiziert, womit jetzt für alle drei Ritterorden ein kurzer, aber nichtsdestoweniger informativer und prägnanter Gesamtüberblick vorliegt, der deren Geschichte über Historikerkreise hinaus auch einer breiteren Öffentlichkeit nahebringt. Dabei reicht die Darstellung von den Anfängen des Ordens am Hospital in Jerusalem im 11. Jahrhundert bis zur Gegenwart, in der sich aus dem Orden zwei seit der Reformation bestehende Zweige gebildet haben, ein katholisch gebliebener, die Malteser, und ein protestantischer Zweig, die heutigen, aus der Ballei Brandenburg hervorgegangenen evangelischen Johanniter. Die Arbeit ist in drei Hauptkapitel mit je neun Unterkapiteln gegliedert, von denen das erste Hauptkapitel (S. 10–39) die Entwicklung des Ordens von den Anfängen am Hospital in Jerusalem bis zum Fall Akkons (1291), zur damit verbundenen Vertreibung der Ritterorden vom asiatischen Festland und zur vorübergehenden Niederlassung der Johanniter auf Zypern um die Jahrhundertwende reicht. Der zweite Hauptabschnitt (S. 40–78) beschäftigt sich mit den Strukturen innerhalb des mittelalterlichen Johanniterordens, seinen Statuten, Aufgaben und Ämtern, seiner Landesherrschaft von Rhodos aus über die Inseln des Dodekanes in der östlichen Ägäis, die Landwirtschaft der Johanniter, ihre Beteiligung an Handel und Gewerbe, die innere Finanzverwaltung sowie ihr Selbstverständnis einerseits als Geistliche und andererseits als Adlige. Im dritten Hauptkapitel (S. 79–115) wird die historische Entwicklung des Ordens wieder aufgenommen, von seiner Etablierung auf Rhodos und der Übernahme des Besitzes des zwischen 1307 und 1312 aufgelösten Templerordens an bis zum Verlust von Rhodos und zur Etablierung auf Malta 1530 (bis S. 107). Im vorletzten Unterkapitel (S. 107–112) wird dann zum einen die weitere Entwicklung des Ordens auf Malta bis 1798 und zum anderen die der seit dem 16. Jahrhundert evangelisch gewordenen Ballei Brandenburg der Johanniter bis zu ihrer Auflösung im Jahr 1811 durch den preußischen König Friedrich Wilhelm III. verfolgt. Die sich von 1795 bis 1879 hinziehende Reorganisation des katholischen Zweiges der Johanniter, der 1834 seine heutige Ordenszentrale in Rom bezog und bereits seit der Mitte des 16. Jahrhundert auch als „Malteserorden" bezeichnet wird, die Wiedergründung der „Balley Brandenburg des Ritterlichen Ordens vom Spital St. Johannes in Jerusalem" in Preußen 1852, von der aus sich der bedeutendste protestantische Zweig der Johanniter ausbreitete (daneben existieren noch drei weitere protestantische Zweige in England, den Niederlanden und Skandinavien) und die weitere Entwicklung dieser beiden konfessionell unterschiedlichen Zweige bis etwa um 1970 beenden die historische Betrachtung des Ordens (S. 112–115). Ein kurzer Ausblick über die Entwicklungen der Gegenwart, eine Liste der Meister und Großmeister der Johanniter, ein Quellen- und Literaturverzeichnis und ein Personenverzeichnis (S. 116–128) runden den Band ab, der auf den beiden inneren Umschlagseiten durch zwei Karten zur Ausbreitung der Johanniter im Heiligen Land im 13. Jahrhundert und in Europa (genauer: Mittel- und Westeuropa) um 1300 ergänzt wird. Aus der Europakarte geht deutlich hervor, dass die meisten Niederlassungen der Johanniter im mittelalterlichen Abendland in Frankreich, England und im östlichen Spanien lagen, in Deutschland hauptsächlich entlang des Rheins.

Sarnowsky betrachtet die Geschichte der Johanniter im Wesentlichen von ihrem jeweiligen Ordenszentrum aus, das bis zum Fall Akkons im Heiligen Land bzw. Kleinasien, danach bis 1305/12 auf Zypern, von 1312 bis 1530 auf der Insel Rhodos und anschließend bis zum Ende des 18. Jahrhunderts auf Malta lag. Ergänzend wird, wo nötig, der Blick auf die für den Orden relevanten Entwicklungen auf dem europäischen Festland, vor allem in Westeuropa, geworfen. Die Geschichte des Ordens in Deutschland wird dagegen im Großen und Ganzen nur am Rande berührt. Dies mag einen Leser, der gerade über die Geschichte des Ordens im Heiligen Römischen Reich mehr erfahren will, enttäuschen, rückt aber die Perspektive so mancher älteren landeshistorischen Darstellung zurecht, die auf die allgemeine Ordensgeschichte vor allem der Zeit nach 1300 nicht selten ganz verzichtete: Die Ordensprovinzen der *Alamania* und der *Bohemia*, zu denen die im deutschen Sprachraum liegenden Kommenden und Prioreien gehörten, lagen innerhalb des Aktions-

raums des Ordens im Mittelalter und in der frühen Neuzeit an der Peripherie, und ihre
Entwicklung und Probleme wurden in der jeweiligen Ordenszentrale mehr oder minder
nur am Rande wahrgenommen und daher z. T. auch deutlich vernachlässigt. Es ist daher
nur folgerichtig, wenn Sarnowsky der Geschichte des Ordens im nördlichen Mitteleuropa
verhältnismäßig wenig Platz einräumt. Im Übrigen hat besonders die deutsche Forschung
die Konsequenzen, die sich aus der peripheren Lage Deutschlands und der eher margina-
len Rolle ergaben, die die deutschen Johanniter im Gesamtorden spielten, noch gar nicht
richtig erfasst. Dies gilt z. B. für das Problem der Integration der Templergüter nach 1312,
um die sich die Johanniter, da ihre Sicherung in anderen europäischen Gebieten für sie
wichtiger waren, in Deutschland erst mit einem halben Jahrzehnt Verzögerung zu kümmern begannen, indem sie 1317 ihren Ordensbruder Paolo da Modena damit beauftragten,
sich der Eingliederung der Templerkommenden und -güter im nördlichen Ostmitteleuropa anzunehmen. Die ältere Forschung zur damals gegründeten Ballei Brandenburg hat
dagegen allein aus der Zeitspanne zwischen der Auflösung des Templerordens und dem
Datum des Kremmener Vertrages zwischen Markgraf Woldemar von Brandenburg und
den Johannitern vom 29. Januar 1318 auf einen Konflikt zwischen dem Markgrafen und
dem Orden wegen der Templerbesitzungen geschlossen, den es allem Anschein nach jedoch gar nicht gab und für den in den Quellen nicht der geringsten Hinweis zu finden ist.
Auch Sarnowsky erwähnt diesen angeblichen Konflikt (S. 84), der hier allerdings im We-
sentlichen lediglich die überholte, fehlerhafte Darstellung in den Beiträgen des 1970 von
Adam Wienand u. a. herausgegebenen Sammelbandes zum Johanniter- und Malteserorden
kolportiert[1]. Zu korrigieren sind hier vor allem die folgenden Angaben zum Kremmener
Vertrag[2]: Markgraf Woldemar forderte die 1250 Mark Silber nicht für die Übergabe des
Templerbesitzes, sondern für die Übernahme der ihm von den Johannitern angetragenen
Rolle als Schutzherr des Ordens in ganz Nordostdeutschland, der die Integration der
Templergüter in den Johanniterorden fördern und insbesondere außerhalb seines Landes,
namentlich im Herzogtum Pommern-Stettin, gegen die begehrlichen Ansprüche der benachbarten Fürsten durchsetzen und garantieren sollte. Hierfür sollte ihm, falls die Johanniter diese Summe nicht innerhalb von zwei Jahren aufbringen konnten, die Stadt Zielen-
zig (Sulęcin) als Pfand zufallen; er hatte die Stadt mithin 1318 noch gar nicht in seinem
Besitz. Die Burg Lagow, die im Kremmener Vertrag überhaupt nicht genannt wird, gehörte gar nicht zu den übernommenen Templergütern, die Johanniter erhielten sie erst 1347
von Markgraf Ludwig als Pfandbesitz und endgültig 1350. Dieser Irrtum ist in der älteren
Literatur, die den Kremmener Vertrag nur unzureichend interpretiert hat, recht häufig

---

[1] Vgl. Der Johanniterorden. Der Malteserorden. Der ritterliche Orden des hl. Johannes
    vom Spital zu Jerusalem. Seine Geschichte, seine Aufgabe, hg. v. Adam Wienand/Carl
    Wolfgang von Ballestrem/Albrecht von Cossel, Köln 1988[3] (Erstauflage von 1970).
    Zu den Fehlern vgl. Christian Gahlbeck, Lagow [Łagów] oder Sonnenburg [Słońsk].
    Zur Frage der Residenzbildung in der Ballei Brandenburg der Johanniter von 1317 bis
    1527, in: Regionalität und Transfergeschichte. Ritterordenskommenden der Templer und
    Johanniter im nordöstlichen Deutschland und in Polen, hg. von Dems./Heinz-Dieter
    Heimann/Dirk Schumann (Studien zur brandenburgischen und vergleichenden Lan-
    desgeschichte. 9; Studien der Landesgeschichtlichen Vereinigung für die Mark Bran-
    denburg. N. F. 4), Berlin 2014, S. 272 f., Anm. 8.
[2] Neuedition mit Foto jetzt in: Regionalität und Transfergeschichte (wie Anm. 1), S. 167–170.

anzutreffen; der Autor hätte ihn aber durch eine genaue Betrachtung des Vertragstextes und durch die Lektüre der einschlägigen Artikel zu den Kommenden der Templer und Johanniter im Brandenburgischen Klosterbuch, das in der Literaturliste fehlt, vermeiden können[3].

Dieses Manko kann den positiven Gesamteindruck, den das Übersichtswerk Sarnowskys vermittelt, allerdings nicht wesentlich trüben. Sicherlich wäre eine ausführlichere Beschäftigung mit dem stark diversifizierten sozialen Engagement der Johanniter, das von der Johanniter-Unfallhilfe und dem Malteser-Hilfsdienst bis hin zu einer größeren Anzahl an Krankenhäusern, Kliniken, Altenheimen und Hospizen reichen, die 2003 unter dem Namen „Johanniter GmbH" mit den sie tragenden Kommenden und Ordenswerken zu einer gemeinnützigen Trägergesellschaft zusammengeschlossen wurden, wünschenswert gewesen. Sie dürfte allerdings in dem vom Verlag für die Reihe vorgegebenen Rahmen wohl nicht realisierbar gewesen sein. Sarnowskys Werk ist ein geeigneter Einstieg in die Johanniterforschung und darüber hinaus ein wertvolles Hilfsmittel zur Orientierung. Speziell für landeshistorische Forschungen, die sich auf die Geschichtsprozesse in ihrer Region konzentrieren, in die der Johanniterorden verwickelt war, bietet es durch sein zuverlässiges Hintergrundwissen über die Entwicklung des Gesamtordens gute Möglichkeiten, über den häufig beengten regionalen Horizont hinauszublicken und regionale Prozesse in die allgemeine Geschichte des Johanniterordens und der aus ihm hervorgegangenen Ordenszweige einzuordnen.

Christian Gahlbeck

[3] Vgl. Brandenburgisches Klosterbuch. Handbuch der Klöster, Stifte und Kommenden bis zur Mitte des 16. Jahrhunderts, 2 Bde. hg. v. Heinz-Dieter HEIMANN u. a. (Brandenburgische Historische Studien. 14), Berlin 2007.

Christian TILITZKI, Die Albertus-Universität Königsberg. Ihre Geschichte von der Reichsgründung bis zum Untergang der Provinz Ostpreußen (1871–1945), Bd. 1: 1871–1918, Berlin, Akademie Verlag 2012, IX, 813 S. 148,00 €.

Bedeutende universitätsgeschichtliche Werke sind in der Vergangenheit vielfach durch Universitätsjubiläen angeregt worden. Königsberg war da keine Ausnahme. So ist das bisher grundlegende Werk für die ersten beiden Jahrhunderte der Albertina anläßlich des 200jährigen Jubiläums im Jahre 1744 durch einen damaligen Universitätsprofessor, den Theologen Daniel Heinrich Arnoldt, geschrieben worden. Das hier vorzustellende Werk ist dagegen aus den langjährigen wissenschaftsgeschichtlichen Bemühungen seines Verfassers erwachsen. Dieser weist in seinem einleitenden Abriß der Forschungslage hin, daß die neueren Geschichten der Universitäten des historischen deutschen Ostens besonders schlecht in der wissenschaftlichen Landschaft dastehen. Qualitativ schwach seien auch einbändige Darstellungen wie die von Götz von Selle zu Königsberg (1944, [2]1956), die die neueste Zeit allzu summarisch behandelten. Anliegen des Verfassers ist es, die Bedingungen zu erforschen, unter denen eine ‚Grenzlanduniversität' zu leben hatte. Die Zeit von der Reichsgründung 1871 bis zum Ersten Weltkrieg war zunächst nur als Einleitung für die Darstellung der Zeit nach der Trennung Ostpreußens vom Reich gedacht. Um aber die Zeit von 1918 bis 1945 besser vergleichend darstellen zu können, erwies es sich als sinnvoller, auch die früheren Zeiten mit vergleichbarer Ausführlichkeit zu behandeln, so daß nunmehr zunächst ein umfangreicher erster Band vorliegt.

Das große Werk folgt zwei zentralen Fragestellungen, nämlich zum einen der Stellung und Entwicklung im politischen Leben ihrer Zeit, zum anderen – damit eng zusammenhängend – der Besetzung der Lehrstühle der vier Fakultäten und deren wissenschaftliche Leistungen. Die Studentenschaft konnte nicht in die Untersuchung einbezogen werden, weil die hierfür nötigen Quellen und Vorarbeiten nicht zur Verfügung stehen. Eine kommentierende Edition einer Matrikel für die Jahre 1829–1920 befindet sich bei der Historischen Kommission für ost- und westpreußische Landesforschung erst noch in Vorbereitung. Das hier vorzustellende Werk ist nach einer langen Einleitung in zwei chronologische Hauptteile gegliedert, nämlich für die Friedensjahre bis 1914 und für die anschließende Zeit des Ersten Weltkriegs. Zunächst wird die Einbettung der Universität in ihr ostpreußisches Umfeld und zugleich dessen Stellung innerhalb des preußischen Gesamtstaats sowie des werdenden Kaiserreichs dargestellt. Königsberg und Ostpreußen wurden von den Berliner Zentralbehörden nicht nur wirtschaftlich, sondern auch kulturell als randständig behandelt. Hinsichtlich Professorenlaufbahnen und studentischer Besucherfrequenz sei Königsberg als ‚Einstiegsuniversität‘ im Vergleich zu den anderen deutschen Universitäten im unteren Drittel geblieben. Das liberale Ostpreußen wurde in der untersuchten Zeit zunehmend von konservativen Kräften beherrscht. Nur Königsberg selbst sei liberal geblieben, wo auch Ende des 19. Jahrhunderts die nationale ‚Bollwerksfunktion‘ keine große Bedeutung gehabt habe. Inwieweit unter diesen Umständen die Albertina als geistiges Zentrum Ostpreußens einen eigenen Charakter entwickeln konnte, wird vom Verfasser in seiner Darstellung untersucht. Die Universitäten Preußens in dieser Zeit unterstanden der staatlichen Aufsicht des Kultusministeriums in Berlin sowie eines Kurators am Ort der Universität. Nur in Königsberg (außer in Breslau) wurde diese Aufgabe vom Oberpräsidenten im Nebenamt wahrgenommen, dem ein Kuratorialrat an die Seite gestellt war. In einem einleitenden Abschnitt wird dargelegt, wie diese ihre Aufgabe weitgehend aus einer konservativen Haltung heraus ausübten und auch die Berufungspolitik beeinflußten. Daß sie dabei in Gegensatz zu dem Berliner Hochschulreferenten Friedrich Althoff gerieten, wird im weiteren Verlauf an zahlreichen Einzelfällen wiederholt gezeigt. Der einzige Königsberger Universitätskurator war Friedrich Hoffmann in den Jahren 1923–1945, der in diesem Band noch nicht zu behandeln war.

Den größten Teil des Buches beansprucht die Geschichte der vier Fakultäten, dargeboten in der klassischen Reihenfolge Theologie, Jura, Medizin und Philosophie, letztere unterteilt in Geistes- und Staatswissenschaften sowie Natur- und Agrarwissenschaften. Der ganze Zeitraum wird in drei Zeitabschnitte gegliedert, so daß es möglich wurde, die politische Atmosphäre für die Jahrhundertwende im Zusammenhang zu charakterisieren. Innerhalb der einzelnen Fakultäten und Fächer wird das politische Kräftespiel um die Berufungen auf die einzelnen Lehrstühle, die Habilitationen und die dabei konfliktreichen Auseinandersetzungen in weltanschaulichen Fragen von Besetzung zu Besetzung im einzelnen verfolgt. Der Verfasser war dabei um Vollständigkeit bei der Erfassung der betroffenen Personen bemüht. Dabei und nicht in einem besonderen Kapitel werden auch die institutionellen Veränderungen behandelt. Eine eigene Darstellung bekommt in den beiden Hauptabschnitten nur die Staats- und Universitätsbibliothek. Im Weltkriegskapitel werden neben den Fakultätsgeschichten mit ihren Lehrstuhlbesetzungen die politischen Begleitumstände und deren Wirkungen auf die Universität in besonderen Abschnitten behandelt. Das Buch macht immer wieder deutlich, in wie starkem Maße die Universität trotz ihrer Selbstverwaltung von den politischen Umständen ihrer jeweiligen Gegenwart abhängig war.

Das Ausmaß der vom Verfasser herangezogenen Quellen und Literatur wird nicht nur in den umfangreichen Fußnoten und Einzelnachweisen deutlich, sondern auch im Anhang. Dieser enthält zunächst in einem rund 160 Seiten langen „Catalogus Professorum" Kurzbiographien sämtlicher in dem Werk behandelter Professoren mit ausführlichen Nachweisen. Das Quellen- und Literaturverzeichnis umfaßt über 80 Seiten. Ein Königsberger Universitätsarchiv hat sich für die dargestellte Zeit leider nicht erhalten. Dennoch macht das Verzeichnis deutlich, daß der Verfasser in einem heute selbst von wissenschaftlichen Historikern allzu wenig geübten Maße Archivalien, vornehmlich des Geheimen Staatsarchivs Preußischer Kulturbesitz in Berlin, herangezogen hat. Eine Sammlung von Fotos, vornehmlich von Personen, sowie ein Personenregister runden dieses gelungene Werk ab. Es bleibt zu hoffen, daß der als Manuskript schon weit fortgeschrittene Band 2 für die anschließende Zeit der Weimarer Republik und des Nationalsozialismus in absehbarer Zeit veröffentlicht werden kann. Nach Jahrzehnten eines weitgehenden Stillstands der Forschung hat nunmehr die Universität Königsberg ein bedeutendes Werk vorzuweisen.

Bernhart Jähnig

Wojciech Skóra, Placówki wywiadu polskiego w Chojnicach. Przyczynek do dziejów Pomorza Zachodniego i Nadwiślańskiego w dwudziestoleciu międzywojennym [Plätze des polnischen Nachrichtendienstes in Konitz. Beitrag zur Geschichte Pommerns und des Weichselgebiets in der Zwischenkriegszeit], Wydawnictwo LOGO, Chojnice 2012, 420 S., deutsche Zus.fass., 4 Ktn i. T., ISBN 978-83-62097-41-8.

Das hier anzuzeigende Buch befasst sich mit den vielfältigen Aktivitäten des polnischen Nachrichtendienstes in Konitz in der Zwischenkriegszeit, für die sich die Stadt in unmittelbarer Nähe zur deutschen Reichsgrenze und ihr Hinterland aus strategischen und taktischen Gründen empfahlen. Dank der Auswertung vieler informativer Quellen im Archiv Neuer Akten in Warschau, dem Piłsudski-Institut in New York, den Instituten des Nationalen Gedenkens in Bromberg, Posen und Warschau, den Staatsarchiven in Danzig und Stettin und dem Zentralen Kriegsarchiv in Rembertów, der Heranziehung gedruckter Quellen in Form von Presseartikeln und Erinnerungen und der Berücksichtigung der umfangreichen, meist polnischsprachigen Fachliteratur vermittelt die Studie detaillierte Einblicke in die offensive und defensive Militärspionage der zweiten polnischen Republik gegenüber dem als ständige Bedrohung gesehenen Deutschen Reich, das die im Versailler Vertrag gezogene Grenzziehung im Osten nicht anerkannte.

Die in vier Kapitel gegliederte Untersuchung belegt die unterschiedlichen Strukturen und Aufgaben der in der Zwischenkriegszeit tätigen Nachrichtenplätze in Konitz. Den Anfang machte 1920 eine Expositur der Pommernfront General Józef Hallers, die vor allem Militärspionage betrieb und die Probleme bei der polnischen Übernahme Pommerellens zum Gegenstand hatte. 1924–1926 folgte die Errichtung eines Offizierspostens, der der Expositur der II. Abteilung in Posen unterstand und die Offensivspionage im Wehrkreis II der Reichswehr koordinierte. Diese Maßnahme stand mit der französischen Ruhrbesetzung Anfang 1923 im Zusammenhang, die eine Verschärfung der internationalen Krise hervorgerufen hatte. 1929–1933 agierte ein weiterer Konitzer Offiziersposten unter Aufsicht der Expositur in Danzig und seit der zweiten Hälfte des Jahres 1930 der Expositur in Bromberg, dessen Spionage hauptsächlich auf die zum Deutschen Reich gehörige Provinz Pommern gerichtet war. Das letzte Kapitel behandelt die polnische Spionage und Gegenspionage im Konitzer Gebiet nach 1933, woran die Posten der II. Abteilung der

Expositur Bromberg, des Grenzschutzes, der staatlichen Polizei und des Informations-
referats vom Bezirkskommando des Korps VII beteiligt waren. Abschließend werden die
Schicksale der nach Kriegsausbruch in die Hände der Gestapo gefallenen Mitarbeiter des
Spionagedienstes in Konitz beleuchtet, die häufig den Tod erlitten oder nach der kommunistischen Machtübernahme 1945 als „Angehörige des faschistischen Sanacja-Lagers"
strenge Strafen bis zur Hinrichtung zu gewärtigen hatten. Erwähnenswert ist, dass sich
die kommunistischen Behörden der Personenkarteien der Gestapo bedienten, um leichter
an ihr Ziel zu kommen, was die Kontinuität unterschiedlicher Diktaturen bei der Strafver-
folgung belegt, die nun gegen die „Verräter der polnischen Nation" gerichtet war.

Die Untersuchung beeindruckt durch die Fülle quellengestützter Informationen, die
Aufschluss über die Anlässe zur Errichtung des Konitzer Spionagepostens, seine breitge-
fächerten Aufgaben, die finanzielle und personale Organisation und Struktur – den Kern
bildeten haupt- und nebenamtliche Agenten wie auch die als Konfidenten bezeichneten
V-Leute – sowie die Ermittlungsergebnisse geben. Für eine besondere Überwachung der
Lage in Konitz sprach, dass es der Mittelpunkt eines Kreises war, der in einer Länge von
125 km an Deutschland grenzte, und die Funktion eines wichtigen Verkehrsknotenpunkts
auf der Strecke Berlin-Königsberg hatte. Hinzu kam die aus polnischer Sicht unzuverläs-
sige Haltung der dortigen Bevölkerung, die 1921 – also zwei Jahre nach dem Versailler
Vertrag – noch zu einem Drittel aus Deutschen bestand. Der pommerellische Wojewode
beklagte sich über die Hindernisse bei der Polonisierung von Konitz, die seine Kompeten-
zen paralysierten, und verfügte als Gegenmaßnahmen die Nichtzulassung gewählter
Deutscher in den Magistrat, die Ausschaltung deutscher Einflüsse auf das Gerichts- und
Schulwesen sowie die Stärkung der polnischen Intelligenz. Der rasche Aufbau der Konitzer Expositur, der das weiträumige Gebiet östlich der Linie Schneidemühl-Stettin bis zur
polnisch-deutschen Grenze als Aktionsraum zugewiesen wurde, ist im Zusammenhang
mit dem polnisch-sowjetischen Krieg 1919–1921 zu sehen, der den Eingriff des Deutschen
Reiches in diesen Konflikt möglich erscheinen ließ. Hinzu kamen innere Erschütterungen
Deutschlands wie der Kapp-Putsch, dessen revisionistische Forderungen in Warschau als
besondere Bedrohung empfunden wurden.

Neben der gegen das Ausland, vor allem den deutschen Nachbarn gerichteten offensi-
ven Spionage, die militärische, politische und wirtschaftliche Informationen insbesondere
in den deutschen Grenzkreisen zu erhalten suchte, sollte die Gegenspionage Erkenntnisse
über die Stimmung der Zivilbevölkerung und der Armee in politisch-nationaler Sicht
sammeln. Wichtig war hier das Verhältnis zwischen Polen, Deutschen und Juden in den
Gebieten diesseits der polnischen Grenze, wobei die Haltung der deutschen Minderheit
und die als ungenügend empfundenen Maßnahmen der polnischen Administration, z.B.
der Bürgermeister und Starosten, gegen eine Infiltration von außen im Fokus des Interesses standen. Die instabilen Verhältnisse hatten eine intensivere Überwachung und Verfolgung der deutschen nationalen Bewegung und kommunistischer Gruppen zur Folge, in
die auch die Juden einbezogen wurden, weil diese konsequent für die deutsche Liste
votierten. Im Jahr 1922 wurden in Pommerellen 592 Personen unter dem Vorwurf der
Spionage, kommunistischer und antistaatlicher Tätigkeit arretiert. Alle diese Maßnahmen
änderten aber nichts daran, dass die besser organisierte und finanziell ausgestattete deutsche Abwehr allmählich das Übergewicht über den polnischen Nachrichtendienst erlangte, indem ihr die Enttarnung zahlreicher Agenten der Gegenseite gelang. Zu diesen Ergeb-
nissen trug die erfolgreiche Zusammenarbeit der deutschen Geheimdienste im Reich und
in der Freien Stadt Danzig entscheidend bei. Wenig ermutigend verlief dagegen auf polni-

scher Seite die Werbung von Agenten unter den Angehörigen des „Polenbundes in Deutschland", der unter besonderer Beobachtung der deutschen Behörden stand, so dass die Nachrichtenzentrale in Warschau diese Aktion einstellen musste und in diesem Bereich die Zusammenarbeit mit den diplomatischen Vertretungen der Zweiten Republik im Reich untersagte.

Positiv ist auf die zahlreichen Tabellen zu verweisen, mit denen der Vf. seine Ausführungen untermauert. Beispiele dafür sind das Agentennetz der Konitzer Einrichtung vom Juli 1925, das neben den Vor- und Zunamen der Agenten ihr Pseudonym und ihren jeweiligen Wirkungskreis nennt, ein Überblick über die personelle Ausstattung und Ermittlungsergebnisse der der Danziger Expositur unterstehenden Offiziersposten vom Januar 1930 – Konitz nahm hier das Mittelfeld ein –, die Höhe der dem Konitzer Posten in den Jahren 1929–1933 zugeflossenen staatlichen Dotationen und die Namen seiner Mitarbeiter in diesem Zeitraum wie auch Angaben über die Zahl der auf der Schiene und Straße über Konitz transportierten Personen im Transitverkehr zwischen dem Reich und Ostpreußen und umgekehrt im ersten Halbjahr 1936 und Anfang 1937. Der Spezialorganisation „Ciotka/Tante" fiel hier die Aufgabe zu, sich Zutritt zu den Postwagen auf der Strecke durch den Korridor zu verschaffen, um vor allem militärische Depeschen zu erbeuten, die über die Bewegungen der Reichswehr in Ostpreußen Aufschluss gaben.

Der Band wird durch Biogramme der Leiter der Konitzer Vertretung – dabei handelte es sich in der Regel um Offiziere, die zuvor in anderen Einheiten gedient hatten – und 77 Textdokumente ergänzt, die die vielseitigen Tätigkeiten des polnischen Geheimdienstes in Konitz veranschaulichen. Dadurch wird Licht auf einen wichtigen Bereich der polnisch-deutschen Beziehungen in der Zwischenkriegszeit geworfen, der der Forschung bisher weitgehend unbekannt ist und auch für deutsche Historiker von Interesse sein dürfte.

Stefan Hartmann

Autorenverzeichnis

Dr. Gisela BORCHERS, Wichmannsweg 6, D – 26135 Oldenburg
(gisela@schadrau.de)

Prof. Dr. Sylvain GOUGUENHEIM, ENS de Lyon, EA 1132 HISCANT-MA
(Université Lorraine); 66 rue des Rondeaux, F – 75020 Paris
(sylvain.gouguenheim@free.fr)

Dr. Dieter HECKMANN, c/o Geheimes Staatsarchiv Preußischer Kulturbesitz,
Archivstraße 12–14, D – 14195 Berlin (dieter.heckmann@gsta.spk-berlin.de)

Prof. Dr. med. Dr. phil. Hans HUCHERZERMEYER, Habsburgerring 37 A,
D – 32427 Minden (hhuchzermeyer@gmx.de)

Astrid KAIM-BARTELS, Schlesierring 2, D – 37085 Göttingen
(astrid.kaim-bartels@t-online.de)

Prof. Dr. Klaus MILITZER, Winckelmannstraße 32, D – 50825 Köln
(klaus.militzer@uni-koeln)

Dr. jur. Dr. phil. Ulrich MÜLLER, Hirzerweg 132, D – 12107 Berlin
(mueller.u.m@versanet.de)

Dr. med. Eberhard NEUMANN-REDLIN VON MEDING, Möllhausenufer 6,
D – 12557 Berlin (E.Neumann-Meding@t-online.de)

Dr.-Ing. Fritz WOCHNIK, Pestalozzistraße 57, D – 10627 Berlin